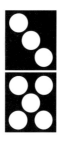

Aus Anlass des 50-jährigen Bestehens
des Domino Verlags

Sind wir noch zu retten?

**Bildung und Erziehung
Probleme. Analysen. Perspektiven.**

Mit Beiträgen von
Heiner Böttger, Rainer Brämer, Ludwig Eckinger,
Simone Fleischmann, Andreas Flitner, Kurt Franz,
Arnold Grömminger, Johanna Haberer, Max Liedtke,
Rudi Lütgeharm, Tatiana Matthiesen, Stephanie Müller,
Manfred Prenzel, Helga Rolletschek, Manfred Spitzer,
Heinz-Elmar Tenorth, Isabell Zacharias und einem
Gespräch zwischen Günther Brinek und Klaus Wenzel

Herausgegeben von Ludwig Eckinger

Domino Verlag

*Für Elena, Emely, Paul (7 Jahre)
und allen anderen FLOHKISTE/floh!-,
ich TU WAS!- und O!KAY!-Lesern*

Zu diesem Buch

Liebe Leserinnen, liebe Leser!

Dieses Buch ist kein Kinderbuch. Auch, wenn es Kindern extra gewidmet ist. Die Zwillinge Elena und Emely, 7 Jahre alt, sind Schulanfänger. Die beiden Mädchen, meine Enkelinnen, besuchen gerade die erste Klasse in einer noch „heilen Schulwelt" – einer Grundschule mit insgesamt nur 40 Kindern in einem Bergdorf Österreichs. Der siebenjährige Paul ist in diesem Schuljahr bereits in der zweiten Klasse und hat, wie mir sein Großvater sagte, den Schuleintritt in Nürnberg sehr positiv erlebt.
Paul kennen eigentlich alle, die mit Schule zu tun haben. Wenigstens seinen Namen. Und sie wissen, wer er ist. Vorausgesetzt, sie haben den Grußworten und Reden seines Großvaters Klaus Wenzel aufmerksam zugehört. Der Präsident des Bayerischen Lehrer- und Lehrerinnenverbandes (BLLV) und stellvertretender Vorsitzender des Bundesverbandes Verband Bildung und Erziehung (VBE), Berlin, ist – ebenso wie ich – begeisterter Großvater und spricht immer wieder von Paul und seiner Zukunft, wenn es darum geht, für eine kindgerechte Schule einzutreten, in der der Druck reduziert und die Lust aufs Lernen gesteigert wird. In der man sich nicht nur um das Kurzzeitgedächtnis der Kinder kümmert, sondern um den ganzen Menschen. Deshalb wird er nicht müde, Reformen für Lernen und Bildung von der Politik zu fordern. Es geht ihm also darum, dass alle Kinder gerne zur Schule gehen, dass sie im Lernen gut vorankommen und als junge Persönlichkeiten ernst genommen werden.

Darum geht es auch den Autoren der Beiträge in diesem Buch und seinem Herausgeber. Es soll Augenmerk gelegt werden auf Grundlegendes wie Lehrerbildung, Lernen, Erziehung und auf scheinbar Profanes wie Werte und Singen. Es geht darum, Lösungsansätze zu finden, um zum Beispiel den zunehmenden Verlust der Feinmotorik bei unseren Kindern, die fehlende Bewegung, die Naturentfremdung zu stoppen.

Sind wir noch zu retten? Natürlich sind wir es! Aber nur, wenn wir uns selbst retten. Schon Erich Kästner sagte: „Resignation ist kein Gesichtspunkt!"

Sie haben schon gemerkt, dieses Buch ist natürlich kein richtiges Jubiläumsbuch, auch wenn es aus Anlass des 50-jährigen Bestehens des Domino Verlags erscheint.

München, 1. Januar 2014

Günther Brinek

Vorwort des Herausgebers

Manchmal muss man Zeichen setzen

Keine Bange: Wir wollen nicht ein weiteres Weltuntergangsszenario eröffnen. Hier geht es um Bildung und um ihren Stellenwert in der Gesellschaft.

Situationsbeschreibung
Realität ist, dass Bildung zwar als Kulturgut hohe formale Anerkennung genießt, aber als wesentlicher Baustein unserer demokratischen Gesellschaft, als bedeutsamer Faktor für die soziale und wirtschaftliche Entwicklung unterbewertet wird. Der Bildungsbereich, vom Kindergarten bis zur Universität, gilt als Kostgänger. Der allgemeine Trend geht hin zu schnellen Ergebnissen, zu schnellen Siegen, zu schnellen Gewinnen. Der Run auf die Börse steht dafür. Die Ideologie des Anklickens ist en vogue. Die Unterhaltungsbranche mit ihren schillernden Quiztempeln sekundiert. Mit Wissen, wie aus der Pistole geschossen, lassen sich Millionen machen – zumindest wird dies vorgegaukelt.

Die Schule ist nicht trendy. Sie braucht Zeit, Gründlichkeit, Langsamkeit. Der Staat gesteht dem Bildungsbereich immer weniger Zeit zu. Vier Jahre Grundschule werden als lange genug eingestuft. Ohne das Curriculum zu verändern, sollen acht Jahre bis zum Abitur reichen. Die Hochschulen sind von Bachelor und Master eingezwängt und können kaum zum Denken befreien.

Flüchtigkeit, Oberflächlichkeit, schnelle Entwertung prägen unsere Zeit. Zwangsläufig kostet unter diesem Aspekt Bildung zu viel. Schule und Hochschule sind zu langsam, ehe sich ihr Nutzen in Währungseinheiten bemessen lässt.

Diese falsche Einschätzung und fatale Entwicklung offenbart ein fragwürdiges Verhältnis der Gesellschaft zur Zukunft. Wenn es uns nicht gelingt, die Gegenwart solide zu meistern, gefährden wir die Zukunft. Alle Verweise auf Zukunft sind dann nur noch Phrasen. Das hat die elfjährige Agnes aus Landshut, eine der deutschen Delegierten beim UNO-Welt-Kindergipfel, treffend erkannt: „Die meisten Leute sagen immer, Kinder sind unsere Zukunft, aber wir sind nicht nur die Zukunft, wir sind jetzt schon da!"

Ein klares Bekenntnis zur Zukunft heißt, die Orte, an denen die Grundlegung von Bildung erfolgt, zu stärken.

Was ist Bildung?
Bildung steht in Deutschland auf dem Boden abendländischer Kultur, getragen durch Christentum, Humanismus und Menschenrechte.

In der Informationsgesellschaft stellt sich die Frage, wie aus Information Wissen und dann Bildung werden kann. Der Zugang zu der enormen Informationsfülle aus dem Internet macht noch keine Bildung. Nach der Vermittlung intelligenten Wissens kommt der schwierigste Schritt: die Kinder und Jugendlichen zu befähigen, die Datenflut zu strukturieren, neue Informationen eigenständig mit bereits vorhandenem Wissen zu verknüpfen und dieses Wissen in verantwortliches Handeln umzusetzen. Dann nähern wir uns Bildung. Fernsehen, Videoprogramme, Computerspiele und andere neue Medien können Kinder und Jugendliche geistig bereichern, aber auch psychisch und moralisch überfordern. Klare Wegweisungen und Grenzziehungen sind notwendig, werden aber letztlich niemanden von den Zweifeln und Mühen eigenen kritischen Urteils befreien. Aufklärung darf jedenfalls nicht irgendwelchen Rattenfängern überlassen werden.

Bildung hat aus meiner Sicht vier Ziele:
- Sie dient dem Frieden.
- Sie stärkt die Demokratie.
- Sie hilft zur Bewältigung des technischen Fortschritts.
- Sie stellt die Frage nach dem Sinn des Lebens.

Kennzeichen von Bildung sind das Streben nach Humanität, eigner Zufriedenheit und Verständigungsbereitschaft sowie die Reflexion auf die eigene geschichtliche Existenz und die Verantwortlichkeit für sich und das Gemeinwohl.

Die bildungspolitische Bilanz der vergangenen Jahre war von vier Buchstaben geprägt: P, I, S, A. – PISA.

Keine Studie hat der Bildungsdiskussion ihren Stempel so aufgedrückt wie PISA. Neue Herausforderungen sind entstanden, neue Themen und neue Chancen. Als der Schiefe Turm in Pisa umzukippen drohte, wurden umfangreiche Baumaßnahmen ergriffen, sein Fundament zu sichern. Für das Bildungssystem sind nicht nur Stützarbeiten notwendig, sondern neue Maßstäbe. Einige Themen sollen dies beispielhaft und schlagwortartig belegen:
- PISA – vom Schock zum Reformimpuls
- Ganztagsschule – von der Sozialpolitik zur pädagogischen Reform
- Bildungsstandards und Evaluation – von der Selektion zum Förderkonzept
- Bildungsgerechtigkeit – vom Anspruch zur Wirklichkeit
- Erziehungsverantwortung – von der allgemeinen Klage zur konstruktiven Partnerschaft
- Schulsozialarbeit – von der Stigmatisierung zum Unterstützungssystem
- Schuleingangsphase – von der strukturellen Vernachlässigung zur frühen Förderung
- Primarstufe – von der belächelten Grundschule zum pädagogischen Impulsgeber
- Sekundarstufe I – von der Restschule zur Gelenkstelle des Bildungssystems
- Lehrerbildung – vom Vollstrecker zur pädagogischen Professionalität
- Inklusion – von der Separation zu Integration und Teilhabe.

Notwendige Reformen

Helmut Qualtinger hat einmal gesagt: „Wenn keiner mehr weiß, was geschehen soll, sagen alle: Es muss etwas geschehen!"

Das meint sogar die Kultusministerkonferenz und hat sich deshalb vor einigen Jahren auf sieben Handlungsfelder verständigt:

- frühe Sprachförderung
- Übergang von der Vor- in die Grundschule
- Leistungsvergleiche
- Einführung von Bildungsstandards
- Bildungsverlierer stärken
- bessere Ausbildung der Lehrer
- Förderung der Ganztagsschule

Wir müssen Reformen, deren Notwendigkeit offensichtlich ist, zügig in Angriff nehmen: Gesellschaftspolitisch muss es darum gehen, die sozialen Gegensätze, die durch das Bildungswesen noch verstärkt werden, gezielt zu bekämpfen. Wir brauchen in allen Bundesländern Programme zur Förderung und Forderung sozial schwacher Kinder und Jugendlicher und zur Integration der nachwachsenden Generation mit Migrationshintergrund bereits in Kindergarten und Grundschule.

Bildungspolitisch sind besonders die Qualität des Unterrichts und die Ganztagsschule auf der Agenda. Der Unterricht steht heute allzu sehr im Dienst von Prüfungen. Das System Schule verlangt von den Lehrerinnen und Lehrern, dass unterrichtet wird, was geprüft wird, und nicht, dass geprüft wird, was unterrichtet worden ist. Gerhard Polt hat die deutsche Situation einmal so beschrieben: „Heute kommt es nicht darauf an, was man kann, heute kommt es darauf an, was man gelernt hat."

In einem Interview haben Fritz Schäffer und Thomas Rauschenbach gezeigt, was Ganztagsschule wirklich bedeutet (in: Bayerische Schule 1/2013, S. 20 f.). Auf die Frage zum Beispiel, ob denn Ganztagsschule einen Mehrwert erzeuge, antwortete Rauschenbach: „Leider gilt: Nicht überall, wo Ganztagsschule draufsteht, ist Ganztagsschule drin ... Unsere jüngste Studie zeigt, dass Kinder, die regelmäßig am Ganztag teilnehmen, ganz andere Erfahrungen machen, weil sie auch die nicht-unterrichtlichen Angebote nutzen. Schule kann so zu einem ganz normalen sozialen Ort, zu einer zweiten Heimat werden." (a.a.O. S. 21)

Berufspolitisch ist das Topthema die Lehrerbildung. Eine Reform der Lehrerbildung kommt zu mehr Berufsfeldorientierung, zu einem ausgewogeneren Theorie-Praxis-Verhältnis, einer höheren Gewichtung der Fort- und Weiterbildung. Innerhalb der Universität muss die Lehrerbildung, die die Wiege der Profession der Pädagogen aller Schularten ist, den Rang einer gleichberechtigten Fakultät bekommen, egal, wie die Organisation aussieht.

Trotz der Kulturhoheit der Bundesländer könnte kooperativer Föderalismus auf den genannten Gebieten einen sinnvollen Wettbewerb in Gang bringen, der das Qualitätsmerkmal „Bildungsrepublik Deutschland" berechtigt auf seine Fahnen schreibt.

„Sind wir noch zu retten?" problematisiert und analysiert ausgewählte Themen des weiten Feldes „Bildung und Erziehung" und versucht, Perspektiven für notwendiges Handeln aufzuzeigen.
Der Domino Verlag veröffentlicht dieses Buch zu seinem 50-jährigen Jubiläum. Achtzehn Beiträge zu ganz unterschiedlichen Gebieten der Bildung und Erziehung ergeben eine bunte Vielfalt, die jedoch keinerlei Anspruch auf Vollständigkeit erhebt.

Die in diesem Jubiläumsband versammelten Aufsätze wären ohne den Impuls, die Initiative und das Engagement des Verlegers Günther Brinek nicht möglich gewesen. In einem Gespräch verriet er einmal das „Geheimnis" seiner pädagogischen Arbeit mit Kinderzeitschriften: „Ich will Qualität, die überzeugt – und ich bin überzeugt, dass nur Qualität sich auf diesem Markt verkauft. Qualität heißt dabei für mich nicht nur: guter Druck, viele Farben, interessante Geschichten, tolle Themen. Das natürlich auch. Aber dahinter muss ein Konzept stehen, das dem ethischen Anspruch genügt, mehr zu sein als Unterhaltung, das pädagogische Prinzipien umsetzt und im besten Sinne Bildung schafft – egal in welcher Altersgruppe. Ich fühle mich dabei nicht zuständig für die Ziele, da sind andere kompetenter. Mir geht es um die Umsetzung. Ich habe als Verleger in dieser Branche auch eine ethische Verantwortung und die nehme ich in der Form, wie ich die Zeitungen ‚mache', wahr. Daran ist mir gelegen."

Dem ist nichts hinzuzufügen, außer: Danke, Günther Brinek.

Ludwig Eckinger

„ Eine Lehrerin muss wenigstens schreiben und Mathe können. "

Kindermund

„ **An meinem ersten Schultag habe ich mich gefreut, weil ich ja noch nicht wusste, wie die Schule ist.** "

Kindermund

Ist die Grundschule noch zu retten?

Prof. Dr. Andreas Flitner verhilft uns zu einem spektakulären Einstieg. Dass wir von ihm höchstselbst (Flitner ist Jahrgang 1922) die Genehmigung für den Wiederabdruck seines Vortrags aus dem Jahr 1995 (Bundesgrundschulkongress anlässlich des 75-jährigen Jubiläums der Grundschule in Deutschland) bekommen haben, ist ein Ereignis. Sein Beitrag hat keineswegs an Bedeutung und Aktualität eingebüßt. Im Gegenteil: Problematisierung, Analyse und Perspektive legen den Blick frei für die notwendigen Konsequenzen. Die bisher eingeräumten Gelingensbedingungen zeigen allerdings deutlich und deprimierend, wie resistent Politik und Gesellschaft gegenüber Aufklärung und Beratung sind. Alle an Bildung interessierten Menschen werden Flitners Überlegungen mit großem Gewinn lesen ...

Flitner arbeitete an der Universität Tübingen und war ab 1991 Honorarprofessor an der Universität Jena. Flitners Veröffentlichungen gelten unter anderem den Erziehungsproblemen des Kindes- und Jugendalters: „Konrad sprach die Frau Mama ... Über Erziehung und Nicht-Erziehung" ist ein absoluter Klassiker der Pädagogik. Wegen seines politischen Engagements in der Demokratieerziehung war er ein gefragter Redner bei Veranstaltungen von Verbänden und Parteien.

Andreas Flitner

Zukunft für Kinder
Gedanken zur Grundschule

1. Zwei historische Daten sind es, auf die wir uns am Jahrhundertende besinnen müssen. Ein literarisches Ereignis: das seither tausendfach zitierte Buch von ELLEN KEY, das unser 20. Jahrhundert als „Jahrhundert des Kindes" proklamiert. Und ein politisches Datum: die als Schule für alle durch Gesetz vom 28. April 1920, wohl die bedeutendste Tat der eben geborenen, ersten deutschen Republik. Ich suche über diese beiden Ereignisse aus der Perspektive des Jahres 1995 nachzudenken – das Vergangene dient dabei als Anstoß zur Besinnung über uns, unsere Gegenwart und die Zukunft der Kinder.

„Wer liest das Buch vom ‚Jahrhundert des Kindes' ... Ich weiß es nicht. Dass Männer es lesen, glaube ich nicht ... [aber] ich denke mir, dass es so ziemlich durch die Hände aller Backfische Berlins gegangen sein wird." Wer sonst in aller Welt sollte ein solches Buch aushalten, eine solch triviale Zeitkritik, sozialistische und individualistische

Fantasterei, ein Gemisch von maßlosen Anklagen und absurden Träumen von einer anderen Welt. – So spricht ein Pädagogik-Professor nach Erscheinen der deutschen Ausgabe, FRIEDRICH PAULSEN, zornig über die erfolgreiche Laienspielerin auf seiner beruflichen Bühne. (PAULSEN war der Lehrer EDUARD SPRANGERS, bei dem ich mich habilitiert habe – es ist also gewissermaßen mein akademischer Großvater, den ich hier zitiere.)

Ganz anders freilich schreibt ein Künstler, ein Schriftsteller jener Zeit, dem ich und meine Generation ebenfalls eine Art Ahnen-Sympathie schulden: RAINER MARIA RILKE in seiner Rezension des Keyschen Buches. „Das Jahrhundert des Kindes", schreibt Rilke, ist das erste Buch, das die Pädagogik befreit aus der Wahnvorstellung, dass Kinder normalisiert, unterdrückt, gequält werden müssen, um zu lernen. Das erste Buch, das die Kinder respektiert als Individuen, deren ungeduldigen Kräfte man doch fördern muss – statt sie in eine einzige gleichgültige Trägheit zu verwandeln. Es ist die Vision einer Schule, die nicht misst und prüft und üblen Wettbewerb veranstaltet, die nicht die „Persönlichkeiten im Keime erstickt", sondern jedem einzelnen Kind die Möglichkeit gibt, „die innersten Wünsche seines Wesens durchzusetzen". „Vielleicht wird man", so sagt Rilke, „die Menschen dieses Jahrhunderts danach abschätzen, wie sehr sie an der Verwirklichung dieses Traums gearbeitet haben." (Sw. V, S. 592)

Sie sehen: Der Wissenschaftler, Verfasser einer berühmten „Geschichte des gelehrten Unterrichts", rümpft nur die Nase über dieses pathetische Frauenbuch. Der Dichter spürt die Erschütterung des Jahrhunderts, die sich darin ausdrückt – einer Epoche, in der sich auch die Stellung und Bedeutung der Kinder völlig verändert haben. Bedenken wir doch, dass es um 1900 kaum eine Kindermedizin, kaum einen Rechtsschutz, kaum eine Sozialfürsorge für Kinder und Jugendliche gab und dass bei dem Wort „Kindermarkt" niemand an den Millionenumsatz gedacht hätte, der heute für Kinder und von Kindern gemacht wird, sondern eher an jenen Markt im schwäbischen Ravensburg, auf dem die Kinder aus den Bergdörfern des Montafon alljährlich als Arbeitskräfte feilgeboten wurden. In Bern hat soeben eine Ausstellung ihre Pforten geschlossen (die vorher im Lenbachhaus in München zu sehen war), in der wohl zum ersten Mal Bilder von Kindern zusammen mit Bildern wegweisender Künstler des 20. Jahrhunderts ausgestellt wurden, von KLEE und KANDINSKY, MÜNTER, FREININGER und PICASSO bis hin zur Gegenwartskunst eines JORN, PENCK, DUBUFFET oder CORNEILLE – von Künstlern, die selber Kinderbilder gesammelt oder kopiert haben, weil sie sie für große, aufregende, wegweisende Aussagen moderner Kunst ansahen. Auch diese Wertungen markieren, weit über die Pädagogik hinaus, eine Sozialrevolution des Kindesalters in unserem Jahrhundert, die wir noch keineswegs ausmessen können. Der Titel ELLEN KEYS sollte ja keine Prophezeiung sein, sondern vielmehr eine Forderung ausdrücken: den Kindern einen ganz anderen Platz in unserer Welt einzuräumen. Und er wollte zugleich die Probleme anzeigen, in welche die Gesellschaft geraten werde: Frauenprobleme, Familienprobleme, Erziehungs- und Schulprobleme und auch (wiewohl mit absurden eugenischen Gedanken behandelte) Gesundheitsprobleme – Probleme, die das Jahrhundert in der Tat erschüttern sollten.

2. Und das zweite Ereignis, auf das wir uns hier beziehen: die gesetzliche Einführung der allgemeinen Grundschule auf der Basis der Weimarer Verfassung. Es ist üblich, sie als eine Folge und einen Teil-Sieg der Einheitsschulidee anzusehen, also jener pädagogisch-politischen Initiative, die seit den Achtzigerjahren im „Deutschen Einheitsschulverein" gewirkt und ein möglichst langes Zusammenbleiben der Kinder aller Stände gefordert hatte. Ein Sieg sozialdemokratischer Schulvorstellungen also? Das ist wohl nur ein Teil der Wahrheit. Die sozialdemokratische Position, das Motiv einer Überwindung der Standesgesellschaft, war zwar in der Weimarer Nationalversammlung und dann in der preußischen Gesetzgebung stark, aber es ist offenbar aus verschiedenen politischen Richtungen, vor allem auch aus dem Zentrum diesem Ziel Unterstützung zugeflossen. Ist doch die „allgemeine obligatorische Grundschule" durch das Gesetz von 1920 mit den Stimmen aller Parteien (mit Ausnahme nur der ganz rechten „Nationalen Volkspartei") verabschiedet worden (vgl. ZYMEK 1989). Ich nenne drei Strömungen, die den Einheitsgedanken unterstützt und mitbestimmt haben:
- ein nationales Motiv – der Wunsch nach Gemeinschaft, Selbstbewusstsein, „Volk-Bildung" durch Schulbildung als starke Zeitströmung, die durch den Weltkrieg gesteigert und durch seinen Ausgang nochmals verstärkt worden war;
- ein inhaltliches Motiv, die Frage nach den allgemeinen „Bildungsgütern" – nachdem die humanistische Bildung des 19. Jahrhunderts verblasst war und demokratische Bildungsinhalte für alle Kinder zu suchen waren;
- ein neues Verständnis von Kindheit als einer eigenen Daseinsgestalt des Menschen, die auch seine eigene Schulform nötig mache, eine Schule, die nicht mehr nur als Vorstufe für die weiterführenden Bildungs- und Berufswege definierbar war, sondern als eine selbstständige Aufgabe entwickelt werden müsse. Hier zeichnet sich eine moderne Anthropologie des Kindes ab, die sich aus der kinderpsychologischen Forschung und reformpädagogischen Positionen speist, aber viel weiter reicht als sie.

Das nationale Motiv ist vielen von uns nicht mehr verständlich in seiner enormen Kraft. Nach zwei furchtbaren Weltkriegen und nach der entsetzlichen Greuel, die im Namen der Nation unter uns und anderen verübt worden ist, ist uns „das Nationale" als Sammelbecken der Integration, als Instanz des Selbstbewusstseins und der Zugehörigkeit äußerst fragwürdig geworden. Wir können gewiss nicht, wie etwa HUGO GAUDIG zur Begründung der Einheitsschule, einen „göttlichen Sinn des Weltkriegs" darin finden, dass das deutsche Volk „über sich selbst hinausgelange zu wertvollerer Daseinsform, zu höherer Wesenheit", eben zum Bewusstsein seiner Einheit. Der Gedanke der nationalen Zusammengehörigkeit (der die gemeinsame Schule mitbegründet hat) ist noch einmal stark in Anspruch genommen worden für die staatliche Einheit von 1989/90, wird seither aber deutlich überlagert von anderen Gemeinsamkeiten und Differenzen (die hier nicht zu analysieren sind).

Immer wieder hat er sich vermischt mit dem anderen Motiv: der Suche nach gemeinsamen Inhalten der Bildung und der Lehre. Ein Volk, eine Kulturnation, eine Verfassungsgemeinschaft müsse über einen kulturellen Bestand, einen Kanon verfügen, eine Welt von Bildern und Symbolen, von Geschichte und Geschichten, die allen gemeinsam bekannt sein sollen. In der Zeit der Errichtung unserer Grundschule hat man dabei in doppeltem Sinne von „Volksbildung" gesprochen: Ein Volk müsse dadurch zustande kommen (sich bilden), dass es „sich bildet", einen gemeinsamen Bildungsbestand schätzt und pflegt. Dieser Schatz war nicht auf „deutsches Kulturgut" beschränkt, sondern knüpfte an bei Überlegungen HERDERs zur europäisch-mediterranen Kultur und bei der romantischen Tradition. Er umfasste die antiken Sagen (GUSTAV SCHWAB), orientalische Märchen (1001 Nacht), die jüdische Geschichte, die europäische Dichtung. Ich meine, es sind Überlegungen, die nicht zum „alten Eisen" gehören und die man auch in etwas modernerer Sprache formulieren kann:

Das geistige Leben eines Volkes – wir würden heute eher sagen: das Leben einer Gesellschaft gemeinsamer Kultur und Sprache – ist nicht nur bestimmt durch seine rationalen Gehalte und Regelungen. Seine „Bildung" besteht keineswegs nur aus „Aufklärung", aus Realwissen oder Wissenschaft. Sondern sie enthält auch eine Lebenslehre und Vergegenwärtigung von Sinn, geistiger Überlieferung, erzählter Ereignisse. Und sie enthält Muster menschlichen Lebens, wie sie in der Dichtung, der Mythologie, der Religion, der Sprache, der Sitte überliefert sind. Mit der Erneuerung und „Erfrischung" dieser Mythen und Erzählungen, der Lieder, Märchen und Sagen haben sich die Pädagogen immer wieder beschäftigt – sie sind gewissermaßen das „Andere" gegenüber dem bloßen Aufklärungs- und Modernitätswissen: nicht „Information", sondern Teilhabe an dem Geistesleben einer kulturellen Lebensform.

3. Gemeinsamkeit, Gleichheit, Gerechtigkeit, wie sie in der gemeinsamen Grundschule ihren Bezugspunkt bekommen hatten, sind zentrale Themen der Schuldebatte

Zukunft für Kinder – Gedanken zur Grundschule

geblieben und sollen auch im Mittelpunkt dieses Vortrags stehen. Die Gemeinsamkeit der Inhalte als nationale Bildung und Volkskultur wurde durch die Nazizeit missbraucht, karikiert, absolut gesetzt. Aus der Gemeinsamkeit der Volksbildung wurden die Blutsgemeinschaft und die „völkische Bildung". Dass eine Nation, die sich als Kulturnation ansah, bereit war, aus dieser inhaltlich-kulturgeschichtlichen Gemeinsamkeit einen Teil ihrer höchsten Kultur auszutilgen – vom Alten Testament bis zu den höchsten künstlerischen und intellektuellen Leistungen der Gegenwart, bis hin also zu ALBERT EINSTEIN, ARNOLD SCHÖNBERG, FRANZ KAFKA, ERNST CASSIRER, SIGMUND FREUD und zahllosen anderen –, einen entscheidenden Teil als „jüdisch" herauszuschneiden aus dieser Kultur und die Gemeinsamkeit in den Schulen plötzlich nur noch für die angebliche Bluts- und Erbgemeinschaft gelten zu lassen, bleibt, auch unabhängig von den wahnwitzigen Folgen, die es hatte, ein schändliches Zeichen dafür, wie schwach die Idee der Gemeinsamkeit, der demokratischen und der kulturellen, geblieben war.

Gemeinsamkeit für alle, die keine Parias kennt, Gerechtigkeit schon für Kinder – das waren darum die Leitziele der Bildungsdebatte und Schulreformen nach dem Zweiten Weltkrieg in Ost und West. Die Verschiedenheit der Begabung, die Verschiedenheit von Arm und Reich, die Verschiedenheit der Sprachqualität als ein Schlüssel zu allem Lernen – diese Verschiedenheiten wurden auf ihren sozialen Hintergrund befragt. Als Quellzone immer neuer Ungerechtigkeit wurden die sozialen Verhältnisse des Aufwachsens identifiziert. Für die Schule wurden in West und Ost verschiedene Folgerungen daraus gezogen:

Im Westen herrschten zwei Leitvorstellungen für Gerechtigkeit in der Schule: einmal die Bemühung um Startgleichheit, das heißt die Einbeziehung aller Kinder in den liberalen Wettlauf des Sichbildens und Sichmessens, wie er durch Zugang (auch der Mädchen, auch der Unterschicht- und der Landkinder) zu allen Bildungsgängen ermöglicht wird. Das war der politisch „liberale" Impetus der westlichen Bildungspolitik in den 60er- und 70er-Jahren, symbolisiert durch die breite Öffnung weiterführender Schulen, die Gründung von Gymnasien in entlegenen ländlichen Bezirken und Ähnliches. Alle sollen Chancen bekommen, das hieß: Alle werden zum Wettlauf zugelassen. Jeder muss dann sehen, wie weit er kommt.

Die zweite Richtung, sozialdemokratisch orientiert und unter dem Einfluss der kritischen Gesellschaftstheorie, hielt die bloße Startgleichheit für eine schädliche Illusion. Wolle man wirkliche Chancengleichheit schaffen, müsse man die sozialen Handicaps überwinden, denen Kinder aus bildungsfernen Familien ausgesetzt seien. Das bedeutete also: „kompensatorische Erziehung", besondere Hilfen für Kinder mit besonderen Schwierigkeiten, vermehrte Angebote für diejenigen, die durch Geburts- und Lebensumstände verminderte Chancen haben („positive Diskrimination"). Wir wissen inzwischen, dass dieses zweite Konzept zwar von seinen sozialwissenschaftlichen Einsichten her und als moralische Forderung der Demokratie sehr wohl begründet war, aber praktisch nur wenig Erfolg hat. Die „kompensatorische Erziehung", obwohl schon in der Grundschule oder Vorschule begonnen, hat nur in schmalem Ausmaß vermocht, die Macht der sozialen Bedingungen zu brechen oder erheblich zu mindern. Eine wirksame Sozialveränderung gab es auf diese Weise nicht. Ja, die Probleme derer, die an dem Höherkommen nicht beteiligt waren (und die gab es eben doch), haben sich durch den kollektiven Aufstieg der anderen eher verschärft.

In Ostdeutschland, der damaligen DDR, hat man schon in den 50er-Jahren versucht, durch Schulpolitik und Gesellschaftspolitik die Chancenverteilung umzukehren, Arbeiter- und Bauernkinder zu fördern, Akademikerkinder im Studium zurückzusetzen. Die sozialen Auswirkungen werden jetzt erst erforscht (Statistiken waren in der DDR weitgehend geheim). Die Wirksamkeit dieser Politik in den 50/60er-Jahren war sicher erheblich. Sie wurde dann aber in den späten Sechzigern durchkreuzt durch eine andere Zielsetzung, nämlich eine Planung und Lenkung des ganzen Berufssektors und damit auch der Bildungswege. Der Zugang zur Oberstufe und zur Hochschule wurde rationiert und dem Bedarf angepasst. Parteieliten wurden bei der Zulassung begünstigt. Das brachte neue Ungerechtigkeiten, die die Sozialimpulse der frühen DDR-Zeit weitgehend zerstörten. Doch wie gesagt: Ein genaueres Bild der Auswirkungen von Schul- und Sozialpolitik ist auf Untersuchungen angewiesen, die eben erst in Angriff genommen wurden.

Beide Entwicklungen, in Ost- und Westdeutschland, sind von den Gegnern der sozialen Gerechtigkeitsidee als Beweis dafür angesehen worden, dass die „Gleichheit" eine linke Utopie sei, ein gefährlicher Traum der Menschheit. Traum nicht nur, sondern böses Prinzip, das die furchtbarsten Unfreiheiten mit sich gebracht habe. Sie sei als Idee der Gleichheit, als progressive Utopie des modernen demokratischen Staates zum Scheitern verurteilt, ja im Grunde mit den Staats- und Wirtschaftsformen, unter denen sie ständig im Munde geführt wurde, schon gescheitert.

Wer so einseitig und plakativ argumentiert, der lässt das Rechts- und Politikverständnis der modernen Demokratien hinter sich. In der Rechtsprechung, die ja wohl nicht unter dem Verdacht unbesonnener Progressivität steht, hat sich längst die Einsicht und Praxis durchgesetzt, dass „Gleiches gleich und Verschiedenes verschieden" behandelt werden muss. Justizia mit den verbundenen Augen sollte symbolisieren,

dass im Rechtswesen niemand persönlich bevorzugt werden darf. Aber sie muss schon hinsehen, ob es ein Asylsucher ist oder ein Mafiaboss, die für die gleiche Gesetzesübertretung zu bestrafen sind, mit gleichem Strafmaß womöglich, das für den einen den Ruin, für den anderen allenfalls „peanuts" bedeuten würde. Gleichheit und Verschiedenheit bestehen notwendig in einer Gesellschaft nebeneinander. Der politische Begriff der Gleichheit „bezeichnet nicht eine konkrete Realität, sondern ein bestimmtes Verhältnis zwischen Personen und Gegenständen, die grundsätzlich verschieden voneinander sind. Sie sollen in einer bestimmten Hinsicht als gleich betrachtet oder behandelt werden." (DANN 1995, S. 9) Es geht nicht um die Herstellung eines Zustands der realen Gleichheit, sondern um eine bestimmte Sichtweise und Behandlung der Realität und ihrer Verschiedenheiten. Es sollen also – durch das demokratische Gleichheitsgebot – gerade nicht die individuellen Lebenswelten aufgehoben werden, die regionalen Kulturen, die Verschiedenheit der Herkunft, der Sitten und auch Religionen zerstört werden durch Normierung und Gleichmacherei. Anerkennung der Verschiedenheit und Gleichberechtigung, gleiche Förderung des Verschiedenen – das gerade macht eine demokratische Gleichheitsforderung aus. An diesem Gleichheitsbegriff, der Gleichberechtigung und der Gleichachtung, ist ständig zu arbeiten. Wir müssen seine pädagogische Qualität und Bedeutung herausfinden, das ist eine konkrete Bildungsaufgabe der Gegenwart.
Die Frage der sozialen Ungerechtigkeit ist freilich damit nicht erledigt. Die Rede von der Verschiedenheit wird auch immer wieder missbraucht zur Rechtfertigung dessen, dass es den einen gut geht und den anderen schlecht.

4. Zunächst aber sind die innerschulischen Fragen der Gemeinsamkeit und Gerechtigkeit anzusprechen, die Chancenvergabe in der Schule und die Mitwirkung der Schule an Prozessen der Aussonderung und Abstempelung, mit denen – gewiss ungewollt – auch die Weichen in die Arbeitslosigkeit gestellt werden. Die gegenwärtige Diskussion, auch gerade um die Grundschule, hat neue Dimensionen in diese Gerechtigkeitsdebatte eingebracht. Sie werden als „Pädagogik der Vielfalt" (PREUSS-LAUSITZ 1993, PRENGEL 1995, TILLMANN u. a. 1995) diskutiert. Auch die neue Denkschrift aus Nordrhein-Westfalen über das „Haus des Lernens" (1995) hat diese Debatte offensiv aufgenommen. Da kommen also auch neue Forderungen auf die Schule zu, von denen noch nicht auszumachen ist, wie und ob sie ihnen gerecht werden kann.
Die gravierenden Unterschiede und Spannungen im Gefüge der Schule für diese Autoren der jüngsten Zeit sind der Kultur-Unterschied: Die Schule wird sich bewusst, dass ihr durch die Schüler aus fernen Ländern nicht eine Nebensache, nicht eine bloße Anpassungsaufgabe für Randerscheinungen zufällt, sondern dass hier eine ganz neue Situation, eine neue kulturelle Aufgabe für das Schulwesen entstanden ist.

Sodann: der Unterschied der Geschlechter, zwar ein altes Thema der Pädagogik, das aber durch den feministischen Diskurs eine neue Aktualität bekommen hat – wie steht es hier mit der Gleichbehandlung des Verschiedenen?
Und weiter – ebenfalls ein alt-neues Thema – die Differenz von behinderten und nichtbehinderten Kindern, die die Integrationsfähigkeit der Schule auf neue Proben stellt (ein Thema freilich, das hier nicht nebenbei abgehandelt werden kann).

Sehr verschiedene Themen also, die im Zeichen einer Pädagogik der Vielfalt zur Sprache kommen. Zunächst die Kulturdifferenz: Die heute schon typische Zusammensetzung unserer Schulen ist multikulturell. Ein starker Assimilationsdruck (nach PIAGETscher Terminologie eher „Akkommodations"-Druck) besteht schon durch die Notwendigkeit für die Zugewanderten, sich auf die ganzen Lebensumstände dieses Landes und das Lernangebot seiner Schule einzustellen. Eine Pädagogik, die die Kinder achtet, muss sich Gedanken machen über den Umgang mit ihrer ethnischen und kulturellen Identität. Das ist schon an sich eine schwere Aufgabe. Was wissen wir schon von den anderen Kulturen, von deren Lebenswelten, Mythen, Sprichwörtern, Überlieferungen? Was wissen wir von den Normen, Symbolen, Werten, von der Geschichte, der Religion, der Kunst, der Musik anderer Kulturkreise?

Wenn uns die Geschichte der Verleihung des letzten Friedenspreises des deutschen Buchhandels an ANNEMARIE SCHIMMEL etwas gelehrt hat, so doch wohl dieses: Wie wenig urteilsfähiges Wissen über den Kosmos des Islam wir alle besitzen und andererseits, dass selbst die Spezialisten der mohammedanischen Kultur eventuell Dimensionen ausklammern, die für die Gegenwartsauseinandersetzung mit diesem Kulturphänomen von großer Bedeutung sind. Ist es denkbar, dass die Lehrerin/der Lehrer in ihrem/seinem kulturkundlichen oder Religionsunterricht ein bisschen Mohammedanismus aufnimmt? Und ein bisschen heutiges Judentum? Und ein wenig griechische und russische Orthodoxie? Und auch noch etwas von den fernöstlichen Religionen? Und auch die moderne Religionslosigkeit hätte dann doch wohl Anspruch darauf, gekannt und gelehrt zu werden?

Selbst wenn wir uns hineinversenken könnten in diese anderen Welten, können wir doch dem Dilemma nicht aus dem Wege gehen, dass bestimmte Glaubens- oder Religionsmomente anderer Kulturen dem aufklärerischen und demokratischen Konsens, dem wir auch in der Schule verpflichtet sind, widersprechen. Wo etwa in einer anderen Kultur oder Teilkultur die Frauen abgewertet oder von Bildungswegen ausgeschlossen werden, wo Menschengruppen diskriminiert, wo Toleranz und Anerkennung der Vielfalt aus Kulturtradition bekämpft werden, wo Menschenrechte infrage gestellt oder umformuliert werden, ist es mit bloßer Anerkennung möglicher

Zukunft für Kinder – Gedanken zur Grundschule

Verschiedenheit der Ansichten und der kulturellen Muster ja nicht getan. Weder die „universalistische" Position, welche die Denkmuster der europäischen Aufklärung als selbstverständliche Modelle für alle Welt nimmt, noch die „kulturrelativistische", nach der auch zentrale Menschenrechte zur Disposition gestellt werden, weil andere Kulturen darüber nun einmal anders denken, kann der konkreten Aufgabe gerecht werden, die sich heute einer „Pädagogik der Vielfalt" stellt.

Ich möchte bewundernswerte Aktivitäten von Schulen unter der „Eine Welt"-Thematik keinesfalls infrage stellen. Ich meine nur, dass unter dem Leitwort „multikulturell" heute Aufgabenkataloge produziert werden, denen keine Schule entsprechen kann. Ich meine, wir sollten nicht im Zweifel darüber sein, dass wir eine Schule betreiben auf der Grundlage der europäischen Aufklärung und Überlieferung. Zu dieser Aufklärung gehört eine große Neugier, gehören „offene Fenster" zu anderen Kulturen, gehört ein ernsthaftes Interesse für die Kinder, die bei uns leben, die oft sehr wenig mitteilen können aus ihrer Kultur, weil sie sie selber nur fragmentarisch kennen und mit ihrer Familie oft in Formen des Übergangs leben. Den beiden chinesischen Mädchen, die unlängst neu in eine Tübinger Schule kamen und, wenn die Lehrerin sie ansprach, aufstanden und den Kopf neigten, wird bedeutet, dass das hier nicht „nötig" sei – das heißt aber doch, sie werden veranlasst, sich einer europäischen Verhaltensnorm zu fügen. Das wird, hoffentlich, in respektvoller Form geschehen und wirft die Frage auf, welches denn unsere eigenen Höflichkeitsformen sind, unsere Umgangsweisen, unsere Regeln eines achtungsvollen Zusammenseins. Der Hinweis zum Nichtaufstehen geht im Allgemeinen noch ohne Konflikt ab, anders als zum Beispiel die Verweigerung von Sport- oder Schwimmunterricht oder der Teilnahme an Ausflügen und jugendlicher Geselligkeit, liberalen Umgangs der Geschlechter u. a. m. Das alles gehört heute zu einer Kultur, die sich wandelt, die unterwegs ist zu mehr Europäisierung, zugleich zu mehr Toleranz, zur Öffnung der Fenster, zu Respekt vor Menschen anderer Kulturen, die unter uns leben. Für alles das wird in der konkreten Arbeit der Grundschule immer wieder Neues verlangt, müssen immer wieder neue Wege gefunden werden, angesichts der Kinder, die vor uns stehen. Die Begriffe „globale" oder „multikulturelle" Erziehung jedoch scheinen mir dafür eher irreführend, weil sie unterstellen, es gebe eine Art synthetischer Weltkultur. Die Aufgabe, die sich Theologen heute setzen, ein „Weltethos" zu bestimmen, das heißt die Überschneidungsbereiche der Religionen und damit ein gemeinsames Minimum der Ethik herauszuarbeiten und zwischen den Religionen zu diskutieren – steht noch im Anfang (vgl. KÜNG 1992; KÜNG; KUSCHEL 1993). Sie sollte aber nicht verwechselt werden mit der Aufgabe der Schule, die Kinder zu beheimaten in einem gemeinsamen Bereich kultureller Inhalte, Bilder und Geschichten. Für die Art von Globalkultur, wie sie die Global-Wirtschaft selber herstellt à la Rambo und

„tomato-soup", brauchten wir keine Schule! Ich meine: Nicht ein universalistisches Lehrprogramm wird uns hier weiterbringen, sondern der respektvolle Umgang mit den Kindern, die wir in der Schule vor uns haben, und der kulturellen Welt, die sie mitbringen.

5. Die andere Ungleichheit, die heute im Vordergrund der Gleichheitsdebatte steht, ist die der Geschlechter. Es hat sich viel verändert hier in den letzten beiden Jahrzehnten – seit das sozialschwache Mädchen vom Lande als Musterbeispiel der Bildungsbenachteiligung galt und auch empirisch nachweisbar war. Nicht nur der Schulbesuch, sondern auch die Überwindung des Rollenklischees ist heute bei Mädchen wohl weiter gediehen als bei Jungen. In der Spielforschung etwa zeigt sich, dass heute fast alles, was früher als Jungenspiel galt, auch von Mädchen in Anspruch genommen wird – während die Jungen offenbar nach wie vor Hemmungen haben, ihrer Neigung auch zu sogenannten „Mädchenspielen" nachzugehen. Sie stehen anscheinend unter größerem Druck von ihresgleichen und dieser Druck nimmt in der Schulzeit deutlich zu (vgl. THORNE 1993; FLITNER 1996). Auch das Zusammenspielen wird offenbar durch die Schule eher beschädigt als gefördert – oder besser: in der Schule. Nicht so sehr durch das, was die Schule mit ihnen tut, die ja meistens auf Kooperation der Geschlechter achtet, als durch das, was sich durch die Organisationsform – vieler altersgleicher Kinder in einer Lerngruppe – ergibt. Erst die feministisch angeregte Männlichkeitsforschung (vgl. z. B. BÖHNISCH; WINTER 1993; SCHNACK; NEUTZING 1990) hat die Schwierigkeit der Jungenerziehung heute ganz bewusst gemacht und hat uns gezeigt, wie weit wir noch von einer freien Entwicklung entfernt sind, in der die Zwänge von Geschlechterklischees nicht mehr vorherrschen.

Auch hier geht es in einer modernen Erziehung gewiss nicht um „Gleichmacherei". Es wäre nicht nur real unmöglich, sondern un-recht, die Geschlechtsunterschiede zu ignorieren oder durch Erziehung unterdrücken zu wollen. Auch „für Kinder ist ihre Geschlechtszugehörigkeit ein zentraler Orientierungspunkt der Identitätsbildung", sagt ANNEDORE PRENGEL mit Recht (1995, S. 127). Und wir müssen auch mit symbolischen Äußerungen und Übertreibungen Geduld haben, mit dem kindlichen „Prägnanzbedürfnis", dem kindlichen „Schwarz auf Weiß", „Gut und Böse", das wir aus den moralischen Urteilen der Kinder kennen. Auch hier gilt: Demokratische „Gleichheit" heißt Anerkennung der Verschiedenheit, es heißt menschlicher Umgang mit der Verschiedenheit – nicht nur Verschiedenheit der Geschlechter (wie der Kulturen), sondern – sehr wichtig – auch innerhalb der Geschlechter. Dass es unterschiedliche Lebensentwürfe gibt und dass die Klischees, die überlieferten und die modernen, ihre Macht verlieren, das gilt es zu unterstützen. Unser öffentliches

Leben, die Reklame, die Bilderwelt, der Regenbogenjournalismus, jeder Illustrierten-Kiosk, die Unterhaltungsprogramme, die Westernfilme stecken nach wie vor voll von Geschlechterstereotypen, von primitiver Inszenierung von Männlichkeit und Weiblichkeit. Schulklassen entwickeln ihren eigenen Konformismus und setzen Kinder, die dieser Konformität nicht entsprechen, oft unter Druck. Da spielen Kleidungs-, Konsum-, oft auch Meinungs-Konformität leider eine große Rolle. Auch hier wieder gilt es, eine Kultur der Anerkennung von Verschiedenheit anzubahnen, statt neue Standardbilder, wie Jungen und Mädchen sein sollen, zu schaffen.

Eine Trennung der Geschlechter, wie sie heute wieder diskutiert und an manchen Stellen auch erprobt wird, stellt meines Erachtens keine Lösung der Probleme dar. Damit würde man die Errungenschaft, für die auch die gemeinsame Grundschule steht, aufgeben. Trennung kann für bestimmte Kurse, für bestimmte Lernaufgaben, bestimmte Zeiten nützlich sein. Aber eine Kultur besserer Gemeinsamkeit lässt sich nur im Umgang der Geschlechter selber entwickeln. Eine Mitarbeit von mehr Männern in der Grundschule – als Lehrer, vielleicht auch als Helfer auf Zeit – würde sicher dazu beitragen, die zunehmende Jungenaggressivität zu entspannen.

6. Die beiden Dimensionen der Verschiedenheit, die kulturelle und die geschlechtliche, haben zwar in jüngster Zeit besondere Beachtung gefunden. Aber sie sind nur ein Teil der Verschiedenheiten, mit denen es die Schulen täglich zu tun haben. Ich meine nicht nur die Verschiedenheit in der Begabung der Kinder, ihrer Lerngeschwindigkeit und ihres Sprachniveaus – damit kommt die moderne Grundschule ganz gut zurecht, dafür hat sie methodische Verfahren entwickelt. Ich meine hier vor allem die enorme und zunehmende Verschiedenheit der Lebensbedingungen, der persönlichen Umfelder, in denen Kinder aufwachsen, als Förderung oder Vernachlässigung, als Zuwendung, die sie erfahren oder nicht erfahren. Wir haben ja mehr und mehr gelernt, solche Strukturen, den Lebenszusammenhang der Kinder und seine pädagogische Qualität als Ganzes zu sehen. Wissenschaftlich haben uns dazu besonders URIE BRONFENBRENNER (1981) und die ökologische Psychologie geholfen: nicht mehr so sehr nach Einzelfaktoren zu fragen, nach Sauberkeitstraining, Kinderkrippenbesuch, Vollständigkeit der Familie, Berufstätigkeit der Eltern, Einzelkindheit oder Stellung in der Geschwisterreihe, Ordnung oder Verwöhnung, Fernseherlaubnis usw. Die ökologische Betrachtung lehrt uns, die Lebenssituation im Ganzen anzusehen: Findet das Kind Strukturen vor, in denen es Ordnung und Befriedigung erfährt? Hat es Menschen, bei denen es sich geborgen weiß, die hinsehen und einigermaßen wissen, was es den Tag über macht, Erwachsene, die wollen, dass seine Bedürfnisse nach Zuwendung und Lernen erfüllt werden? Ist es umgeben von Menschen, die es bejahen und mit ihm sprechen? Das vernachlässigte

Kind ist Signatur und Gefahr unserer Zeit. Stundenlanges Fernsehen von Kindern bedeutet ja nicht nur Überforderung mit Unverständlichem, inhaltliches Chaos in den Köpfen. Sondern es ist vor allem auch Ausdruck und Kennzeichen dafür, dass Kinder stören, dass sie überflüssig sind. Sie sitzen deshalb vor dem Bildschirm, weil die zuständigen Erwachsenen nichts mit ihnen anfangen können, keine Zeit, kein Interesse für sie haben. Es ist kaschierte Verwahrlosung.

Die Hauptverschiedenheit der Kinder, mit denen es die Schule zu tun hat, liegt heute wohl in diesen Strukturen, die das Kind umgeben, also der Lebenswelt des Kindes – ob sie eine bergende, helfende, anregende Sphäre bilden oder von bloßer Ratlosigkeit gezeichnet sind. Die Schule kann für einige Stunden am Tag solche Strukturen schaffen, sie kann Anregungen, Inhalte, auch ein soziales Klima bieten, in dem jedes Kind erfährt: Es kümmert sich jemand um mich. Was ich tue und lasse, ist nicht gleichgültig, es interessieren sich Erwachsene dafür, ob ich etwas zustande bringe und wie ich mich verhalte. Schon deshalb muss es auch bei uns ein Tagesangebot für Kinder geben – wie es in den meisten Industrieländern längst selbstverständlich ist –, damit nicht ein Teil der Kinder der Strukturlosigkeit in einem Maße ausgesetzt wird, dass sie auch in den Stunden des Schulbesuchs nicht zuhören können, nicht mitarbeiten und sich an der Gemeinschaft nicht freuen können.

7. Ist unsere Gesellschaft, wie manche ihrer Analytiker meinen, mit ihren zunehmenden Verschiedenheiten auf dem Weg zur totalen Individualisierung und Vereinzelung (vgl. BECK; BECK-GERNSHEIM 1994), zur Ellbogen-Existenz und Bindungs-Unfähigkeit der Menschen?

„In zehn Jahren", so sagt der Zeit-Kritiker PETER SLOTERDIJK (1994), „werden alle Fächer auf amüsante, großartige, lebendige Weise computerisiert sein. Kein Lehrer wird mithalten können." Statt der Schule eine individualisierte Bildschirm-Welt? Statt des gemeinsamen Lernens die grenzenlose Information für die völlig vereinzelten „Lernenden"?

In der Tat: Für diese Art von „Information" brauchen wir die Schule bald nicht mehr. Information ist schon heute universal gespeichert und angeboten, grenzenlos abrufbar. Auch Schülerinnen und Schüler können wohl bald in der Jackentasche ein Info-Paket bei sich tragen, klein wie ein Handrechner, aber wissender als der große Brockhaus.

Aber wollen sie dann selber noch etwas wissen? Und was ist ihr eigenes Wissen und Können, das in ihrem Bewusstsein arbeitet und lebt? Wissen im Kopf oder Können mit den Händen oder Beherrschen zum Beispiel von Sprachen – wird das alles etwa gleichgültig? Die Information in der Tasche ist keine Alternative dazu. Denn Wissen „bildet" nur dann und nur soweit, als es uns berührt, uns verändert, zu uns gehört. Als es unsere Interessen bewegt, unsere Stellungnahme herausfordert und den Wunsch erzeugt, dass wir uns mit einer Sache weiter beschäftigen, dass wir es austauschen mit anderen. Wissen hat nicht als gespeichertes, sondern nur als lebendiges Wissen eine Bedeutung, nur wenn es mit unserer Person, mit unserer Lebenswelt verwoben ist.

Es ist die unvergleichliche – und immer schwerer werdende – Aufgabe der Schule, Wissen und Können, Ordnung und Bedeutung des Wissens für uns in die Lebenswelt der Kinder einzubringen und auf diese Welt zu beziehen. Verhelfen wir den Kindern zu solchem Wissen, das für sie Bedeutung hat und Beziehung stiftet? Das ist eine zentrale Frage an die Schule. Ich weiß nicht, ob wir gut daran tun, diese Frage aufs Neue unter dem Begriff „Bildung" zu diskutieren, der eine lange Geschichte hat und deshalb ehrwürdig ist und angestaubt. Das Nachdenken über „Bildung" lässt ja immer das einseitige Verständnis zu (das in unserer Bildungsklassik erzeugt worden ist), als gehe es dort nur um etwas Persönliches. Der Mensch wird gebildet: Er bildet sich ein individuelles Geschehen in „Einsamkeit und Freiheit" (W. v. HUMBOLDT). Das bürgerliche Ideal des einzelnen, freien Individuums hat einen unerhörten Erfolg in den modernen Mobilitäten erreicht: der örtlichen Mobilität, der beruflichen und sozialen Mobilität, der Freundschafts- und gar der Ehemobilität, auch der politischen Mobilität (bei steigender Wechselwählerschaft) (vgl. WALZER 1994). Haben diese schier grenzenlosen Freiheiten des Einzelnen die Menschen glücklich gemacht? Oder spüren die Menschen, dass Freiheiten wertlos werden ohne die Fähigkeit sich zu binden, sich zu engagieren für andere, ohne Brüderlichkeit und Schwesterlichkeit, wertlos ohne eine freundliche Umgebung, ohne eine soziale Kultur, ohne den Boden menschlichen Zusammenlebens, auf dem der Freiheitsbaum doch gewachsen ist?

Nach allem, was die Geschichte der Grundschule lehrt, liegt die immer dringendere, gesteigerte Aufgabe und Verantwortung für die junge Generation darin, dass eben nicht nur und nicht einmal hauptsächlich das Kind persönlich befähigt wird, gewissermaßen „fit" gemacht werden soll für Karriere und Tätigkeit. Nicht nur Ausrüstung und Stärkung, womöglich auf Kosten der anderen, kann das Ziel sein. Denn wie können wir als Einzelne befriedigend leben, wenn die Umwelt nicht mehr trägt, wenn sie als natürliche Umwelt und als menschliche und politische Umwelt vom Egoismus der „Einzelnen" verschlissen wird?

Anerkennung und Kultivierung der Verschiedenheit mit dem Ziel, nicht nur gleiches Recht, sondern gleiche Förderung, gleiche Stützung des anderen, des Vielfältigen zu erhalten und zu gewähren – das ist die Aufgabe der Grundschule, ihre besondere

Aufgabe, weil ihr die Gemeinsamkeit des Lernens durch Verfassung zugestanden wird. Mit dem Satz 7/VI des Grundgesetzes, der heute kaum noch verstanden wird („Vorschulen bleiben aufgehoben"), wird die Entscheidung der Weimarer Verfassung bestätigt: Vorschulen für die Gymnasien soll es nicht geben. In der allgemeinen Grundschule soll keine Trennung, keine Selektion auf die späteren Schulstufen hin stattfinden (vgl. RICHTER 1995, S. 116). Während in der Sekundarschule die beiden Prinzipien der Förderung und der Auslese in ewigem Streit liegen – wir Pädagogen sind vor allem für das Prinzip „Förderung", während Politik und Wirtschaft und Hochschulen auf das Prinzip „Auslese" drängen –, während also dieser Streit wohl für die höheren Altersstufen unaufhebbar ist, ist für die Grundschule durch unsere Verfassung die gemeinsame Förderung, die Förderung aller Kinder festgesetzt. Selektion in der Grundschule als vorgezogener Teil des allgemeinen Wettbewerbs ist also gegen den Sinn der Verfassung und damit ist auch eine Entscheidung der Grundschule über die Sekundarlaufbahn problematisch. Denn ihre Aufgabe liegt eindeutig in der Grundlegung der Lernfähigkeit für alle Kinder – der höchstmöglichen Lernchancen für jedes der unendlich verschiedenen Kinder. Deshalb kommt auch die Frage der Bewertung, der Noten, der Zeugnisse und Verbalurteile nie zur Ruhe (und deshalb wenden manche Schulen sehr viel Kraft und Zeit auf moderne Bewertungsverfahren). Rückmeldungen an die Kinder und Gütemaßstäbe sind irgendwann nötig, sie gehören zum Realitätsprinzip der Schule. Aber jede Art von Entmutigung kann ihre Förderaufgabe nachhaltig schädigen. Und wo Kinder in der Schule beschädigt werden, da beginnt der grausame Prozess unserer Gesellschaft, einen Teil der Menschen als unqualifiziert, als wertlos zu etikettieren. Die privilegierte Aufgabe der Grundschule liegt darin, dass sie sich an diesem Prozess der Beschädigung nicht zu beteiligen braucht, ja nicht beteiligen darf!

Die neue Denkschrift über die „Zukunft der Bildung – Schule der Zukunft" (BILDUNGS-KOMMISSION NRW 1995), die in Nordrhein-Westfalen veröffentlicht worden ist, spricht von der Schule als einem „Haus des Lernens". Nicht also Betrieb, nicht Institution, nicht Sozialapparatur, nicht Agentur oder Subsystem der Gesellschaft und wie die Funktionsnamen sonst noch heißen, sondern – offenbar bewusst etwas altertümelnd formuliert – ein „Haus des Lernens" (an das hebräische „Haus des Buches" als Name für die Schule angelehnt). Ich nehme den Ausdruck gerne auf, gebrauche ihn aber über die Bedeutung hinaus, die das genannte Gutachten ihm gibt.

„Haus", das kann heißen, dass sich Kinder hier nicht nur aufgenommen sehen, sondern ein Stück weit „zu Hause" fühlen, auch über die Schulstunden hinaus.
„Haus" heißt weiter, dass sich darin gestaltete Räume für das Lernen finden, Räume, welche die Handschrift ihrer Bewohner tragen und zeigen, wer da zu Hause ist –

nicht Durchgangsräume für wandernde Klassen mit kahlen Wänden und Herrschaftszeichen der Reinigungshygiene.

„Haus" heißt weiter: öffenbare Fenster und Türen, Ausgangspunkt für die Wahrnehmung des anderen nicht nur, sondern für Erkundungen in der Umgebung, der Nachbarschaft, der Welt. Das Zuhause-Sein (das gilt auch für das kulturelle Zuhause, für das Heimischsein in einem Wissen und Können) bildet die Grundlage für ein Erkunden des anderen, des Fremden, der Welt. Offenheit der Türen heißt aber auch, dass die Eltern eingeladen sind, die Berufe und Gewerbe, die Künste und die Menschen, die sie ausüben, die örtliche Politik.

Und „Haus" heißt schließlich (griechisch oikos) Ökos, wie in: Ökologie. So wie „Ökonomie" die Lehre vom wirtschaftlichen Haushalten ist, so ist „Ökologie" die Lehre vom richtigen und wissenden Umgang mit dem Hauswesen, mit unserer Umgebung, mit allem, was wir brauchen, mit der Natur, unserer eigenen Menschennatur und der uns umgebenden, mit der wir schicksalhaft verbunden sind – das „Haus-Halten" also mit uns selbst, unserer Gesundheit, unserer Lebenswelt, unserer Erde.

Die ökologische Frage, sowohl im engeren Sinne, als nahe persönliche Umgebung, wie im weiteren, politischen, ist für die, welche heute als Kinder unsere Schulen besuchen, zur großen Lebens- und Existenzfrage geworden. Das wissen wir alle und wir wissen auch, dass wir als Lehrer oder Bürger von der jungen Generation nach unseren Konsequenzen, nach unserem Handeln, das dem Wissen entspricht, gefragt werden. Jede der jüngeren Jugenduntersuchungen bestätigt das. Die ökologische Frage reicht von unserem persönlichsten Alltagsleben über Konsum und Verkehr, Energieverbrauch bis zu den großen Konflikten unserer Welt. Die Schule kann diese Probleme gewiss nicht lösen und sie kann auch nicht immerzu davon sprechen. Der Katalog von Schlüsselthemen in manchen Grundschulplänen und Pädagogikbüchern scheint mir überzogen – und die Reichweite bloßer Belehrung, bloßen Redens sollten wir als Lehrer ja ohnehin nicht überschätzen. Das Konkrete, das Praktische ist das eigentliche Feld nachhaltigen Lernens. Deswegen gefällt mir der Ausdruck „Haus des Lernens", weil damit gesagt ist, dass nicht nur gelehrt wird, sondern dass alle hier Tätigen vor allem lernen. Dass wir alle ständig zu lernen haben. Und weil es dabei auch gerade um das Haushalten geht, das geistige Haushalten in einer sehr verschmutzten Welt, das materielle Haushalten und das Leben in nachhaltigem Wirtschaften und besonnenem Konsumieren, das Zusammenwirken von Schule und Umgebung. Ich würde es noch etwas erweitern und vom „Haus demokratischen Lernens" sprechen, womit dieses gemeint ist: die Gleichheit in der Vielfalt, die Gemeinsamkeit und die Bemühung, alle Kinder dahin zu bringen, sich angenommen zu sehen und selber zu lernen. So kann die Schule zwar nicht Revolutionär der Gesellschaft sein. Wohl aber kann sie ein beispielhafter Teil der Gesellschaft sein, ein Raum, in dem Kinder lernen und erfahren, was künftig wichtig ist, in dem sie grundlegende Jahre ihres Lebens verbringen und Kräfte sammeln für das Künftige.

In unserem Grundgesetz, das auch unsere allgemeine Grundschule sichert (Art. 7), steht, dass die Menschen gleich sind vor dem Gesetz, dass alle ihre Persönlichkeit frei entfalten dürfen (Art. 2, 3), dass alle Gewalt vom Volke ausgeht (Art. 20) und dass wirtschaftliche Macht nicht missbraucht werden darf (Art. 74) usf. Wir wissen wohl alle, dass das Wünsche und Aufgaben für unser Lernen sind.

„In Wahrheit sind Frauen und Männer immer noch nicht gleichberechtigt, in Wahrheit ist es um die Würde von Ausländern hierzulande miserabel bestellt, in Wahrheit setzt sich die Macht des Geldes tagtäglich und überall über ihre rechtlichen Grenzen hinweg." (STEPHAN 1995)

Und mit dem energischen Schutz unserer natürlichen Lebensgrundlagen stehen wir erst am Anfang. Unsere Verfassung bietet eine Möglichkeit, eine Aufforderung zur Demokratie. Demokratie ist nicht ein Zustand, den wir haben, sondern eine Aufgabe, auf die wir ständig zugehen müssen und von der uns Gegenkräfte ständig abzudrängen suchen. In unserem demokratischen und ökologischen Engagement entscheidet sich letztlich, ob Kinder bei uns eine Zukunft haben.

Literatur

BECK, U.; BECK-GERNSHEIM, E. (Hrsg.): Riskante Freiheiten. Individualisierung in modernen Gesellschaften. Frankfurt, M. 1994
BECKER, H.; KLUCHERT, G.: Die Bildung der Nation. Schule, Gesellschaft und Politik vom Kaiserreich zur Weimarer Republik. Stuttgart 1993
BILDUNGSKOMMISSION NRW: Zukunft der Bildung – Schule der Zukunft. Neuwied 1995
BÖHNISCH, L.; WINTER, R.: Männliche Sozialisation. Bewältigungsprobleme männlicher Geschlechtsidentität im Lebenslauf. Weinheim 1993
BOURDIEU, P.; PASSERON, J. G.: Die Illusion der Chancengleichheit. Stuttgart 1971
BRONFENBRENNER, U.: Die Ökologie der menschlichen Entwicklung. Stuttgart 1981
BRUMLIK, M.; BRUNKHORST, H. (Hrsg.): Gemeinschaft und Gerechtigkeit. Frankfurt, M. 1993
BUND; MISEREOR (Hrsg.): Zukunftsfähiges Deutschland. Ein Beitrag zu einer global nachhaltigen Entwicklung. Basel 1995
COLEMAN, J.: Die asymmetrische Gesellschaft. Vom Aufwachsen in unpersönlichen Systemen. Weinheim, Basel 1986
DANN, O.: Vorwort zum Buch von A. Prengel, 1995, s. d.
FLITNER, A.: Gerechtigkeit als Problem der Schule. In: FLITNER, A.: Für das Leben – Oder für die Schule. Weinheim 1987
FUTNER, A.: Reform der Erziehung. Impulse des 20. Jahrhunderts. 3. Aufl., München 1996
FUTNER, A.: Spielen – Lernen. Praxis und Deutung des Kinderspiels. Neubearb., München 1996
FRIEDEBURG, L. v.: Schulentwicklung zur Ungleichheit. In: Institut f. Sozialforschung. Mitteilungen H. 6, Frankfurt, M. 1995

HESSISCHES KULTUSMINISTERIUM: Rahmenplan Grundschule. Frankfurt, M. 1995
HONNETH, A. (Hrsg.): Pathologien des Sozialen. Die Aufgaben der Sozialphilosophie. Frankfurt, M. 1994
JENCKS, C.: Chancengleichheit. Reinbek 1973
KEY, E.: Das Jahrhundert des Kindes. Hrsg. v. U. HERMANN, Weinheim, Basel 1992
KLAFKI, W.: Allgemeinbildung in der Grundschule und der Bildungsauftrag des Sachunterrichts.
In: LAUTERBACH, R. U. A.: Brennpunkte des Sachunterrichts. Kiel 1992
KLAFKI, W.: „Recht auf Gleichheit – Recht auf Differenz" in bildungstheoretischer Perspektive.
In: Neue Sammlung 34 (1994)
KÜNG, H.: Projekt Weltethos. München 1992
KÜNG, H.; KUSCHEL, K.-J. (Hrsg.): Weltfrieden durch Religionsfrieden. München 1993
LERSCH, R. (Hrsg.): Aspekte moderner Grundschulpädagogik. Hohengehren 1994
MOLL-STROBEL, H. (Hrsg.): Grundschule – Kinderschule oder wissenschaftsorientierte Leistungsschule?
Darmstadt 1982
PRENGEL, A.: Pädagogik der Vielfalt, Verschiedenheit und Gleichberechtigung in interkultureller, feministischer
und integrativer Pädagogik. 2. Aufl., Opladen 1995
PREUSS-LAUSITZ, U.: Die Kinder des Jahrhunderts. Zur Pädagogik der Vielfalt im Jahr 2000.
Weinheim, Basel 1993
RICHTER, I.: Die öffentliche Schule im Umbau des Sozialstaats. In: LESCHINSKY, A. (Hrsg.):
Die Institutionalisierung von Lehren und Lernen. Weinheim, Basel 1995
RILKE, R M.: Sämtliche Werke, hrsg. v. E. ZINN. Bd. v. Frankfurt, M. 1965
SCHNACK, D.: NEUTZLING, R: Kleine Helden in Not. Jungen auf der Suche nach Männlichkeit. Reinbek 1990
SLOTERDIJK, P.; WERNER, J.: Warum sind Menschen Medien? Interview im FAZ-Magazin vom 9. Sept. 1994
STAUB-BERNASCONI, S.: Recht auf Verschiedenheit versus Recht auf Gleichheit. In: Neue Wege 89 (1995)
STEPHAN, R: Standpunkt. In: SZ-Magazin 47/1995
THORNE, B.: Gender Play. Girls and Boys in School. Buckingham 1993
TILLMANN, K J. U. A.: Integrative Pädagogik. In: Pädagogik 47 (1995), H. 10
WALZER, M.: Die kommunitaristische Kritik am Liberalismus. In: HONNETH, A. (Hrsg.): Kommunitarismus.
Eine Debatte über die moralischen Grundlagen moderner Gesellschaften. Frankfurt, M., New York 1994
ZYMEK, B.: Schulen. In: LANGEWISCHE, D.; TENORTH, H.-E. (Hrsg.): Handbuch der deutschen
Bildungsgeschichte. Bd. V. Die Weimarer Republik und die nationalsozialistische Diktatur. München 1989

> „Im ersten Schuljahr lernt man viel, Zahlen, Abc und wo die Klos sind."

Kindermund

„Die pädagogische Dimension des Grundgesetzes" heißt eine der vielen anspruchsvollen Reden Heinz-Elmar Tenorths, der nach seiner Professur für Wissenschaftstheorie und Methodologie der Erziehungswissenschaft an der Johann Wolfgang von Goethe-Universität Frankfurt/Main Professor für Historische Erziehungswissenschaft an der Humboldt-Universität zu Berlin wurde.
Als Herausgeber der „Klassiker der Pädagogik" schreibt er in seinem Vorwort: „Wenn ‚Bildung' das Zukunftsthema der Gesellschaft ist, dann ist es leichtfertig, auf das Problembewusstsein zu verzichten, das in der Tradition bereitliegt, es sei denn, man reduziert das Wünschbare auf das hier und jetzt leicht Mach- und Messbare."

Der in diesem Buch von ihm und der FAZ freigegebene Aufsatz will den Blick über den Unterricht hinaus auf die Teilhabe an Chancengerechtigkeit weiten. Sein Plädoyer für eine gute Schule gipfelt in der Forderung ganztägiger Förderprogramme, die zu Weiterlern- und Berufsfähigkeit führen könnten und müssten.

Heinz-Elmar Tenorth

Was macht eine gute Schule aus?

Bildungspolitische Debatten kennen anerkannte Themen und scheinbar selbstverständliche Erwartungen, dennoch regiert meist der Dissens, selbst bei grundlegenden Fragen. Wer wird nicht für die möglichst hohe Qualität von Schule plädieren, doch was macht „Qualität" aus? Was ist denn eine gute Schule?

Fragt man die empirische Bildungsforschung, wird man heute meist mit Befunden wie bei der PISA bedient, also mit Ranglisten schulischer Arbeit, in denen die Leistungsfähigkeit von Schulen in der kognitiven Dimension der schulischen Kernfächer – Deutsch, Mathematik, Naturwissenschaften, erste Fremdsprache – ablesbar ist. Gute Schule wird über erwartete und gemessene Wirkungen von Unterricht definiert, Unterricht aber auf ein kleines Feld von Fächern beschränkt. Reformenthusiasten setzen idyllische Bilder individuell bestimmter Lernwelten dagegen, die eher über Zufriedenheit im Prozess als über Leistung im Ergebnis definiert werden.

Vertraut man anderen Quellen, erhält man auch andere Botschaften über die Wirkung von Schule: „Ich hatte schlechte Lehrer. Das war eine gute Schule", lautet ein bekannter Aphorismus. In der paradoxen Botschaft wird bekräftigt, was Alltagsweisheit ist, heute aber auch in komplexen Analysen der Unterrichtsforschung gepredigt wird: Es kommt auf den Lehrer an, auf seine Kompetenz, sein Bild von Unterricht und vom Lernenden, seine Praxis.

Liest man aktuelle Wahlkampftexte oder fragt Bildungssoziologen, ist „Bildungsgerechtigkeit" das zentrale Thema, weder Unterricht und sein Ergebnis, noch der Lehrer, sondern die Teilhabechance an Bildungskarrieren sind das Kriterium guter Schulen. Das sind aber Systembedingungen und bei der Inklusion, der neuen großen Erwartung, argumentiert man ähnlich. Nimmt man „Chancengleichheit" hinzu, ist die Sache noch komplizierter, denn dann wird die Leistung von Schule nicht daran gemessen, wie sie Teilhabemöglichkeiten pädagogisch gleich und gerecht organisiert, sondern ob sie gesellschaftliche Ungleichheit minimieren kann. Für die Bildungsverwaltung wiederum sind, eingestanden oder nicht, gute Schulen solche, die sich gut regieren lassen, effektiv, kostengünstig und mit starker Zustimmung des Publikums arbeiten.

Eltern erwarten von Schulen, dass sie die Bildungskarriere ihrer Kinder nicht stören, sondern fördern, weder Unterricht ausfallen lassen, noch Gewalt, Mobbing oder andere Formen von Verwahrlosung dulden und möglichst in kleinen Klassen kindgerecht unterrichten. Für Lehrer ist, schon traditionell, ihre Berufszufriedenheit (neben dem Gehalt) durch das Klima im Kollegium bestimmt, durch das Sozial- und Lernverhalten von Schulkassen, die Anerkennung in der Öffentlichkeit und durch die meist als störend empfundenen bildungspolitischen Interventionen oder „Reformen" im Bildungswesen. Natürlich kann man leicht die Vielfalt von Kriterien steigern, wenn man weitere Interessenten an Schule befragt, die vom Ergebnis her Wünsche äußern. „Zuerst gute Demokraten" sollen die Schüler werden oder über sichere Grundkenntnisse verfügen oder in vermeintlich vernachlässigten Themen wie ökonomische, ästhetische und kulturelle Bildung besser vorbereitet werden.

Gibt es einen Ausweg aus dem Dilemma der unstrukturiert-vielfältigen, wahrscheinlich auch widerstreitenden, zumindest nicht gleichzeitig zu bedienenden oder gar zu steigernden Erwartungen an Gütekriterien für Schule? Lässt sich die Vielfalt ordnen, vielleicht sogar hierarchisieren, oder muss man sich mutig hinter die empirische Bildungsforschung stellen, sie gegen die Kritiker der PISA-Doktrin in Schutz nehmen und gute Schule über ihre „Kernaufgabe", guten Unterricht, und dann im Wesentlichen über gute Lehrer bestimmen?

Was macht eine gute Schule aus?

Ein wenig Distanz ist hilfreich, auch der Versuch einer Ordnung der Kriterien, nicht allein orientiert an den Bildungswissenschaften oder der Unterrichtsforschung. Man sollte auch die Perspektive der Verwaltung, der Ökonomie, der Juristen oder der Eltern nicht gleich abwehren. Auf jeden Fall sollte eine Frage nicht ausgeblendet werden, die im veränderungsfreudigen Überschwang nicht selten ganz ausgeblendet wird: Haben wir eigentlich schon hier und jetzt gute Schulen – oder doch noch Reformbedarf? Bevor man über gute Schulen reden kann, muss es Schulen geben, das ist wie bei der Bahn: Der schönste Zug nützt den Mainzern nichts, wenn er dort nicht hält. Auch wenn es trivial klingt, aber Einschulungsprobleme bestätigen die Vordringlichkeit dieser Frage. Die erste Bedingung eines guten Bildungswesens ist, dass es die Versorgung mit Schulen sichert, für alle Kinder, in erreichbarer Nähe, in angemessener Ausstattung mit Lehr- und Lernmaterial, mit Gebäude und Hof, in den Neben- und Fachräumen bis zu den Toiletten, mit dem notwendigen Personal, von fachlich ausgewiesenen und der Zahl nach notwendigen Lehrern sowie mit Unterstützungspersonal bis zu den Hausmeistern. Erst dann kann Unterricht stattfinden, möglichst verlässlich, sowohl über den Tag wie über das Schuljahr, auch in Erfüllung des Lehrplans, zeitlich und sachlich, ohne Unterrichtsausfall, ohne fachfremden Unterricht, auch nicht in der Grundschule, auch nicht in den Mint-Fächern. Das zu betonen ist nicht überflüssig, denn ein Großteil des öffentlichen und elterlichen Ärgers mit dem Bildungswesen hat seine Ursache darin, dass diese Bedingungen nicht bundesweit in gleicher Qualität gesichert sind, schon weil dafür Geld notwendig ist. Doch sind wir weder über fachfremden Unterricht, noch über Unterrichtsausfall hinreichend informiert, die bauliche Qualität und Ausstattung wird wenig thematisiert, regionale Versorgung auch nicht (und über den Schulbus als Faktor der Bildungsbiographie könnte man ebenfalls reden).

Bevor der Unterricht debattiert wird, geht es meist um den Ärger mit der Struktur. Da beunruhigen nicht mehr die alten Fronten, sondern neue Fragen. Transparent sollte die Struktur sein, für die Akteure und die Beobachter. Es sollten Bildungsgänge angeboten werden, deren Sinn und Namen man versteht, die aufeinander aufbauen, ohne Sackgassen, die ausschlussfähig nach oben und nach außen und für den Wiedereintritt sind. Es müsste Ressourcen für ganztägige Förderprogramme geben, die sich nicht als Verwahrprogramm verstehen, sondern pädagogisch strukturiert sind, sodass Leistung und Förderung auch erreichbar werden, wenn soziale Herkunft und Milieus nicht mit schulischen Erwartungen harmonieren. In Deutschland ist das nicht üblich, aber zu den Pflichten und zur Qualität des Bildungssystems könnte man ja auch rechnen, dass es niemanden entlassen darf, der die notwendigen Fähigkeiten für das Weiterlernen oder den qualifikationsorientierten Übergang in den Beruf nicht erworben hat. Zu der Transparenz, die wir nicht haben, könnte deshalb auch gehören, dass Schulen ihre Leistung nach außen und in nachprüfbarer Weise dokumentieren, sodass man wählen kann, wem man seine Kinder anvertraut, und interveniert, wenn es zu schlecht aussieht. Ein gutes Bildungssystem scheut Transparenz nicht.

Das gilt auch für die Einzelschule und den Unterricht, für die Organisation und Interaktion gleichermaßen, für das Klassenzimmer wie für die Schule. Im Augenblick messen wir Ergebnisse, in Zeugnissen oder mit PISA, vertrauen darauf, dass die Prozesse zielbezogen stattfinden, von kompetenten Lehrern organisiert. Schon über deren Qualität wissen wir zu wenig, sie wird kaum zielbezogen geprüft, hoffentlich aber von einem guten Kollegium, einer funktionsfähigen Fachkonferenz und von Eltern und Schülern unterstützt und anerkannt. Schulleiter sind bedeutsam, aber deren Qualifizierung überlassen wir eher dem Zufall und für ihre Handlungsmöglichkeiten sorgen wir finanziell oder rechtlich nicht ausreichend.

Über den Unterricht und die Variablen seiner Qualität weiß und redet man relativ viel, in Kriterien, die erstaunlicherweise sogar relativ große Übereinstimmungen zwischen Praktikern und ihren Beobachtern belegen. Pointiert man diese Befunde, dann dementieren sie reformpädagogische Emphase oder die Kritik an Leistungsstandards und kognitiven Herausforderungen: Sie relativieren Individualisierungsprogramme und veralltäglichen das Heterogenitätsproblem. Favorisiert werden ein strukturiertes Curriculum, anregende und herausfordernde, individualisierte Aufgaben, auch in den „überflüssigen" Fächern jenseits von PISA, transparente Leistungsforderungen und eine gerechte Bewertung. In der sozialen Perspektive, die Reformdebatten häufig dominiert, gilt nicht nur im Klassenzimmer die Anerkennung von Diversität als Prinzip für ein gutes Unterrichtsklima, auch über die Zäsuren Hinwegs, die schlechte Ergebnisse erzeugen. Hier könnte man mehr Aufmerksamkeit auf der Organisationsebene erwarten, für das Kollegium und den Schulleiter, mehr Selbstständigkeit, nicht nur beim Personal, sondern auch mit eigenen Ressourcen. Die kreative Verwaltung von Armut ist schließlich kein dauerhaftes Qualitätsmerkmal. Das Ganztagsmodell gilt unbestritten, doch einzelschulische Ressourcen für nichtgebundene Zeit, individualisierte Lernzeit oder Chancen eigener Rhythmisierung der Lebenszeit sind eher rar.

Vor dem Hintergrund solcher Befunde, die nicht in PISA-Rankings vorliegen, aber auch im PISA-Kontext bestätigt werden, weiß man auch, dass wir gute Schulen haben. Das gilt nicht nur für die Preisträger der Wettbewerbe, sondern in allen Schulformen. Man muss die gute Schule nicht erst erfinden, man kann Beispiele sehen, ihre Generalisierung ist möglich. Sind Finanzen der strategische Hebel? Eher nicht, aber sicher ist, dass man Geld braucht, wahrscheinlich mehr als bisher, dass es aber wenig Sinn hat darüber zu streiten, wenn man nicht weiß, wofür man es eigentlich ausgeben soll. Es ist zu empfehlen, die Handlungsfähigkeit und Verantwortlichkeit der Einzelschule zu stärken. Das geht nicht kostenlos, ermutigt aber die relevanten Akteure, die Schule selbst zu ihrem Thema zu machen oder, wie sie es längst tun, sich bei der Arbeit vor Ort nicht allein zu erleben. Sogar „Bildung" soll dann möglich sein.

„ Unser Lehrer weiß manchmal nicht, wo ihm der Kopf steht. "
Kindermund

„ Eine Lehrerin braucht unbedingt ein großes Gehirn. "
Kindermund

Fernab aller Strukturdebatten gibt es doch noch jemand, der für das Lernen der nachwachsenden Generation höchste Bedeutung hat: die Lehrerinnen und Lehrer. Dies zeigt Prof. Dr. Manfred Prenzel, Dekan der TU München School of Education und Inhaber des Susanne-Klatten-Stiftungslehrstuhls für Empirische Bildungsforschung, am Beispiel der Lehrerbildung. Sein Aufsatz bringt „es" auf den Punkt: Die Universitäten, die Universitätslehrer, die Lehrkräfte und die Politiker sind in der Pflicht, Lehrerbildung als Wiege der Profession (an-) zu erkennen und dementsprechend zu handeln. Die üblichen Ausreden gelten jetzt nicht mehr. An der TUM (!) ist Lehrerbildung nicht 5. Rad am Wagen, sondern eine Disziplin wie Maschinenbau.

Als wissenschaftlicher Schüler des großen Motivationsforschers und Lehrerbildners Hans Schiefele führte Prenzels akademische Karriere unter anderem über die Universitäten Regensburg, Kiel und seinem Auftrag als PISA-Koordinator für Deutschland nach München an die Technische Universität. Von dort aus betreibt er neben seiner Lehrer- und Forschertätigkeit weiterhin internationale pädagogische Forschung (u. a. PISA).

Manfred Prenzel

Ist unsere Lehrerbildung noch zu retten? Überlegungen zu größeren und kleineren Reformen

Auf die Lehrerin und den Lehrer kommt es an! Diese Botschaft wird derzeit gerne aus den anschaulich aufbereiteten Ergebnissen der Meta-Analysen von John Hattie (2011; 2013) herausgelesen. Die Nachricht ist freilich weder neu noch überraschend. Wer ein wenig die Lehr-Lernforschung verfolgt, weiß das seit Langem – letztlich bilden Meta-Analysen das zusammenfassend ab, was zahlreiche Forscherinnen und Forscher über Jahre erarbeitet hatten und was vielerorts nachzulesen war. Zudem wäre es höchst erstaunlich, wenn es auf die Lehrerin oder den Lehrer nicht ankäme. Man stelle sich nur vor, wie Gruppen von 25 bis 30 Kindern, die über 12 Jahre hinweg 30 Stunden pro Woche in Räumen verbringen, ohne Lehrkraft an Kultur und Wissenschaft anschließen und ausbildungs- oder studierfähig werden sollen. Die Institution Schule ist ohne Lehrerin oder Lehrer nicht zu denken. Sie sind unersetzlich, erscheinen aber auch schnell als selbstverständlich funktionierende Komponente im System.

Nachdem jahrzehntelang bildungspolitisch über die richtige Schulstruktur gestritten wurde, rückt heute wieder mehr in das Bewusstsein, dass es neben den Strukturen doch noch jemand gibt, der dem Lernen der Kinder ganz nahe steht, nämlich die Lehrerinnen und Lehrer. Zu diesem Perspektivenwechsel haben vermutlich auch internationale Vergleichsstudien wie PISA beigetragen, weil sie erkennen ließen, dass es in erster Linie nicht die Schulsysteme sind, die Unterschiede in den Lernerfolgen verursachen: Man kann in ein- wie in mehrgliedrigen Schulsystemen erfolgreich arbeiten – oder auch nicht, wie viele Beispiele von Staaten zeigen (zum Beispiel Prenzel, Sälzer, Klieme & Köller, 2013).

Allerdings geht es nicht alleine darum, dass sich genügend Lehrkräfte um die Schülerinnen und Schüler kümmern. Entscheidend ist, was sie im Unterricht tun. Bei einer etwas genaueren Betrachtung der Befunde von Hattie stellt sich schnell heraus, dass weniger die Lehrperson als solche im Blickpunkt steht, sondern die Art und Weise des Unterrichtens, die mit unterschiedlichen Wirkungen auf das Lernen verbunden ist. Dann zeichnet sich etwa ab, dass bestimmte methodische Zugänge, Aufgabenstellungen, Prüfungs- und Rückmeldungsformate die Chancen für Lern- und Leistungsfortschritte erhöhen.

Letztlich kommt es also darauf an, wie eine Lehrerin oder ein Lehrer unterrichtet. Das schließt die Vor- und Nachbereitung des Unterrichts ebenso ein wie das Engagement für dessen Rahmenbedingungen, etwa in der gemeinsamen Unterrichts- und Schulentwicklung.

Zur Wiederentdeckung der Lehrkraft als wichtiger, vielleicht sogar entscheidender Größe für den Bildungserfolg haben in Deutschland insbesondere Studien der letzten fünfzehn Jahre beigetragen, die mit internationalen Vergleichsstudien verbunden oder von diesen ausgelöst waren. Zu nennen sind hier vor allem Videostudien zum Mathematik- und Naturwissenschaftsunterricht (z. B. Klieme, Knoll & Schümer, 1999; Seidel u. a., 2006), mit denen das Handeln von Lehrkräften nachgezeichnet und auf Lerneffekte bezogen wurde. Starke Beachtung fand – nur in Deutschland – die sogenannte COACTIV-Studie (Kunter et al., 2011), die mit einigem Aufwand die Kompetenzen von Lehrkräften untersuchte und damit Lernfortschritte ihrer Schülerinnen und Schüler über den Verlauf eines Schuljahres erklärte. Diese Studie unterstrich vor allem die Bedeutung des fachlichen und fachdidaktischen Wissens der Lehrkräfte für ihren Unterrichtserfolg.

Die angesprochenen Studiendesigns bedeuteten einen Durchbruch, weil nun das Wissen und Können der Lehrkräfte systematisch untersucht und auf das Lernen der Schülerinnen und Schüler bezogen werden konnte. Sie veranlassten aber auch zu fragen, wie Lehrkräfte in Deutschland die für ihren Beruf erforderlichen Kompetenzen erwerben, wie sie diese im Verlauf der Berufsbiographie weiterentwickeln und ob sie ausreichend qualifiziert sind, um erfolgreich wie auch mit persönlicher Erfüllung zu

Ist unsere Lehrerbildung noch zu retten?

unterrichten und neue Herausforderungen zu meistern. In den Blickpunkt rückte damit die Lehrerbildung, deren Reformbedarf seit geraumer Zeit beschrieben worden war (Terhart, 2000; Wissenschaftsrat, 2001) und die auch die KMK (2002) als relevantes Handlungsfeld zur Verbesserung der Bildungsqualität identifiziert hatte. Die im April 2013 beschlossene Bund-Länder-Vereinbarung über ein gemeinsames Programm „Qualitätsoffensive Lehrerbildung" drückt aktuell das hohe politische Interesse an einer zielstrebigen Verbesserung und Weiterentwicklung der Lehrerbildung in Deutschland aus.

So erfreulich diese Veränderungen in der Wahrnehmung der Bedeutung des Lehrerberufs und der Lehrerbildung sind, soll dennoch im Folgenden diskutiert werden, inwieweit die Lehrerbildung in Deutschland einer Renovierung oder eines kompletten Neubaus bedarf. Ist unsere Lehrerbildung also noch zu „retten"? Besteht zugleich die Aussicht, dass wir durch eine verbesserte Lehrerbildung längerfristig eine neue Qualität von Unterricht und Schule gewinnen können?

Lehrerbildung in Deutschland

Betrachtet man die Lehrerbildung im internationalen Vergleich, dann zählt Deutschland zu den Staaten, die seit Jahrzehnten auf eine akademische Ausbildung auf hohem Niveau setzen. Die Lehrerbildung findet in Deutschland für alle Schularten an Universitäten statt (beziehungsweise in einem Bundesland an gleichgestellten Pädagogischen Hochschulen). Obschon in den europäischen Staaten ein deutlicher Trend zu einer akademischen Ausbildung für den Lehrerberuf beobachtet werden kann (Bauer & Prenzel, 2011), ist die Lehrerbildung (noch) nicht in allen Staaten grundsätzlich die Angelegenheit von Universitäten (so etwa auch in der Schweiz und Österreich nur zu einem Teil).

Die institutionelle Platzierung der Lehrerbildung hat zweifellos Einfluss auf das Ansehen und den gesellschaftlichen Status des Lehrerberufs sowie Rückwirkungen auf die Besoldung von Lehrerinnen und Lehrern. Allerdings liefern diese Punkte keine stichhaltigen Argumente dafür, die Lehrerbildung an Universitäten zu beheimaten. Der letztlich entscheidende Grund betrifft die Frage, inwieweit die Lehrerbildung forschungsbasiert (und damit am besten verfügbaren Wissen orientiert) erfolgt und erfolgen muss – etwa bezogen auf die fachlichen Inhalte und die pädagogisch-didaktischen Kompetenzen, die für das professionelle Handeln notwendig sind (vgl. Prenzel, 2013).

Allein die in diesem Kapitel bisher getroffenen Verweise auf umfangreiche wissenschaftliche Studien über Wirkungen von unterrichtlichen Maßnahmen sollten für die Begründung einer universitären Lehrerbildung ausreichen: Die Fundierung von professionellem Handeln durch wissenschaftliche Evidenz verlangt und rechtfertigt die universitätstypische Verbindung von Forschung und Lehre auch in Studiengängen, die relativ stark berufsbezogen angelegt sind (wie zum Beispiel die Medizin oder die Ingenieurwissenschaften). Mit Blick auf den Ort der Lehrerbildung besteht somit für Deutschland kein Veränderungsbedarf, zumindest was die erste Phase der Lehrerbildung anbetrifft. Die an Universitäten angesiedelte Lehrerbildung ermöglicht es, professionsrelevantes Wissen durch Forschung zu fundieren, also kritisch zu prüfen und weiterzuentwickeln. Aus der Platzierung an der Universität resultiert zugleich aber der Anspruch, eben dort auch eine Forschung zu betreiben, die Evidenz für professionelles Handeln und dessen Verbesserung sucht.

Dieser Anspruch ist bisher keineswegs flächendeckend umgesetzt. Ersichtlich etwa dann, wenn die in der Lehrerbildung tätigen Kolleginnen und Kollegen keine Forschung treiben beziehungsweise eine Forschung, die mit Lehrerbildung auch in einem weiten Sinn nichts zu tun hat. Diese Situation lässt sich zum einen darauf zurückführen, dass an manchen Standorten relevante Bereiche der Lehrerbildung (zum Beispiel in Fachdidaktiken) durch Kolleginnen oder Kollegen vertreten werden, die nicht durch eine entsprechend einschlägige Forschung ausgewiesen sind. Zum anderen ist aber auch festzustellen, dass es im breiteren Feld der Lehrerbildung – bis hinauf zu Professuren – einen vergleichsweise hohen Anteil von Kolleginnen und Kollegen gibt, die sich wenig bis gar nicht in der Forschung engagieren oder sich mit essayistischen Publikationen über Unterricht und Schule begnügen.

Professionsbezogene Studiengänge an Universitäten leben allerdings nicht nur von der Forschung, sondern sie müssen auch für das Handeln in den entsprechenden Berufsfeldern ausbilden. Dabei haben sich unterschiedliche Ansätze etabliert, die „Praxis" und Situationen praktischen Handelns in das Studium einzubauen. Dass im Rahmen der Lehrerbildung an den deutschen Universitäten Praktika zu absolvieren sind, hat Tradition, obschon der Umfang, die Vor- und Nachbereitung, die Begleitung und die systematische Verknüpfung mit dem Studium in einem hohen Maße variieren können. Ein entscheidender Grund für das vorsichtige und zurückhaltende Berücksichtigen von Erfordernissen der Praxis liegt in der Aufgabenteilung, die für die Lehrerbildung in Deutschland charakteristisch ist und meist so verstanden wird: Die „erste" Phase an der Universität ist für die Vermittlung von Wissenschaft, Theorie und vielleicht auch Einbindung der Studierenden in Forschung zuständig, während die „zweite" Phase sich dann um die Praxis kümmert und die Referendarinnen und Referendare handlungsfähig macht. Vor dem Hintergrund der mehrfach angesprochenen und notwendigen Evidenzbasierung pädagogischen Handelns in Unterricht und Schule ist ein entsprechend strikt aufgegliedertes Konzept der Lehrerbildung problematisch. Deshalb ist es auch kein Wunder, dass sich viele andere Staaten für eine einphasige Lehrerbildung entschieden haben, die – wie zum Beispiel in Finnland – an der Universität stattfindet, die wiederum spezielle Ausbildungsschulen als Lernorte für praktische Erfahrungen systematisch einbezieht und nutzt. Dass eine einphasige

Ist unsere Lehrerbildung noch zu retten?

Ausbildung typischerweise auch weniger Jahre in Anspruch nimmt (in Finnland zum Beispiel insgesamt fünf Jahre), sei am Rande angemerkt. Selbstverständlich muss hier darauf hingewiesen werden, dass derzeit in Deutschland viele Ansätze zu beobachten sind, die Trennung zwischen Theorie und Praxis sowie universitären und schulischen Lernorten kräftig abzubauen und vermehrt Verbindungen zwischen den beiden Phasen (bis zu Überlappungen) herzustellen.

Mit Blick auf die weitere Berufsbiographie ist für Deutschland festzustellen, dass die Universitäten für die Fortbildung von Lehrerinnen und Lehrern bisher keine systematische Rolle spielen. Je nach Engagement und Kontakten zur Praxis werden wohl immer wieder an den Universitäten Veranstaltungen angeboten, die der Fortbildung von Lehrkräften dienen. Da in den Bundesländern normalerweise eigens eingerichtete Institute die Aufgaben der Lehrerfortbildung übernehmen, sehen sich Universitäten nicht in der Pflicht beziehungsweise für die Aufgaben weder förmlich beauftragt und finanziert. Damit fehlen den Universitäten jedoch Informationen über die aktuellen Anforderungen schulischer Praxis und gegebenenfalls auch Rückmeldungen, die für die Verbesserung der universitären Lehrerbildung hilfreich sein könnten. Aus der Lehrerperspektive betrachtet, fehlt ein wichtiger Zugang zu forschungsbasiertem Wissen aus erster Hand, bezogen auf Unterrichtsinhalte und vielfältige Aspekte des professionellen Handelns.

Es gibt in Deutschland weiterhin Rahmenbedingungen, die Gestaltungsmöglichkeiten für die Lehrerbildung beeinflussen und einengen. Vonseiten der Kultusministerien vordefiniert ist etwa die Ausbildung für mindestens zwei Schulfächer, da sie eine flexiblere Verwendung der Lehrkräfte zulässt. Die Universitäten stellt diese Anforderung vor erhebliche Probleme, die sich nicht nur auf die Studienorganisation beschränken. Vor allem aber reduzieren sich die Spielräume für interessante Studienkonzepte für die Lehrerbildung, die international anzutreffen sind (zum Beispiel Bachelor in einem Fach, Master in den Berufswissenschaften, einphasig).

Auf der anderen Seite wurden im Verlauf der letzten Jahre Rahmenbedingungen geschaffen, die für die Qualität der Lehrerbildung deutschlandweit durchaus förderliche Wirkungen entfalten könnten. Zu nennen sind hier insbesondere die von der Ständigen Konferenz der Kultusminister der Länder in der Bundesrepublik Deutschland (KMK) beschlossenen ländergemeinsamen Anforderungen für die Lehrerbildung in den Bildungswissenschaften (Beschluss vom 6.12.2004), in den Fachwissenschaften und in der Fachdidaktik (Beschluss vom 16.10.2008) sowie für die Ausgestaltung des Vorbereitungsdienstes und die abschließende Staatsprüfung (Beschluss vom 6.12.2012).

Neubau oder Renovierung der Lehrerbildung?

Die Diskussion um die Lehrerbildung in Deutschland wurde in den letzten Jahren durch sehr verschiedene Quellen gespeist. Mit relativ hoher Übereinstimmung wird von verschiedenen Seiten das Problem des Theorie-Praxis-Verhältnisses genannt: Ein großer Teil des Wissens, das die Studierenden in der ersten Phase erwerben, wird als abgehoben von den beruflichen Anforderungen betrachtet. Das gilt für bestimmte fachliche Ausdifferenzierungen ebenso wie für abstrakte pädagogische Reflexionen. Allerdings bestimmt der Studienerfolg in diesen eher theoretisch geprägten Bereichen die Noten, die für die Anstellungschancen relevant werden. Infolge fühlen sich die Studierenden oft schlecht vorbereitet für die Schulpraxis. Dieser Eindruck wird von zahlreichen in der zweiten Phase tätigen Kolleginnen und Kollegen gerne bestätigt. Ob die Praxisorientierung der zweiten Phase wiederum dazu führt, dass die Lehrkräfte dann allesamt die derzeit bekannten Möglichkeiten wirksamen Lehrens ausschöpfen, kann anhand der Befunde über stattfindenden Unterricht bezweifelt werden. Die Ergebnisse der ersten Runden von internationalen Vergleichsstudien offenbarten erheblichen Bedarf, im Unterricht und an Schulen die Qualität zu sichern und weiterzuentwickeln. Auch hier zeigte sich, dass Lehrkräfte auf entsprechende Anforderungen durch ihre Ausbildung schlecht vorbereitet waren und sich eher als belastet erlebten. Die angesprochenen Aspekte des Verhältnisses von Theorie und Praxis hängen eng mit der mehrphasigen Struktur der Lehrerbildung in Deutschland zusammen, die man wohl als deren Schlüsselproblem betrachten kann. Neben vielfältigen Schwierigkeiten der phasenübergreifenden Abstimmung und Organisation besteht das Hauptproblem in der Diffusion der Verantwortlichkeit für die Lehrerbildung (vgl. Prenzel, 2013). Die beteiligten Institutionen sehen sich jeweils nur bedingt verantwortlich für die Ergebnisse der Lehrerbildung – es gibt keine gemeinsame Verantwortung. Aus staatlicher Perspektive gibt es offensichtlich Vorbehalte, den „autonomen" Universitäten mehr Verantwortung für die Lehrerbildung zuzuweisen. Die Studienseminare stehen in der Hierarchie und bilden die relevante Schnittstelle zum Übertritt in eine Daueranstellung. Die wünschenswerte stärkere Praxisorientierung in der universitären Ausbildung bedeutet in gewisser Weise, Inhalte der zweiten Phasen vorzuverlagern und das herkömmliche Studium deutlich anzureichern. Entsprechende Anstrengungen führen tendenziell zu einer Verlängerung der Studienzeiten, wenn nicht Abstriche in der fachlichen Ausbildung vorgenommen oder diese in die zweite Phase verlegt werden. Diese beispielhaften Verweise mögen ausreichen, um die Schwierigkeiten einer besseren Abstimmung zwischen erster und zweiter Phase und einer phasenübergreifenden Zusammenarbeit sichtbar zu machen. Noch komplizierter sind Abstimmungen zwischen allen drei Phasen, also auch mit den Fortbildungseinrichtungen.

Eine einphasige Lehrerbildung böte die Chance, die Ausbildungszeiten in Deutschland, die im Rahmen der Bologna-Reformer eher länger denn kürzer wurden, ohne Einbußen an Qualität wieder auf ein vertretbares Maß zu bringen. In einem entsprechenden Modell kann zielstrebig und kohärent ausgebildet werden – auch

Ist unsere Lehrerbildung noch zu retten?

mit Blick auf die Voraussetzungen für professionsbezogene Fortbildungen über die gesamte Berufsbiographie. Ein einphasiges Modell der Lehrerbildung erlaubt es zudem, Fragen der Eignung von Studienbeginn über Praxisphasen zu klären und Beratungen anzubieten, die frühzeitige Entscheidungen für andere Berufswege erlauben. Auch wenn viele Gründe für einen Umbau der Lehrerbildung in Richtung einphasiges Modell sprechen, ist der Weg dorthin schwierig. Dies liegt nicht nur an den Grundsätzen und Vorbehalten der relevanten Akteure und Entscheider, vermutlich aller Seiten, die Universitäten eingeschlossen. Neben dem Aufwand, der mit einem Umbau verbunden ist, stellt sich die Frage, ob die zu beteiligenden Einrichtungen in absehbarer Zeit die Voraussetzungen für eine gemeinsame Lehrerbildung entwickeln können. Unter anderem müssten die Universitäten für ein entsprechendes Modell der Lehrerbildung mehr Gewicht beimessen und die erforderlichen Personalressourcen für eine praxisnahe forschungsbasierte Ausbildung (zum Beispiel in den Fachdidaktiken) bereitstellen, denn durch eine bloße Abordnung aus den Studienseminaren können die Lücken nicht qualifiziert gefüllt werden. Innerhalb der Universitäten wäre auch von den dort (auf Lehrerbildungsstellen) Lehrenden ein klares Bekenntnis zu einem Engagement für die Lehrerbildung als Kerngeschäft erforderlich, das unter anderem einen Einsatz an anderen Ausbildungsorten einschließt. Für die Studienseminare würde es nicht nur bedeuten, neue Aufgaben zu übernehmen, sondern sich auch einem evidenzbasierten Diskurs über Unterrichtskonzepte zu stellen. Ein einphasiges Modell würde außerdem bedeuten, mehr Schulen in Universitätsnähe als Ausbildungsschulen zu gewinnen und entsprechend auszustatten und einzustimmen. Vor diesem Hintergrund ist zu überlegen, ob ein entsprechendes Modell nicht durch eine Art von Vorlaufprogramm vorbereitet werden müsste. Ein solches Programm könnte unter anderem darauf abzielen, in den Universitäten die Lehrerbildung konzeptionell und personell zu verstärken, wechselseitige Abordnungen zwischen Studienseminaren und Universitäten vorzunehmen, die in einigen Ländern bereits vorgesehenen Praxissemester mit Blick auf weitergehende Modelle zu erproben und auszuweiten, Schulen in der Umgebung von Universitäten zu identifizieren und zu entwickeln, die als Ausbildungsschulen wirken können. Es könnte durchaus sein, dass Vorhaben in der Qualitätsoffensive Lehrerbildung auch als vorbereitende Schritte in Richtung Abstimmung und Fusionierung der ersten und zweiten Phase verstanden werden können. Bildlich gesprochen würde dies bedeuten, gezielt Renovierungsarbeiten in einen Umbau münden zu lassen.

Eine strukturell interessante Veränderung der Lehrerbildung, die vielleicht auch schon als Umbau verstanden werden kann, ist in einigen Bundesländern auf den Weg gebracht worden. Sie betrifft die Ausbildung von Stufenlehrkräften und damit eine Abkehr von der herkömmlichen streng schulartbezogenen Lehrerbildung (zum Beispiel Senatsverwaltung für Bildung, Jugend und Wissenschaft Berlin, 2012). Eine

auf Schulstufen bezogene Lehrerbildung bedeutet Vorteile für die Studiengestaltung an der Universität und sicher auch für die Bildungsadministration mit Blick auf die dienstlichen Verwendungsmöglichkeiten. Sie hat aber auch Implikationen für die zweite Phase der Lehrerbildung und mögliche Fortbildungserfordernisse je nach Einsatzort. Sicherlich wird gründlich zu überprüfen sein, inwieweit dieses Ausbildungskonzept Rückwirkungen auf den Unterrichtserfolg in den unterschiedlichen Schularten und gegebenenfalls anschließenden Schulstufen (Sekundarstufe II) mit sich bringt.
Der Unterschied zwischen Renovierung und Umbau lässt sich vielleicht auch bei einer aktuellen Bewegung in der Lehrerbildung festmachen, die seit einiger Zeit an einigen Universitäten stattfindet. Eine Reihe von Problemen der Lehrerbildung an deutschen Universitäten (vgl. Terhart, 2000) wurde durch die Einrichtung von Zentren für die Lehrerbildung zu lösen versucht. Je nach Konzept erstrecken sich die Aufgaben der Zentren zum Beispiel auf die Koordinierung der Lehrerbildung im Hause (curriculare Planung, Studienkoordination), die Sicherstellung von Praktika und die Zusammenarbeit mit Schulen sowie der zweiten Phase. Entsprechende Zentren können als Querstruktur angelegt sein, durch Ressourcen unterstützt und auf unterschiedliche Weise mit der Hochschulleitung verbunden sein, um über eine Koordinierung hinaus steuernd wirken zu können. Insgesamt betrachtet, hat die Einrichtung von Zentren für die Lehrerbildung zweifellos dazu geführt, dass an diesen Standorten Problemstellen behoben wurden, Studierende mehr Unterstützung und Begleitung erfuhren und die Verständigung über Lehrerbildung wie die Abstimmung von Studienangeboten verbessert wurde.
Allerdings hat die Einführung von Zentren für Lehrerbildung an den meisten Universitäten keine weiterreichenden Änderungen im Status und in der Qualität der Lehrerbildung bewirkt: Die Lehrerbildung wird nicht als eine der Säulen der Universität betrachtet und in der strategischen Planung berücksichtigt, obwohl sie einen Großteil der Studierenden betrifft. Die Ressourcen für die Lehrerbildung entsprechen nicht den Studierendenzahlen und Qualifikationserfordernissen, die Studienplanung und das Studienangebot wird durch die Orientierung auf Hauptfachstudierende (und nicht auf Lehramtsstudierende mit vielfältigen Fachkombinationen) geprägt. Nicht zuletzt ist an vielen Standorten die Tendenz zu erkennen gewesen, dass Anstrengungen in Exzellenzwettbewerben zulasten einer Lehrerbildung gehen, die nicht durch Forschung glänzt. Dabei bleibt anzumerken, dass sich die Lehrerbildung tatsächlich nicht leicht tut, durch Forschung Sichtbarkeit an den Universitäten zu erlangen (vgl. Prenzel, 2013).
Eine Alternative zu der Einrichtung eines Zentrums für Lehrerbildung besteht darin, ein Organisationsmodell zu wählen, das mehr Einfluss- und Gestaltungsmöglichkeiten bietet. Diesen Weg wählte die TU München mit der Einrichtung ihrer TUM School of Education. Diese School of Education (vgl. Prenzel, Reiss, Seidel, 2011) ist erstens

eine Querstruktur, da sie universitätsweit die Verantwortung für die Lehrerbildung trägt: Das schließt mit ein, sicherzustellen und zu kontrollieren, dass in allen an der Lehrerbildung beteiligten Fakultäten die für die Lehrerbildung deklarierten Stellen sich angemessen in der Lehrerbildung engagieren. Vor allem bedeutet es, universitätsweit die Initiative und Führung bei der Entwicklung und Überarbeitung von Studienkonzepten zu übernehmen. Zweitens verfügt die TUM School of Education über den Status einer Fakultät mit allen Rechten und Pflichten. Dieser Fakultät sind die Professuren für die Fachdidaktiken und die Bildungswissenschaften zugeordnet. Auch wenn die Fachdidaktiken in ihren „Fach"-Fakultäten als Zweitmitglieder vertreten sind, ist die School of Education die Heimat bezüglich Forschung. Die TUM School of Education vertritt und realisiert den Anspruch, durch ihre Forschung zu einer evidenzbasierten Lehrerbildung maßgeblich beizutragen, zugleich aber sich als „normal" und erfolgreich forschende Fakultät in der Universität auszuweisen. Für die Anerkennung der Führungsrolle in der Lehrerbildung hat dies erhebliches Gewicht. Drittens hat die School of Education ein Netzwerk von mehr als fünfzig Schulen ausgebaut, in denen die Studierenden Praktikumserfahrungen sammeln, die bestimmten Ansprüchen genügen und mit der Studienkonzeption verbunden sind. Mit diesen von der School of Education ausgesuchten Referenzschulen bestehen förmliche Kooperationsvereinbarungen. Die Schulen bilden zugleich ein Netzwerk, das für Fortbildungen, Schulentwicklungs- und Forschungsprojekte genutzt wird. Viertens hat die School of Education von Beginn an durch das Angebot von Auswahlgesprächen dafür gesorgt, dass sich Bewerberinnen und Bewerber für ein Studium mit ihren Berufsvorstellungen und Voraussetzungen für das Lehramt auseinandersetzen und vor Studienantritt eine erste Beratung erhalten. Weitere Beratungen folgen an bestimmten Zeitpunkten des Studiums (zum Beispiel nach den ersten Praxiserfahrungen).
Selbstverständlich ist auch die TUM School of Education Rahmenbedingungen für die Lehrerbildung unterworfen, die Einschränkungen für die Gestaltung einer Lehrerbildung „nach bestem Wissen und Gewissen" bedeuten. Auch wenn die personelle Ausstattung im Vergleich zu anderen Standorten sehr gut ist, sind noch nicht alle Bedarfe gedeckt und manche Wünsche offen. Doch hat sich das Konzept seit der Gründung bewährt. Erfreulicherweise haben sich inzwischen mehrere Universitäten in Deutschland und auch in Österreich durch das Konzept inspirieren lassen und ebenfalls eine School of Education eingerichtet.

Ausblick

Die Bund-Länder-Vereinbarung über ein gemeinsames Programm „Qualitätsoffensive Lehrerbildung" (http://www.gwk-bonn.de/index.php?id=298) sieht zahlreiche Möglichkeiten vor, mit zusätzlicher finanzieller Unterstützung die Lehrerbildung an den Hochschulen zu verbessern. Das Programm zielt auf eine Profilierung und Optimierung der Strukturen, auf die Verbesserung des Praxisbezugs und der beratenden Begleitung der Studierenden. Das Programm soll auch dazu beitragen, Konzepte für neue Anforderungen (zum Beispiel Heterogenität, Inklusion) zu erarbeiten und die Fachlichkeit, Didaktik und Bildungswissenschaften weiter zu entwickeln. Dieses Programm soll vor allem dazu beitragen, dass die Universitäten der Lehrerbildung mehr Beachtung schenken und die Gelegenheit nutzen, sie strukturell und konzeptionell deutlich zu stärken. Je nach Universität mag es sich um eine Reanimation, eine größere oder kleinere Operation oder ein maßgeschneidertes Fitnessprogramm handeln, wenn die Anträge erfolgreich waren. Mit dem vorgesehenen Fördervolumen erlaubt die Qualitätsoffensive mehr als kleinere Renovierungen. Sie bietet die Chance, Umbauten vorzunehmen, die der Lehrerbildung eine neue Qualität geben. Sie wird dadurch nicht „gerettet" – und muss auch nicht gerettet werden, denn sie ist unverzichtbar und durchaus noch lebensfähig. Der Impuls des Programms könnte aber dazu beitragen, dass die Lehrerbildung in Deutschland deutlich besser wird und mehr Dynamik entwickelt, sich lehrend und forschend für den Unterricht und die Schulen einzusetzen.

Literatur

Bauer, J. & Prenzel, M. (2012). European teacher training reforms. Science, 336 (6088). S. 1642–1643.
Hattie, J. (2011). Visible learning for teachers: Maximizing impact on learning. London: Routledge.
Hattie, J. (2013). Lernen sichtbar machen. Hohengehren: Schneider.
Klieme, E., Knoll, S., & Schümer, G. (1999). Mathematikunterricht der Sekundarstufe I in Deutschland, Japan und den USA: Dokumentation zur TIMSS-Videostudie. Berlin: Max-Planck-Institut für Bildungsforschung.
KMK (2002). PISA 2000 – Zentrale Handlungsfelder. Zusammenfassende Darstellung der laufenden und geplanten Maßnahmen in den Ländern. Beschluss der 299. Kultusministerkonferenz vom 17./18.10.2002. Zugriff am 20.09.2013. Verfügbar unter http://www.kmk.org/fi leadmin/pdf/PresseUndAktuelles/2002/massnahmen.pdf
Kunter, M., Baumert, J., Blum, W., Klusmann, U., Krauss, S., & Neubrand, M. (Eds.). (2011). Professionelle Kompetenz von Lehrkräften – Ergebnisse des Forschungsprogramms COACTIV. Münster: Waxmann.
Prenzel, M. (2013). Initiativen und Perspektiven zur Weiterentwicklung der Lehrerbildung. In W. Benz, J. Kohler & K. Landfried (Hrsg.), Handbuch Qualität in Studium und Lehre. Beitrag E. 8.9 (S. 1-22). Berlin: Raabe Verlag.
Prenzel, M., Sälzer, Ch., Klieme, E. & Köller, O. (Hrsg.). (2013). PISA 2012. Fortschritte und Herausforderungen in Deutschland. Münster: Waxmann.
Seidel, T., Prenzel, M., Rimmele, R., Dalehefte, I. M., Herweg, C., Kobarg, M. & Schwindt, K. (2006). Blicke auf den Physikunterricht. Ergebnisse der IPN Videostudie. Zeitschrift für Pädagogik, 52, S. 798-821.
Prenzel, M., Reiss, K. & Seidel, T. (2011). Lehrerbildung an der TUM School of Education. Erziehungswissenschaft 22 (Heft 43), S. 47–56.
Senatsverwaltung für Bildung, Jugend und Wissenschaft Berlin (Hrsg.). (2012). Ausbildung von Lehrkräften in Berlin. Empfehlungen der Expertenkommission Lehrerbildung. Berlin: Senatsverwaltung für Bildung, Jugend und Wissenschaft.
Terhart, Ewald (Hrsg.). (2000): Perspektiven der Lehrerbildung in Deutschland. Abschlussbericht der von der Kultusministerkonferenz eingesetzten Kommission. Weinheim: Beltz.
Wissenschaftsrat (2001): Empfehlungen zur zukünftigen Struktur der Lehrerausbildung. Berlin.

Wie kann eine „Seiteneinsteigerin" aus der Praxis theoretisch fundiert argumentieren und Berufswissenschaft aus einem Guss präsentieren?
Das ist eines der Geheimnisse Simone Fleischmanns, die einen Satz Nietzsches als besonderen Lebensspruch gewählt hat: „Leben ist gemeinsam wachsen wollen."
Als Leiterin der Abteilung Berufswissenschaft im BLLV befasst sie sich permanent mit den pädagogischen Themen der Zeit. Ein noch so moderner Lehrplan zum Beispiel wird von ihr auf seine Tauglichkeit überprüft, indem sie ihn dem Härtetest der Praxis aussetzt: Entsprechen seine Anforderungen der Wirklichkeit? Genügen die Gelingensbedingungen?

Fünf Situationen aus dem schulischen Alltag diskutiert Simone Fleischmann und kommt zu dem Ergebnis: Berufsfeldorientierung, fachwissenschaftliche und didaktische Kompetenz, berufspraktische Erfahrung und Zeit für Bildung begründen die pädagogische Professionalität des Lehrers. Ihre Vision ist, eine gerechte Schule zu schaffen, die pädagogische Herausforderungen annimmt, um Schule menschlich zu gestalten.

Simone Fleischmann

Aus der Praxis für die Praxis: Gelingensbedingungen für gelingende Bildung

„Der Lehrer macht's!": ein einfacher und doch so grundlegender Satz. Egal, welche Studien wir lesen, egal, welche Wissenschaftler und Bildungsexperten wir zitieren, alle sind sich einig: Die Lehrerpersönlichkeit ist der Dreh- und Angelpunkt gelingender Bildung. Guter Frontalunterricht bringt gute Lernergebnisse, guter Offener Unterricht bringt gute Lernergebnisse: fundamentale Erkenntnisse aus groß angelegten Studien.

In meinem Alltag als Schulleiterin an einer Grund- und Mittelschule kann ich täglich unterschiedliche Situationen erleben, die mich fragen lassen: „Sind wir noch zu retten?" Sind wir noch zu retten als Lehrerinnen und Lehrer, die tagaus, tagein den wachsenden Anforderungen des Unterrichtens und Erziehens gewachsen sein sollen? Sind wir noch zu retten, wenn sich die oftmals auch divergierenden Anforderungen an den schulischen Alltag immer weiter vermehren? Sind wir in unserer Professio-

nalität noch zu retten, wenn wir von Eltern angefeindet werden und unser Berufsstand immer weniger wert ist? Die Frage lautet eigentlich: „Sind wir mit unserer Professionalität und Berufszufriedenheit noch zu retten?"
Meiner Ansicht nach als Schulleiterin und Leiterin der Abteilung Berufswissenschaft im Bayerischen Lehrer- und Lehrerinnenverband schon! Dafür sind aber Gelingensbedingungen zu schaffen, die es erlauben, die Professionalität und die Zufriedenheit aller am Bildungsprozess beteiligten Menschen wachsen zu lassen.

Ja, wir sind noch zu retten! Im Folgenden sollen einerseits unterschiedliche Situationen aus meinem beruflichen Schulalltag zeigen, welche Grenzerfahrungen gemacht und welche Stolpersteine uns in den Weg gelegt werden. Andererseits stellt sich der BLLV im Rahmen der Lehrerbildungskonzeption 2010 und 2020 die Frage, welche Bedingungen notwendig sind, dass WIR noch zu retten sind und Bildung gelingt.

Eine erste Situation aus dem schulischen Alltag:
Frau Weininger hat mit der Klassenleiterin ihres Sohnes Dominik, Frau König, ein Gespräch. Frau König hat sich gut vorbereitet und alle Schülerbeobachtungen und Proben dabei. Die Klassenleiterin will im Gespräch deutlich machen, dass die häusliche Unterstützung besser werden muss, sonst ist ein weiteres Absinken der Leistungen bei Dominik nicht aufzuhalten. Frau Weininger macht nach einigen Minuten sehr vehement deutlich, dass das Problem die Lehrerin sei und deren unangemessene Proben. Auch verstehe ihr Sohn die Erklärungen der Lehrerin nicht und wüsste eh nie, was er für Hausaufgaben hat ...
Wie das Gespräch weitergeht und wie es endet, das muss ich nicht beschreiben. Warum aber diese Szene?

Sind wir noch zu retten, wenn Eltern uns gegenüber so auftreten? Oder anders gefragt: Was bräuchten wir, damit uns solche Situationen nicht widerfahren? Eine Kompetenz, die immer wieder von Kolleginnen und Kollegen in der Fortbildung nachgefragt wird: Elterngespräche professionell führen: Aber wie? Wenn dieser Baustein der schulischen Realität ein so nachgefragter ist, warum wird dann hierauf in der Lehrerbildung der drei Phasen nicht entsprechend reagiert?

Professionelles Lehrerhandeln braucht eine Lehrerbildung, die auf die schulischen Realitäten vorbereitet. Und selbstverständlich spielen in diese Situationen aktuelle schulpolitische (zum Beispiel Leistungsdruck, Übertritt) und gesellschaftliche Themen (zum Beispiel Wert von Leistung, Anerkennung der Kompetenz der Lehrer) hinein.
Eine Gelingensbedingung ist also die Berufsfeldorientierung.

Gelingensbedingungen für gelingende Bildung

In allen drei Phasen der Lehrerbildung muss neben den fachwissenschaftlichen Inhalten, die grundlegend und von ganz entscheidender Bedeutung sind, ein Schwergewicht auf die Handlungs- und Aktionsfelder der schulischen Realität gelegt werden. Eine BLLV-Forderung ist hierbei unter anderem die Qualifikation der Hochschullehrer. Hochschullehrer der Erziehungswissenschaften und der Fachdidaktiken brauchen nach Einschätzung des BLLV gesicherte Berufsfelderfahrung in der Schule. Wie kein Mediziner ohne Erfahrungen und Praxis in der Klinik an der Hochschule lehren kann, so darf dies auch nicht für Erziehungswissenschaftler und Fachdidaktiker möglich sein.

Auch die 2012 veröffentlichte Studie der Vodafone-Stiftung bestätigt die zentrale Forderung nach mehr Berufsfeldorientierung während des Studiums. Jeder zweite Befragte gibt in dieser Untersuchung an, während des Studiums unzureichend auf die berufliche Praxis vorbereitet worden zu sein. Vor allem stört die Studierenden der geringe Stellenwert der Fachdidaktik, Pädagogik und Schulpsychologie. Die schlechte Vorbereitung auf die tatsächlichen Anforderungen des Lehrerberufs werden schon seit Jahren kritisiert (BLLV-Umfrage aus dem Jahr 2008).

Wir haben also kein Analyse-, sondern ein Umsetzungsproblem.

Sind wir noch zu retten? Die Aufgaben und Herausforderungen an Schulen steigen, sodass Lehrer nur dann zu retten sind, wenn sie spezifisch und umfassend berufsfeldorientiert vorbereitet sind. Sind Lehrer noch zu retten, wenn die inklusive Beschulung nicht nur in Sonntagsreden gelingt, sondern die schulische Realität in Gänze erreicht? Jetzt schon gilt es viele Kinder zu „inkludieren", jetzt schon halten Kolleginnen und Kollegen zusammen und helfen sich gegenseitig, wenn „schwierige" Schülerinnen und Schüler zu inkludieren sind. Haben wir das gelernt? Sind wir hier in der dritten Phase nachqualifiziert worden? Haben wir entsprechende Unterstützungs- und Kompetenzsysteme importiert, die uns den schulischen Alltag mit diesen Kindern erleichtern? Ist Inklusion noch zu retten?

… viele offene Fragen um eine scheinbar neue Herausforderung herum. Diese Fragen gilt es zu klären, dann sind Lehrer (und Kinder) noch zu retten!

Eine weitere Gelingensbedingung ist die Eigenständigkeit.
Diese Bedingung betrifft die Erste Phase der Lehrerbildung. Die Lehrerbildung wird innerhalb vieler Universitäten als geduldete und nicht zu vermeidende Aufgabe gesehen. Ihr wissenschaftlicher Charakter wird in Zweifel gezogen. Lehrerbildung steht in der Gefahr, in den Fachwissenschaften zum Lückenfüller degradiert zu werden. Besonders gravierend ist, dass bei den Studieninhalten trotzdem häufig keine Rücksicht auf die späteren beruflichen Anforderungen der Lehramtsstudenten genommen wird, obgleich sie die Mehrheit der Studierenden in diesen Fächern stellen. Aus Sicht des

BLLV benötigt die Lehrerbildung deshalb dringend mehr Eigenständigkeit. Nur so kann ihre Qualität gesichert werden. Welchen Wert die Eigenständigkeit hat, zeigt die zweite Phase der Lehrerbildung, die sich durch ihre Fokussierung auf die Tätigkeit als Lehrer und ihre explizite Berufsfeldbezogenheit auszeichnet.

„Es geht nicht nur um die Praxisphase, sondern darum, dass natürlich auch universitäre Lehre Handlungsorientierung und Praxisorientierung enthalten kann." (A. H. Hilligus, Geschäftsführerin des Zentrums für Bildungsforschung und Lehrerbildung PLZA, Universität Paderborn. In: www.monitor-lehrerbildung.de, Praxisbezug in der Lehrerbildung – je mehr, desto besser?! Eine Sonderpublikation aus dem Projekt „Monitor Lehrerbildung", 2013)

Eine zweite Situation aus dem schulischen Alltag:
Frau Schreyer hält eine Musikstunde in der Klasse 7a der Mittelschule. Sie brilliert durch ihre Fachkompetenz. Die Schülerinnen und Schüler sind begeistert. Sie passen auf und singen mit. Sie erleben Kompetenzen bei der Lehrerin und sich und sind so äußerst engagiert bei der Sache.

Die Lehrer sind zu retten. Ihre Fachkompetenz, also ihre fachwissenschaftliche und fachdidaktische Ausbildung, ist ein grundlegender Baustein, um zufrieden den schulischen Alltag zu erleben. Guter Unterricht basiert auf der Fachkompetenz des Lehrers. Gerade aktuelle Vergleichsstudien zeigen, dass „guter Unterricht" ganz entscheidend von der fachlichen Kompetenz des Lehrers abhängt.

Eine weitere Gelingensbedingung ist die hohe fachwissenschaftliche und fachdidaktische Kompetenz.
Der BLLV fordert, diesen Kompetenzbereich in allen drei Phasen der Lehrerbildung hoch anzusetzen und neben all den anderen Kompetenzbereichen nicht hinten anzustellen. Gerade jetzt im Rahmen der Entwicklung der neuen Lehrpläne zeigt sich, welchen Wert es hat, sich fachwissenschaftlich mit grundlegenden Kompetenzen der Schülerinnen und Schüler auseinanderzusetzen. Kompetenzorientierter Unterricht ist nur dann effektiv, wenn der Lehrer die Gegenstandsbereiche so aufbereitet und in Lernarrangements anlegt, dass sich die Lernenden die zugrunde liegenden Kompetenzen selbst erarbeiten können.

Die fachwissenschaftliche Durchdringung der Kompetenzen ist die Grundlage für effektives und erfolgreiches Lernen bei den Schülerinnen und Schülern.
„Es gibt Unklarheiten und Streit über die Frage, was eine gute Lehrerin und einen guten Lehrer, und was eine gute Lehrerbildung ausmacht, und zwar zwischen

fachwissenschaftlichen Vertretern und Erziehungswissenschaftlern. Die Anerkennung eines gemeinsamen, evidenzbasierten Lehrerleitbildes wäre eine wichtige Voraussetzung für Verbesserungen in der Lehrerbildung." (W. Schubarth in Schubarth et al., 2011: Evidenzbasierte Professionalisierung der Praxisphasen in außeruniversitären Lernorten: Erste Ergebnisse des Forschungsprojekts ProPrax. In: Schubert/Speck/Seidel (Hrsg.): Nach Bologna: Praktika im Studium-Pflicht oder Kür)

Eine dritte Situation aus dem schulischen Alltag:
Herr Hubert sitzt im Klassenzimmer seiner 10b. Er verbringt die Vorviertelstunde hinter seinem Schreibtisch, während die Schülerinnen und Schüler in Kontakt miteinander treten, sich austauschen und eine gute Stimmung haben.
Der Kollege traut sich nicht, mit den Schülerinnen und Schülern in Kontakt zu treten. Er sieht sich als Unterrichtender und ist froh, wenn die Kinder ihn nicht brauchen. Es baut sich eine Wand zwischen ihm und den Schülern auf. Diese Barriere ist in jedem Unterricht zu spüren. Diese Klippe verhindert, dass sich die Schüler wohlfühlen und trägt bestimmt nicht zur Berufszufriedenheit des Lehrers bei.

Was Bildung braucht, sind Lehrer, die in die Beziehung zu ihren Schülern investieren. Wenn Bildung gelingen soll, geht es nur über die Lehrerpersönlichkeit und die Beziehung, die der Lehrer zu den Schülern pflegt. Aus unserer eigenen Lernbiographie wissen wir, bei welchem Lehrer wir aus welchem Grund viel gelernt haben und genau an diese Lehrer erinnern wir uns.

Gerade die Beziehungskompetenz lernt man aber nicht in Vorlesungen oder Pflicht-Seminaren. Beziehungskompetenz ist ein wesentlicher Teil der Lehrerpersönlichkeit. Um diese zu erfahren, die eigenen Stärken und Schwächen zu erleben und diese zu verändern, braucht es praktische Erfahrungen.

Eine weitere Gelingensbedingung sind die berufspraktischen Erfahrungen.
Es geht um die Handlungsqualifikation im Berufsfeld Schule. Ein hoher Praxisanteil in der ersten Phase der Lehrerbildung ist kein Makel, sondern eine Chance. Die Lehrer sind noch zu retten, wenn diese schon in der ersten Phase erleben, erfahren und rückgemeldet bekommen, ob die Lehrertätigkeit wirklich die ihre ist. Ist dies meine Berufung? Kann ich in die Beziehung mit den Schülerinnen und Schülern gehen? Liegt mir die Erziehung der Kinder am Herzen? Was kann ich noch tun, damit ich fehlende Kompetenzen aufbaue? Der BLLV fordert eine enge Zusammenarbeit aller an der Ausbildung Beteiligten. Nur so können Kompetenzen aus den Praxiserfahrungen in der ersten Phase nutzbar gemacht werden. Praktika sollen so früh wie möglich und so intensiv begleitet wie möglich stattfinden. Es geht hier nicht um die Quantität der

praxisorientierten Erfahrungen, sondern um die Qualität. Gute berufspraktische Reflexion ist mehr wert als einfach viele Praxisanteile.

Lehrerinnen und Lehrer müssen schon zu Beginn des Studiums möglichst vielfältige berufspraktische Erfahrungen machen (nicht nur Unterrichtserfahrung, sondern auch Schulentwicklung und Projektmanagement) und diese mit kompetenten Praktikums- und Universitätslehrern reflektieren.

Lehrer sind zu retten, wenn sie sich selbst so früh wie möglich darüber im Klaren sind, ob der Lehrerberuf mit all seinen Facetten der richtige für sie ist. Wenn die alles ausschlaggebende Kompetenz für „guten Unterricht" die Beziehungskompetenz des Lehrers und seine Persönlichkeit ist, dann muss hier in der ersten Phase, der zweiten und dann auch in der dritten Phase der Schwerpunkt der Aus- und Fortbildung liegen.

„Ein phasenübergreifendes Curriculum und eine verbindliche, strukturell abgesicherte Zusammenarbeit zwischen Universitäten und Studienseminaren und ihre gemeinsame Verantwortung für die gesamte Lehrerausbildung sind unverzichtbare Voraussetzungen dafür, dass angehende Lehrerinnen und Lehrer ihre Ausbildung als kohärent und sinnvoll erfahren. Anderenfalls bleibt die Theorie-Praxis-Verzahnung punktuell und beliebig." (B. Jorzik, Programmleiterin Lehre und Akademischer Nachwuchs, Stifterverband für Deutsche Wirtschaft, In: www.monitor-lehrerbildung.de, Praxisbezug in der Lehrerbildung – je mehr, desto besser?! Eine Sonderpublikation aus dem Projekt „Monitor Lehrerbildung", 2013)

Eine vierte Situation aus dem schulischen Alltag:
Frau Hintermeier moderiert ihre AG-Sitzung zum Thema „Unser Jahresthema: Benimm ist IN!" im Rahmen der Schulentwicklung an der Grundschule Mauerkirchen. Die Teilnehmer haben vorher die Agenda bekommen, der Moderationsprozess läuft im Sinne der Delegierten Moderation ab, das Protokoll geht anschließend an alle Kolleginnen und Kollegen der Schule und fließt in die Arbeit des Arbeitsstabs (Mittlerer Führungsebene) der Schule ein.

Lehrer sein ist mehr als Unterrichten. Lehrer sein braucht Kompetenzen im Bereich der Schulentwicklung, der Personalführung und des Projektmanagements. Lehrer sind zu retten, wenn diese Kompetenzen bereits in der ersten Phase der Lehrerbildung angelegt werden. Frau Hintermeier kann so als „normale" Lehrerin zeigen, dass sie Führungs- und Managementqualifikationen hat. Sie erlebt hohe Berufsufriedenheit und Professionalität, indem sie aktiv an der Schulentwicklung mitgestaltet. „Wird Lehrerpersönlichkeit nicht als angeboren oder stabil in ihrer Disposition beschrieben, dann rückt die Frage der Erlern- bzw. Förderbarkeit in den Vordergrund.

Gelingensbedingungen für gelingende Bildung

Eine entsprechende Förderung kann und muss einerseits im Rahmen der Lehrerfortbildung, andererseits schon früher, in der Lehrerausbildung ansetzen. Studierende müssen früh im Studium eine Rückmeldung bekommen über das Zusammenspiel von Persönlichkeit, Handeln, Erleben und Erfolg im Beruf. Für Lehrer könnte dies im Rahmen von Fortbildungsangeboten geschehen, ebenso könnten auch Supervision oder kollegiale Intervision und Hospitation einen Beitrag leisten." (S. Weiß; S. Schramm; E. Kiel in: Pädagogischer Rundschau 2013, 67. Jahrgang, S. 455–464)

Eine weitere Gelingensbedingung ist die aktive Personalentwicklung.
In der dritten Phase der Lehrerbildung geht es um die Weiterentwicklung der Zusatzkompetenzen eines Lehrers. Neben dem Unterricht stehen vielfältige weitere Aufgaben an. Neben der Fachkompetenz in den einzelnen Unterrichtsfächern braucht der Lehrer von morgen auch Führungs- und Leitungskompetenzen. Fortbildungen in der dritten Phase sollten ganz eng auf den einzelnen Lehrer abgestimmt sein. Nicht einmal zum „Modernen Töpfern", dann zur Fortbildung „Kleine Spiele im Sportunterricht" und schließlich zur Ausbildung zum Mathe-Plus-Coach. Sondern: Gemeinsam mit dem Schulleiter soll ein individueller Fort- und Weiterbildungsplan mit dem Kollegen abgestimmt werden. Neben der möglicherweise notwendigen fachlichen Kompetenzsteigerung sollen zielorientiert Fortbildungen in Richtung Führung, Coaching und Projektmanagement gemeinsam abgesprochen werden.
Zudem sind konkrete Live-Erfahrungen zu ermöglichen. Die Leitung von kleinen Teams, die Moderation von Sitzungen, die Entwicklung einer Förderkonzeption oder die Koordination eines Jahresthemas wären hierzu Beispiele.

Eine fünfte Situation aus dem schulischen Alltag:
Um Unterricht der Klasse 7g wechseln sich gebundene und offene Unterrichtsphasen ab. Die Ganztagsschüler arbeiten an ihrem individuellen Wochenplan, Portfolios geben Rückmeldungen über Leistungsprozesse, ritualisierte Klassenratssitzungen finden regelmäßig statt, die Lehrer haben neben Eltern- auch Schülersprechstunden und die Klasse betreibt eine Catering-Schüler-Firma. Herr Grabmeier ist ein professioneller Kollege, der sich für seine Schüler aufopfert.

Ist der Leiter der Ganztagsklasse 7g noch zu retten? Er kennt alle modernen und nachhaltigen Lernarrangements, schreibt individuelle Lernpläne und gibt ganz spezifische Feedbacks zu den Leistungen seiner Schüler. Er ist voll von Wissen, voll von Engagement und arbeitet viel.
Ist er noch zu retten? Diese Frage stellt sich vielleicht nicht jetzt, aber in einigen Jahren wird der Junglehrer sich fragen: „Bin ich noch zu retten?" Denn solche anspruchsvollen Lernprozesse zu arrangieren, zu begleiten und dazu Rückmeldungen

zu geben kostet Kraft. Der Kollege wird sich auch fragen, ob alle diese methodischen Bemühungen wirklich intensive und nachhaltige Lernprozesse auslösen.

Eine weitere Gelingensbedingung heißt: Zeit für Bildung
Der BLLV hat sich dem Verständnisintensiven Lernbegriff (VIL) nach Prof. Dr. Peter Fauser verschrieben. Nachhaltige Lernprozesse sind beim einzelnen Kind nur dann zu verankern, wenn der Lehrer den Unterricht aus den Augen der Kinder plant. Der Lehrer versucht, die Konstruktionen des einzelnen Kindes zu verstehen und entsprechende weitere Lernangebote zu machen.

Dieser Lernbegriff ist in Jena Inhalt eines gelebten Fortbildungskonzeptes mit dem Namen E.U.LE. (Entwicklungsprogramm für Unterricht und Lernqualität). VIL haben wir nun auch in Bayern als ein Pilotprojekt mit etwa 20 Kolleginnen und Kollegen aus dem BLLV aufgesetzt.

Wir machen uns auf den Weg, denn VIL heißt nicht nur andere Lernangebote machen, sondern Lehrer in der dritten Phase auch „anders" mitnehmen. Sich selbst reflektieren, die eigene Lerngeschichte anschauen, aus den eigenen Lernprozessen lernen und dann Unterricht anlegen, das ist ein anderer, aber sehr effektiver Weg der Lehrerfortbildung. Lehrer sind zu retten, wenn sie Unterricht, Lernen und Bildung so reflektieren, dass sie wissen, warum sie es so machen.

VIL-Bayern im BLLV geht einen solchen Weg und erlebt dabei, dass anspruchsvolle Lernprozesse Zeit kosten und Bildung einfach mehr Zeit braucht. Die Kolleginnen und Kollegen wollen und können anspruchsvolle Lernprozesse umsetzen, brauchen dazu aber Zeit: Lernzeit braucht das einzelne Kind, Reflexionszeit braucht der nachhaltige Unterricht und mehr Lehrer-Zeit für das einzelne Kind braucht das Schulsystem. Bildung braucht mehr Zeit ...

Sind wir noch zu retten?
Ein Fazit aus der Praxis für die Praxis ...
So wie wir nicht in Bergstiefeln Ballett tanzen oder in Flossen Fahrrad fahren, so wäre es fatal, wenn die zukünftigen Lehrer sich mit der falschen Ausrüstung auf den Weg in die Schule von morgen machten. Unsere Gesellschaft und unser Bildungsverständnis durchlaufen einen historisch beispiellosen Umbruch. Individuell steht Bildung für Lebenserfüllung, volkswirtschaftlich für einen hohen Lebensstandard und sozial für gesellschaftliche Anerkennung. Das Ziel der Politik muss es sein, möglichst viele und nachhaltige Bildungsangebote zu schaffen. Bildung kann es nicht genug geben. Auch nicht – oder gerade nicht – für die Lehrer selbst.

Gelingensbedingungen für gelingende Bildung

Der BLLV fordert ein Gesamtkonzept über die drei Phasen der Lehrerbildung. Die innere Einheit der Lehrerbildung muss strukturell und inhaltlich verbessert werden. Qualifizierte Lehrkräfte aller Schularten bedürfen ständiger Fort- und Weiterbildung. Erste, zweite und dritte Phase der Lehrerbildung müssen hierfür aufs engste kooperieren. Dabei muss es gelingen, ein Gesamtkonzept der Fort- und Weiterbildung im Bereich aller Schularten in Form eines gemeinsamen Curriculums und eines entsprechenden Katalogen von Kompetenzen in allen Bereichen des Lehramts zu entwickeln. An der Entwicklung dieses Konzepts müssen alle Institutionen sowie die Adressaten in den Schulen beteiligt werden. Nur so lässt sich die notwendige Effizienz und Effektivität schaffen, nur so kann eine erfolgreiche Strukturierung und Koordinierung aller Fortbildungsangebote erreicht werden.

Für die universitäre Lehrerbildung bedeutet eine solche stärkere Verschränkung mit der zweiten und dritten Phase, dass sie intensiv an den Entwicklungen im schulischen Alltag beteiligt wird und dass so auch eine ständige Korrektur möglicher Fehlentwicklungen erreicht wird. Zugleich kann die Professionalisierung des Lehrerberufs durch die ständige Anbindung an wissenschaftliche Forschung optimiert werden.

Effiziente, flexible und zeitgemäße Bildung braucht kompetente, innovative und motivierte Lehrer. Um diesem Anspruch gerecht zu werden, müssen wir nicht nur Bildung neu denken, sondern auch die Lehrerbildung. Sie wurde in der jetzigen Form im Jahr 1974 eingeführt. Inzwischen haben sich erhebliche Defizite gezeigt. Durch den Bolognaprozess sind diese verstärkt sichtbar geworden. Ohne eine grundlegende Reform der Lehrerbildung werden die Schulen den Herausforderungen der Gegenwart und Zukunft nicht gewachsen sein.

Ohne oben genannte Gelingensbedingungen in den drei Phasen der Lehrerbildung zu schaffen, wird Bildung scheitern. Hierzu hat der BLLV auf seiner Homepage unter www.bllv.de weiterführende Informationen eingestellt.
Wenn wir den Mut zur Veränderung heute nicht aufbringen, könnte es morgen schon zu spät sein!

„ Ich finde Schule gut,
wenn ich Lust habe,
wenn nicht, dann nicht. "
Kindermund

Seit Neil Postman's „Wir amüsieren uns zu Tode" und Herta Sturms Wirkungsforschungen über die Veränderungen der menschlichen Kommunikationsbeziehungen sind Jahrzehnte vergangen. Wir wissen heute, dass die Einflüsse von Fernsehen und Computer auf die menschliche Entwicklung und das Menschenbild dramatisch gestiegen sind.

Prof. Dr. Dr. Manfred Spitzer arbeitet als Gehirnforscher an der Schnittstelle von Geist und Gehirn in den Bereichen der kognitiven und sozialen Neurowissenschaft. Er ist Professor für Psychiatrie und leitet die psychiatrische Universitätsklinik in Ulm sowie das von ihm 2004 gegründete Transferzentrum für Neurowissenschaften und Lernen. Er prangert die Verherrlichung der neuen Medien an und untermauert seine Provokation mit wissenschaftlichen Studienergebnissen. Seine Schlussfolgerung auf die Frage, ob das Lernen noch zu retten sei, ist unbequem, aus seiner Sicht aber notwendig.

Im Bildungskanal des Bayrischen Rundfunks läuft seine gleichnamige wöchentliche TV-Sendung „Geist und Gehirn". Eines seiner neuesten Bücher trägt den Titel „Digitale Demenz".

Manfred Spitzer

Ist das Lernen noch zu retten?

Digitale Medien nehmen uns geistige Arbeit ab – so wie Rolltreppen, Fahrstühle und Autos uns körperliche Arbeit abnehmen. Die Folgen mangelnder körperlicher Tätigkeit für Muskeln, Herz und Kreislauf sind bekannt, und wir tun viel, um uns körperlich fit zu halten. Mit unserem Geist verhält es sich ähnlich, nur haben wir das noch nicht begriffen. Was wir früher einfach mit dem Kopf gemacht haben, wird heute von Computern, Smartphones, Organizern und Navis erledigt, was insbesondere für die noch in Entwicklung befindlichen Gehirne von Kindern und Jugendlichen erhebliche Gefahren birgt. Die hierzu bereits vorliegenden Forschungsergebnisse sind alarmierend: Wer schon als Kleinkind viel Zeit vor Bildschirmmedien verbringt, zeigt in der Grundschule vermehrt Störungen der Sprachentwicklung und Aufmerksamkeitsstörungen. Fernsehen im Kindergartenalter bewirkt definitiv eine Beeinträchtigung der späteren Bildungsaussichten. Eine Playstation im Grundschulalter verursacht nachweislich schlechte Noten im Lesen und Schreiben sowie

Verhaltensprobleme in der Schule. Ein Computer im Jugendzimmer wirkt sich negativ auf die Schulleistungen aus und kann zur Sucht führen, wie die 500.000 Internet- und Computersüchtigen in Deutschland (Zahlen der Regierung – hinzu kommen noch zwei Millionen Risikofälle) zeigen.

Aber digitale Medien gehören doch zum Alltag! Müssen wir unseren Kindern nicht frühzeitig den Umgang mit ihnen beibringen? Dieses Argument hört man oft, aber es ist ganz grundsätzlich falsch. Der Grund liegt darin, dass Kindergehirne anders funktionieren als die Gehirne von erwachsenen Menschen. Sie brauchen Erfahrungen über alle Sinne, gleichzeitig und passgenau, „ganzheitlich" könnte man auch sagen (wäre das Wort nicht so abgegriffen!). Wer in jungen Jahren viel Zeit vor Medien verbringt, lernt entsprechend schlechter und wird eher Störungen der Aufmerksamkeit entwickeln. Auch das selbsttätige Durchhalten einer Tätigkeit, ohne dauernden Anstoß von außen, müssen Kinder lernen. Und genau hier stören digitale Medien massiv. Die Folge sind Hyperaktivität, Ablenkbarkeit und langfristig Bildungsunfähigkeit. Daher haben gerade in der Grundschule digitale Medien überhaupt nichts verloren. Sie schaden jedoch massiv!

Das menschliche Gehirn besteht aus etwa hundert Milliarden Nervenzellen, die dadurch lernen, dass sich die Verknüpfungen zwischen ihnen gebrauchsabhängig verändern. Dabei wird Gehirngewebe zuweilen wie ein Muskel messbar größer oder dichter. Etwa eine Million Milliarden solcher Verknüpfungen (Synapsen genannt) unterliegen in der permanenten Großbaustelle Gehirn einem beständigen Abbau, Neubau und Umbau: Was nicht gebraucht wird, wird weggeräumt, wenn Neues gelernt wird, entstehen neue Verbindungen. Daraus folgt eines ganz automatisch: Täglich 7,5 Stunden Mediennutzung durch Kinder und Jugendliche kann eines nicht haben – keine Auswirkungen!

Wenn sich das Gehirn in Kindheit und Jugend gebildet hat, in Auseinandersetzung mit der wirklichen Welt, kann es auch mit digitalen Medien umgehen. Aber eben erst dann. Bei der Entwicklung, der Gehirnbildung in Kindheit und Jugend, stören digitale Medien massiv, behindern das Lernen und führen entsprechend zu Störungen der Entwicklung von Sprache, Lesen, Schreiben, Aufmerksamkeit und Durchhaltevermögen.

Betrachten wir ein Beispiel: Amerikanische Wissenschaftler gingen im Herbst 2011 erstmals den akuten Auswirkungen des Betrachtens von typischen Kindersendungen (schnelle Cartoons) nach. Insgesamt sechzig Kinder im Alter von vier Jahren wurden nach dem Zufallsprinzip in drei Gruppen aufgeteilt. Die erste Gruppe bekam einen modernen, schnell geschnittenen fantastischen Cartoon zu sehen (Wechsel der Szene durchschnittlich alle elf Sekunden), die zweite Gruppe einen realistischen Lehrfilm über das Leben eines Jungen (Szenenwechsel alle 34 Sekunden), und die dritte Gruppe sollte für neun Minuten zeichnen. Danach wurden bei allen Gruppen

vier einfache Tests zu Funktionen des Frontalhirns durchgeführt:
(1) Einen aus drei Scheiben bestehenden Turm auf bestimmte Weise planvoll umbauen, eine Funktion des Arbeitsgedächtnisses.
(2) Der Kopf-Schulter-Knie-Zeh-Test (»Wenn ich Kopf sage, müsst ihr die Zehen berühren, und wenn ich Zeh sage, dann den Kopf.«), bei dem reflexartiges Handeln unterdrückt werden muss und stattdessen gemäß der vorgegebenen Regel zu handeln ist. Bei diesem aktiven Hemmprozess handelt es sich ebenfalls um eine Frontalhirnfunktion.
(3) Eine Version des Marshmallow-Tests zur Erfassung der Fähigkeit zum Belohnungsaufschub, also ebenfalls einer Frontalhirnfunktion.
(4) Zahlen rückwärts nachsprechen (»Ich nenne einige Zahlen, und du sagst sie rückwärts nach. Wenn ich also 3 – 4 sage, musst du 4 – 3 antworten.«) – ebenfalls eine Funktion des Arbeitsgedächtnisses.

In Abbildung 1 sind die Ergebnisse der vier Tests für die drei Gruppen jeweils nebeneinander vergleichend dargestellt.

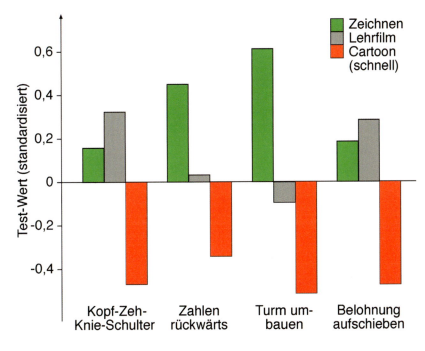

Abb. 1: Ergebnisse von vier Tests zu Frontalhirnfunktionen bei vierjährigen Kindern in Abhängigkeit davon, was sie zuvor getan haben: einen schnellen Cartoon gesehen (rote Säulen), einen Lehrfilm gesehen (graue Säulen) oder gezeichnet (grüne Säulen; nach Lillard et al. 2011).

Man sieht deutlich, dass der schnell geschnittene Cartoon die Fähigkeit zur Konzentration und Selbstkontrolle massiv beeinträchtigt, wohingegen die Konzentration beim Zeichnen die Funktion des Frontalhirns deutlich verbessert. Nun verbringen sehr viele Kinder täglich nicht einige Minuten, sondern mehrere Stunden vor solchen Cartoons, die insbesondere von den Kinderprogrammen der Privatsender ausgestrahlt werden. Dies kann, gerade bei den noch so flexiblen Gehirnen der Kinder, eines nicht haben: keine Auswirkungen.

Genau dies zeigt eine bereits 2006 veröffentlichte Studie. Am Göppinger Gesundheitsamt wurden in den Jahren 2004 und 2005 insgesamt 1859 Kinder im Vorschulalter (von 5 Jahren und 5 Monaten bis 6 Jahren und 11 Monaten), die alle ab dem 3. Lebensjahr einen Kindergarten besucht hatten, einem einfachen Test unterzogen: Zeichne einen Menschen! – so lautete die einfache Aufforderung an die Kinder. Alle Zeichnungen wurden dann auf die gleiche Weise ausgewertet, wobei es insgesamt 13 mögliche Punkte gab (jeweils einen für Kopf, Augen, Hände, Füße, etc.).

Vor dem Test wurden die Eltern schriftlich auch nach den Fernsehgewohnheiten der Kinder gefragt, und es zeigte sich eine klare Abhängigkeit der Qualität der Zeichnung vom Fernsehkonsum (Abbildung 2): Je höher dieser lag, desto schlechter waren die Zeichnungen.

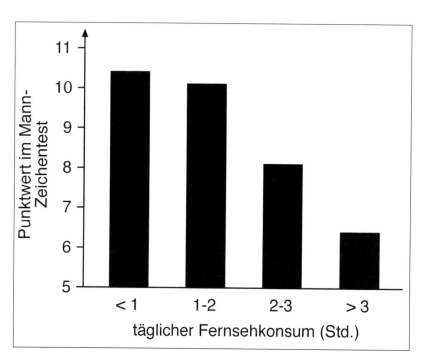

Abb. 2: Ergebnisse des Mensch-Zeichentests in Abhängigkeit vom Fernsehkonsum (nach Daten aus Winterstein und Jungwirth 2006).

Noch deutlicher als diese quantitative Auswertung ist die Betrachtung der Bilder selbst (Abbildung 3). Fernsehen hat einen sehr deutlichen negativen Effekt auf die Fähigkeiten von Kindern, sich zeichnerisch auszudrücken. Es macht unaufmerksam und oberflächlich, wie man vielleicht an folgendem, von den Autoren berichteten Detail am besten erkennt: „Von den Kindern, die weniger als 90 Minuten täglich vor dem Bildschirm saßen, malten 71,6 % an beiden Händen die richtige Fingerzahl, in der Gruppe der Vielseher (ab 90 min. täglich) waren es nur noch 25,5 % ($p < 0{,}001$)." Sie kommentieren dies wie folgt: „Die aktive Abbildung der richtigen Fingerzahl setzt voraus, dass die Vorschulkinder ein gewisses Mengenverständnis besitzen und dass sie schon bewusst wahrgenommen haben, dass jede Hand 5 Finger hat." (Winterstein & Jungwirth 2006).

Abb. 3: Beispiele für typische Mensch-Zeichnungen von Vorschulkindern mit einer täglichen Fernsehdauer von weniger als einer Stunde (oben) sowie mehr als 3 Stunden (aus Winterstein & Jungwirth 2006).

Deutlicher kann man vielleicht nicht zeigen, wie schädlich das Fernsehen bei Kindern ist. Nun lässt das Frontalhirn bei niedriger Zuckerkonzentration im Blut als Erstes in seiner Funktion nach. Wer also, wie hierzulande täglich Millionen Schulkinder, das Frühstück durch Fernsehen ersetzt und dann zur Schule geht, der verhält sich etwa so, wie derjenige, der sich vor einem Wettlauf ins rechte und ins linke Knie schießt. Ein solcher Schüler mit doppelt abgeschaltetem Frontalhirn braucht gar nicht in die Schule zu gehen! Das Beispiel zeigt auch: Lehrpläne, Schulsysteme, Klassengrößen und alles, was heute so heftig diskutiert wird, kann man in Anbetracht dieser Situation getrost vergessen! Die wichtigste Aufgabe für eine gute Bildung wäre, für ein gesundes Frühstück für alle Kinder zu sorgen, sowie dafür, dass sie weniger (und morgens gar nicht) fernsehen!
Was die negativen Auswirkungen digitaler Bildschirmmedien anbelangt, so liegen zum Fernsehen die meisten Studien vor. Auch die Playstation ist gut untersucht, Computerspiele ebenfalls. Deren negative Auswirkungen sind zweifelsfrei belegt. Betrachten wir ein sehr eindrucksvolles Beispiel aus China: Anfang 2013 publizierten chinesische Autoren in einem angesehenen wissenschaftlichen Fachblatt eine Arbeit zur Lesefähigkeit von nahezu 6.000 chinesischen Schülern der Klassen 3, 4 und 5. Verwendet wurden dieselben Tests, die man schon 20 und 10 Jahre vorher bei entsprechenden Untersuchungen eingesetzt hatte (Tan et al. 2013). Damals hatte der Anteil der Schüler mit schweren Lesestörungen (praktische Analphabeten) zwischen zwei und acht Prozent betragen.

Bekanntermaßen schreiben die Chinesen mit Piktogrammen, das heißt, also kleinen Symbolen, die nicht den Klang der Wörter abbilden (wie beispielsweise bei der deutschen Schrift), sondern deren Bedeutung. Für das Schreiben auf Chinesisch ist daher das Einprägen Tausender bedeutungstragender Zeichen von großer Bedeutung. Wie man schon länger weiß, geschieht dies am besten dadurch, dass man die vielen Zeichen immer wieder mit der Hand schreibt. Wenn nun die Chinesen am Computer sitzen, wie schreiben sie dann? Haben sie für ihre Tausenden von Schriftzeichen Tastaturen so groß wie Esstische? – Nein, das haben sie nicht! Sie schreiben vielmehr auf einer ganz normalen Tastatur, wie das Wort klingt (zum Beispiel „li"), woraufhin der Computer dann eine Liste von Wörtern anzeigt, die alle wie „li" klingen. Dann muss man nur noch dasjenige Zeichen heraussuchen, das dem Wort, das man wirklich meint, entspricht und darauf mit der Maus klicken (vgl. Abbildung 4). Diese Methode, chinesisch zu schreiben, ist sehr effizient und wird daher in chinesischen Grundschulen in Klasse 3/2 gelehrt.

„li": 里利力利梨立例丽荔理离礼

Abb. 4: Eingabe chinesischer Schriftzeichen mit der Pinyin-Methode:
Man schreibt beispielsweise „li", woraufhin der Computer einem Wörter vorschlägt (hier die Wörter „Land", „Gewinn", „Macht", „Birne", „stehen", „Beispiel", „Vernunft", „trennen", „Höflichkeit"). Aus diesen wählt man dann das Wort, welches man meint, mittels Mausklick aus.

Das Erlernen dieser Fähigkeit im Umgang mit digitalen Medien ist jedoch von einer schwerwiegenden Nebenwirkung begleitet, wie die Autoren der Studien fanden. Betrug der Anteil der Schüler, die nicht lesen können, in Klasse 3 nach wie vor etwa 5 Prozent, so erhöhte er sich in der vierten Klassenstufe auf über 40 Prozent und in der 5. Klassenstufe auf über 50 Prozent! Zudem zeigte sich, dass diejenigen Schüler, die zu Hause noch gelegentlich mit der Hand chinesisch schreiben, in Klasse 4 und 5 auch noch eher des Lesens mächtig sind als diejenigen, die praktisch vollständig auf digitale Eingabe umsteigen: Wer sich vor allem an den Computer setzt, um chinesisch mit der neu gelernten Methode einzutippen, gehört jedoch mit hoher Wahrscheinlichkeit zu denen, die in Klasse 4 und 5 nicht mehr lesen können.
Es gibt kaum ein eindrücklicheres Beispiel, um zu demonstrieren, dass die Nutzung von Informationstechnik im Klassenzimmer auch Risiken und Nebenwirkungen mit sich bringt. Vergleichen könnte man dies allenfalls mit der hierzulande praktizierten Verwendung von Taschenrechnern in Mathematik ab Klasse 7: Die Schüler beginnen dann sofort, das Kopfrechnen zu verlernen.

Ist das Lernen noch zu retten?

Man könnte nun meinen, dass Handschrift und Kopfrechnen doch unnötig seien, wo man heute über Maschinen verfüge, die besser schreiben und rechnen können. Dem ist jedoch entgegenzuhalten, dass es aus mehreren Gründen wichtig ist, auch ohne Informationstechnik auszukommen:

1) Wer sich etwas aufschreibt, der merkt es sich besser, wie entsprechende Studien gezeigt haben.
2) Wer im Kopf rechnet, trainiert nicht nur seinen Geist, sondern weiß zudem wenigstens einigermaßen die Größenordnung des Ergebnisses. Nicht umsonst passieren immer wieder Unfälle, zum Teil mit tödlichem Ausgang, weil jemand ein völlig falsches Ergebnis (das beispielsweise durch einen Tippfehler verursacht war) als solches nicht erkannt hat.

Man kann sich vorstellen, dass die chinesische Regierung von den Ergebnissen der Studie nicht begeistert war. Im Gegenteil: In den letzten Monaten wurde in China damit begonnen, zur besten Sendezeit im öffentlich-rechtlichen Fernsehen Buchstabierwettbewerbe für Schüler durchzuführen, die von Dutzenden von Millionen Chinesen gesehen werden. Man versucht also seitens der Obrigkeit, die Nebenwirkungen abzumildern!

Wer meint, dass wir hierzulande deutlich besser dran sind, der irrt: Auch in Deutschland wurde die kursive Handschrift in manchen Ländern bereits abgeschafft. Die Kinder schreiben Druckbuchstaben und erlernen daher nicht mehr die komplexen Motorprogramme, die auch ihrem Gedächtnis helfen, wenn sie etwas aufschreiben. In den USA wurde im Frühjahr 2013 in 46 Bundesstaaten die Handschrift auf dem Curriculum der Grundschule gestrichen! Klassenziel für das Ende von Klasse 4 ist jetzt, mit 10 Fingern tippen zu können. Wir wissen jedoch aus entsprechenden Studien, dass Tippen keineswegs in seiner Komplexität der Handschrift entspricht und dass Handgeschriebenes im Gedächtnis besser hängen bleibt als auf der Tastatur Getipptes (Longcamp et al. 2005, 2008, 2011). Erlernen Schulkinder also nicht mehr das Schreiben mit der Hand, kommt dies der Beraubung junger Menschen eines wichtigen Werkzeugs zur Steigerung ihrer Merkfähigkeit gleich. Man schadet also ihrem Bildungsprozess. War das in den USA wirklich beabsichtigt? Oder geht es hier nur darum, eine ganze Nation dazu zu bringen, alle 2–3 Jahre ein neues Gerät zu kaufen, um überhaupt Schreiben zu können. Man stelle sich einmal vor: Bei einem Stromausfall sind die Menschen nicht einmal mehr in der Lage, ein Pappschild mit dem Wort „Hilfe" zu beschriften. Sie können ja nur auf elektrischen Geräten tippen. Betrachten wir noch ein Beispiel: An vielen Schulen werden Referate dann mit besseren Noten gewürdigt, wenn sie mithilfe moderner Informationstechnik erstellt und gehalten wurden. Es komme darauf an, dass die Schüler nicht nur die Inhalte des Referats anhand von irgendwelchem Material erarbeiten, sondern dass sie gleichzeitig auch noch den Umgang mit digitaler Informationstechnik, also mit Computer, dem Internet, Suchmaschinen und Präsentationssoftware erlernen.

Eine im Fachblatt Science publizierte Studie amerikanischer Wissenschaftler hat jedoch ergeben, dass Informationen, die entweder per Buch, per Zeitung, per Zeitschrift oder per Google gewonnen werden, dann am wenigsten im Gedächtnis haften bleiben, wenn sie gegoogelt wurden (Sparrow et al. 2011). „Das kann ich ja googeln", scheint sich unser Gehirn zu sagen und die Inhalte dann eben nicht abzuspeichern. Wer also etwas googelt, anstatt es in einem Buch zu lesen, hat eine geringere Chance, damit sein Wissen zu erweitern. Nun wird vonseiten der Verfechter dieses Ansatzes betont, dass die Schüler doch heute Medienkompetenz erlernen müssten, weil man ja alles googeln könne und man daher auch kaum noch etwas zu wissen braucht. Es wird gesagt, dass es in den Bildungseinrichtungen gar nicht mehr um das Aneignen eines Fundus an Wissen gehen, sondern nur noch um die Kompetenz des Umgangs mit Wissen, das man beispielsweise aus dem Internet herunterladen könne. Diese Ansicht erweist sich bei näherem Hinsehen als unhaltbar! Um eine Suchmaschine wie Google zu verwenden, braucht man weder Medienkompetenz noch Internetführerschein. Man braucht nur einmal zusehen, wie jemand Google bedient: Auf den Browser klicken, das Feld aufrufen, dann die Suchbegriffe eintragen und auf Los klicken. – Einmal gesehen, gleich gekonnt! Wenn Google einem dann aber innerhalb von 0,1 Sekunden 10.000 Hits auf den Bildschirm wirft, dann braucht man etwas – und zwar notwendig –, um damit etwas anfangen zu können: Vorwissen!

Weiß man gar nichts, so wird man auch nicht googeln (weil man auch keine Frage hat). Weiß man fast nichts, so nützt einem Google nichts, weil man bei den vielen Dingen, die Google auf dem Bildschirm anzeigt, nicht die Spreu vom Weizen trennen kann.

Ganz allgemein gilt: Je besser man sich in einem Fachgebiet auskennt, desto besser kann man in diesem Fachgebiet auch suchen und etwas finden. Darüber hinaus gibt es keine allgemeine Kompetenz, die es ermöglicht, noch besser zu googeln. Das Gerede von „Medienkompetenz" entpuppt sich damit als inhaltsleer. Ebenso ist es sehr misslich, dass von vielen offiziellen pädagogischen Stellen davon die Rede ist, dass heute „Wissen" nicht mehr notwendig sei und es nur noch auf „Kompetenz" ankomme. Dies ist völliger Unsinn! Es ist gerade das Wissen über ein bestimmtes Sachgebiet, dass es mir erlaubt, die Informationen in diesem Sachgebiet zu bewerten und damit mit ihnen umzugehen. Damit ist Wissen eine Grundvoraussetzung für die Benutzung des Internets. Wenn aber nun Wissen mithilfe von Google am allerschlechtesten im Kopf hängen bleibt, dann folgt zwingend: Wenn man wirklich will, dass unsere Schüler in den Bildungseinrichtungen darauf vorbereitet werden, später in der Berufswelt Suchmaschinen und das Internet zu nutzen, dann darf man in der Schule eines auf keinen Fall tun: Googeln.

Zudem gilt für das Halten von Referaten, dass beim Suchen von Informationen mittels Suchmaschinen, beim Auffinden von Informationen irgendwo im Netz und bei dem Verfrachten dieser Informationen mittels „Copy" und „Paste" von beispielsweise Wikipedia nach Powerpoint kaum mentale Aktivität (im Sinne tiefer Verarbeitung) im Kopf des Schülers abläuft. Früher hat man exzerpiert, das Exzerpt geordnet und dann noch einmal in Reinschrift, beispielsweise auf eine Transparentfolie, übertragen. All diese Aktivitäten wurden von entsprechenden geistigen Aktivitäten und damit von entsprechenden Veränderungen im Gehirn, die wir als Lernen bezeichnen, begleitet. Nichts dergleichen geschieht bei der Benutzung von Informationstechnik!

Wir sollten unbedingt damit aufhören, Informationstechnik in Schulen zu verwenden. Nach allem, was wir über die Auswirkungen digitaler Informationstechnik auf die Gehirnentwicklung und auf Lernprozesse wissen, und nach allem, was die empirische Bildungsforschung zu den negativen Auswirkungen von Computern auf das Lernen bereits gefunden hat, ist es ganz eindeutig falsch, hier weiter öffentliche Mittel in Software und Hardware zu investieren, die das Lernen nicht verbessern, sondern verschlechtern!

Um mit einem Beispiel abzuschließen: Nicht nur das Lesen und Schreiben sowie die Grundlagen der Mathematik sollen in der Grundschule gelernt werden. Auch das Sozialverhalten will gelernt sein! Hierzu sind jedoch definitiv reale soziale Kontakte nötig, die durch Online-Netzwerke nicht zu ersetzen sind. Wer jedoch, wie eine US-amerikanische Studie an über 3.000 acht- bis zwölfjährigen Mädchen ergeben hat (Pea et al. 2012), 7 Stunden täglich online mit sozialen Medien verbringt und lediglich 2 Stunden mit realen Kontakten, der kann nicht lernen, wie man miteinander wirklich umgeht (Gruppenverhalten, Empathie, Fairness etc.). Weil nun auch das soziale Gehirn mit den Aufgaben wächst, wie erst in den vergangenen zwei Jahren nachgewiesen wurde, muss man von einer massiven Beeinträchtigung des Sozialverhaltens durch Facebook und ähnlichem „schlechten Ersatz" für reales Miteinander ausgehen. Nachgewiesen ist bereits, dass die vor Bildschirmmedien verbrachte Zeit von Jugendlichen negativ mit deren Empathie gegenüber Eltern und Freunden korreliert (Richards et al. 2010). Müssen wir wirklich erst abwarten, bis eine ganze Generation stark durch digitale Informationstechnik geschädigt ist, bevor wir verantwortungsvoll handeln?

Literatur

Lillard AS, Peterson J (2011) The immediate impact of different types of television on young children's executive function. Pediatrics 128: 655–649

Longcamp M, Boucard C, Gilhodes JC, Anton JL, Roth M, Nazarian B, Velay JL (2008) Learning through hand- or typewriting influences visual recognition of new graphic shapes: Behavioral and functional imaging evidence.

Journal of Cognitive Neuroscience 20: 802–815.

Longcamp M, Hlushchuk Y, Hari R (2011) What differs in visual recognition of handwritten vs. printed letters? An fMRI study. Human Brain Mapping 2011; 32: 1250–1259.

Longcamp M, Zerbato-Poudou MT, Velay JL (2005) The influence of writing practice on letter recognition in preschool children: A comparison between handwriting and typing. Acta Psychologica 119: 67–79

Pea R, Nass C, Meheula L, Rance M, Kumar A, Bamford H, Nass M, Simha A, Stillerman B, Yang S, Zhou M (2012) Media use, face-to-face communication, media multitasking, and social well-being among 8- to 12-year-old girls. Developmental Psychology 48: 327–336

Richards R et al. (2010) Adolescent screen time and attachment to peers and parents. Archives of Pediatrics & Adolescent Medicine 164: 258–262

Sparrow B, Liu J, Wegner DM (2011) Google effects on memory: Cognitive consequences of having information at our Fingertips. Science 333: 776–778

Tan LH, Xu M, Chang CQ, Siok WT (2013) China's language input system in the digital age affects children's reading development. PNAS 111: 1119–1123

Winterstein P, Jungwirth RJ (2006) Medienkonsum und Passivrauchen bei Vorschulkindern. Risikofaktoren für die kognitive Entwicklung? Kinder- und Jugendarzt 37: 205–2011

Dass Kinder heute beim Sport, beim Laufen nicht mehr unbedingt überlegen sind, liegt nicht an den vielen Initiativen Rudi Lütgeharms. Als Fachberater für Schulsport, als Rektor der Grönenberg-Schule in Melle, einer fünf-zügigen „Offenen Ganztagsgrundschule" und mit seiner Lehrtätigkeit beim Niedersächsischen Turnerbund und an der Universität „Gama Filho", Rio de Janeiro setzte er Zeichen für mehr Bewegung.
Er engagiert sich erfolgreich für die „Bewegte Schule" und hat zahlreiche Bücher und Filme veröffentlicht. Seine Meinung als Referent ist bei Kongressen und Lehrertagungen gefragt. Nicht zuletzt gibt er in den Schuljugendzeitschriften Flohkiste/floh! Ratschläge in der Rubrik „Bewegungstipps".

In seinem Aufsatz in diesem Band belegt er anhand vieler praktischer Beispiele, dass mehr Bewegung die Chancen für besseres Lernen erhöht.

Rudi Lütgeharm

Mehr bewegen
heißt besser lernen

So wie Schülerinnen und Schüler Tag für Tag „Schule erleben", so leben sie häufig später auch selbst. Eine moderne Schule kann sich nicht nur auf abstraktes Lernen konzentrieren, sondern muss den Kindern endlich Raum geben, ihre Umwelt zu begreifen, zu ertasten und durch Bewegung zu erobern. Kinder müssen ihre Persönlichkeit durch ihre Wahrnehmungsfähigkeiten stärken können.
„Wer lernt, sich selbst zu beobachten, lernt zu entdecken, was er wirklich braucht, um sich wohlzufühlen. Bei Kindern läuft dieser Prozess hauptsächlich durch Bewegung ab." (Thomas Krüger, Präsident des Deutschen Kinderhilfswerks)

1. Immer kommt das ganze Kind zur Schule und nicht nur der Kopf
Weil „immer das ganze Kind zur Schule kommt und nicht nur der Kopf", hat die Schule einen ganzheitlichen Bildungsauftrag, der kognitive, emotionale und soziale Bereiche gleichermaßen umfasst und sich am Wesen des Kindes zu orientieren hat.

Jungen und Mädchen lernen nicht nur über visuelles und auditives Aufnehmen und kopfbestimmtes Bewältigen von Aufgaben, sondern ganz besonders durch körperlich-sinnliche und handlungsorientierte Erfahrungsmöglichkeiten.

Jegliches Lernen in der Schule (insbesondere in der Grundschule) ist also ein ganzheitlicher Prozess, an dem Bewegung und Wahrnehmung in hohem Maße beteiligt sind. Durch einen den Bedürfnissen der Kinder entsprechenden bewegungsintensiven Schulalltag können Defizite im motorischen, psychischen und sozialen Bereich ausgeglichen, beziehungsweise kann ihnen vorgebeugt werden.

Lehrkräfte sollten wissen, dass die ihnen anvertrauten Jungen und Mädchen einen bewegten Unterricht für ihr persönliches Wohlbefinden brauchen. Die Rhythmisierung eines Schulmorgens mit Phasen der geistigen und körperlichen Beanspruchung wird sich positiv auf die Leistungsfähigkeit der Jungen und Mädchen und auf die gesamte Schulatmosphäre auswirken.

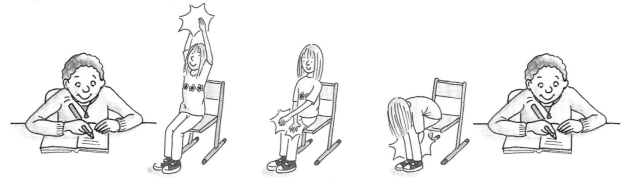

Arbeiten **Bewegungspause** **Arbeiten**

Inzwischen hat die Forderung nach Bewegung und Pausen manchmal auch Eingang in die Lehrpläne gefunden:
„Täglich ausreichend Bewegung ist von essentieller Bedeutung für Lernen und Entwicklung im Kindesalter. Wenn sich beim Lernen Phasen von Spannung und Entspannung sowie der Geistestätigkeit und der körperlichen Bewegung abwechseln, so werden Lernprozesse unterstützt." (Hessisches Sozialministerium und Hessisches Kultusministerium, 2005: Entwurf Bildungs- und Erziehungsplan für Kinder von 0 bis 10 Jahren in Hessen, S. 23)

2. Veränderte Kindheit
Schon seit einiger Zeit häufen sich die alarmierenden Meldungen über den Bewegungsmangel und die schlechte körperliche Fitness der Kinder und Jugendlichen. Der Alltag unserer Kinder ist heute häufig durch körperliche Inaktivität und „passives

Mehr bewegen heißt besser lernen

Konsumieren" gekennzeichnet, „selbst etwas tun beziehungsweise sich selbst bewegen" treten in den Hintergrund.

Vielen Grundschulkindern fehlen grundlegende Bewegungserfahrungen mit den sogenannten Grundtätigkeiten Gehen, Laufen, Balancieren, Hüpfen, Springen, Steigen, Klettern, Rollen, Wälzen, Stützen, Hängen, Schwingen, Werfen, Fangen, Ziehen, Schieben, die abgespeichert zu einem wichtigen „Bewegungsschatz" werden, die abgerufen werden können und auf die man in neuen Situationen zurückgreifen kann. Immer sind diese Erfahrungen ja zugleich an Sinnesempfindungen im taktil-kinästhetischen, vestibulären, auditiven und optischen Bereich gekoppelt.

Die früher üblichen freien Spiel- und Bewegungsräume gibt es fast nicht mehr, Wiesen, Bäume, Gräben, Bäche und angrenzende Busch- und Waldareale sind nicht in der unmittelbaren Nähe der Kinder zu finden, der heutige Straßenverkehr lässt ein Spielen auf den Straßen nicht mehr zu. Dabei wäre der Freiraum so wichtig, weil vielfältiges und situatives Bewegen das Kind mit seiner Umwelt verbindet und beim Bewegen selbst umfangreiche Bewegungserfahrungen gemacht werden, man denke hierbei zum Beispiel an folgende Situationen:

- Beim Gehen und Laufen auf unebenem oder rutschigem Gelände muss man sich den Gegebenheiten anpassen und das Gleichgewicht halten oder wiederherstellen, eventuell sogar bei einem Sturz richtig reagieren und sich abfangen usw.
- Beim Springen über einen Graben muss die Weite des Grabens geschätzt werden, das schnelle Anlaufen, der Absprung und die geschickte Landung vorausgenommen und koordiniert werden.
- Wenn ein anderes Kind beim Fangenspiel abgeschlagen werden soll, muss man schnell hinterherlaufen, die Haken und Kurven des weglaufenden Kindes nachvollziehen und beim Abschlagen auch abstoppen.
- Beim Klettern an und in Bäumen muss das eigene Körpergewicht gehalten und abgestützt werden, Abstände und Tragfähigkeit der nächsten Äste werden aufgrund von Erfahrungswerten geschätzt. Insgesamt werden beim Klettern viele Informationen taktil-kinästhetischer, vestibulärer und optischer Art zur gleichen Zeit verarbeitet.

Alle genannten Beispiele ermöglichen unmittelbare „körperlich-sinnliche" Bewegungserfahrungen, die viele Kinder heute aufgrund der veränderten Umwelt leider nicht mehr machen. Teilweise wird versucht, diese Defizite auf durchstrukturierten Spielplätzen und in organisierten Vereinen aufzuarbeiten. Ganz oben auf der Liste der Kinderwünsche und Freizeitaktivitäten stehen aber Computer, Videospiele und Fernsehen.

3. Das Schwinden der Sinne
Mit dem Schwinden der Sinne versuchte eine Grundschullehrerin die veränderten sensorischen und motorischen Fähigkeiten ihrer Schülerinnen und Schüler zu beschreiben: „Sie können nicht mehr balancieren, nicht mehr rückwärts laufen oder die Linien beim Schreiben einhalten!"
Damit sich „die Sinne" bei den Kindern entwickeln können, brauchen sie aber Anregungen und auch wiederholendes Üben, das heißt, mit den Grundtätigkeiten möglichst vielfältige Bewegungserfahrungen sammeln!
Wichtig: Kinder brauchen Erfahrungen aus erster Hand. Ein Lernen und Üben mit „Kopf, Herz und Hand" (Pestalozzi) ist nur dann wirklich möglich, wenn sie unmittelbar, direkt handelnd die Welt begreifen können (nach Klaus Fischer: Die Bedeutung der Bewegung für Salutogenese und Resilienz).

Im Alltag gehen die Möglichkeiten körperlich-sinnlichen Erfahrens immer mehr zurück, weil ...
- Türen sich automatisch öffnen, wenn man vor sie tritt.
- das Licht angeht, wenn man einen Raum betritt und nach einer kurzen Zeit wieder ausgeht, wenn man den Raum verlässt.
- das Wasser fließt, wenn man mit den Händen dem Wasserhahn nahe kommt.
- Rolltreppen vorhanden sind und genutzt werden, statt Treppen zu steigen!
- fast überall Erleichterungen angeboten werden und dabei natürlich die motorischen Aktivitäten auf ein Minimum beschränkt werden.

4. Körperlich-sinnliche und virtuelle Welten
Was Lehrkräften, Medizinern und Psychologen Sorgen macht, ist die Einschränkung der realen Bewegungswelt durch virtuelle Welten. Damit verbunden sind immer der Verlust an „echten" Bewegungserfahrungen und körperlicher Leistungsfähigkeit. Kinder, die meistens sitzen und nur noch Tasten, Hebel und Knöpfe an Computern betätigen, halten sich in einer virtuellen Welt auf, die man beliebig beherrschen und beeinflussen kann.

Wie unterscheiden sich „echte" körperlich-sinnliche Bewegungserfahrungen von den virtuellen Erfahrungen?
Die Gegenüberstellung auf der nächsten Seite macht deutlich, was vielen Kindern heute fehlt.

Mehr bewegen heißt besser lernen

Körperlich-sinnliche (konkrete) Welt ...	Virtuelle (abstrakte) Welt ...
... ist konkret, das heißt wirklich, gegenständlich, fassbar und greifbar.	... ist abstrakt, das heißt nicht gegenständlich und nicht wirklich.
Körperlich-sinnliche Bewegungserfahrungen werden über die Nahsinne wie taktile, kinästhetische und vestibuläre Wahrnehmung vermittelt.	Virtuelle Welten werden über die Fernsinne wie visuelle und auditive Wahrnehmung vermittelt.
Mit und durch Bewegung löst man Abläufe aus und muss sich schnell, mit einer zweckmäßigen Bewegung auf die neue Situation einstellen. Zum Beispiel: 1. Vorsichtig einen Fuß vom Teichrand auf das Eis setzen, es knackt, schnell zieht man den Fuß zurück ans Land, um nicht einzubrechen. 2. Zwei Kinder stehen sich gegenüber und werfen sich einen Ball zu. Nach einem zu hohen Zuspiel von Partner A kann das Kind B den Ball nicht erreichen und muss nun schnell von der geplanten Aktion „Ball fangen" umschalten, dem Ball hinterherlaufen, um ihn aufnehmen oder doch noch fangen zu können.	Man ist nur Auslöser von festgelegten Programmabläufen, die durch Algorithmen (Verarbeitungsvorschriften) bestimmt werden.
Ergebnis: In der körperlich-sinnlichen Welt agiert man und spürt sofort die Ursache-Wirkung seines Handelns körpernah und unmittelbar. Diese Wirkerfahrungen sind an die schon genannten Nahsinne (taktil-kinästhetische und vestibuläre Wahrnehmung) gebunden.	**Ergebnis:** In virtuellen Welten kann man zwar agieren, es fehlen aber die spürbaren „körperlich-sinnlichen Wirkungen". Somit gibt es auch keine Erfahrung, die sich auf das weitere Handeln auswirkt (nach Hans-Georg Scherer: Erfahrung versus Mouseclick?).

5. Manche Kinder sind nicht mehr fit – Bewegungsmangel hat seinen Preis
Die Kindheit ist an sich eine „bewegte Zeit". In keiner anderen Entwicklungsphase spielt die Bewegung eine so große Rolle, wie in der Kindheit. Sich bewegen und spielen sind grundlegende kindliche Bedürfnisse. Kinder bewegen sich ständig und gern, sie entdecken und erfahren täglich „hautnah" durch Bewegung etwas Neues.

Bewegung in vielfältiger Form unterstützt die motorische, emotionale und soziale Entwicklung der Kinder. Mit und durch Bewegung lernt das Kind sich einzuschätzen, erlebt eigenes Können, aber auch seine Möglichkeiten und Grenzen. Im Umgang mit anderen Kindern entwickelt sich die Kooperations- und Kommunikationsfähigkeit.

Kinder brauchen für eine gesunde Entwicklung vielfältige Bewegungsanlässe und suchen in ihrer Umwelt nach solchen Bewegungsgelegenheiten, zum Beispiel:
• über einen Baumstamm zu balancieren,
• auf eine kleine Mauer zu klettern und hinunterzuspringen,
• auf federndem Material herumzuhüpfen,
• sich unendlich im Kreis zu drehen,
• auf einem Stuhl zu kippeln,
• sich an Stangen oder Äste zu hängen und hinabzuspringen usw.

Mit Bewegung gehen sie Wagnisse ein, sie versuchen und probieren neue Bewegungsaufgaben zu lösen und sind stolz, wenn sie es geschafft haben.

Ein Zehnjähriger im Jahr 1996 bewegt sich um ca. 30 % weniger, als ein Zehnjähriger im Jahr 1986. Natürlich spielen hier viele Faktoren wie das Fernsehverhalten, Computerspiele, Bustransfer zur Schule, mit dem PKW der Eltern zur Schule und die übliche „Sitzschule" eine große Rolle.

Den größten Teil des Tages verbringen Grundschulkinder im Sitzen und mit Kopfarbeit, das heißt mit bewegungsarmem Körperverhalten. Eine Untersuchung zum Gesundheitsstand von einzuschulenden Kindern ergab im Jahr 1995, dass ...
• 40–60 % dieser Kinder haltungsschwach sind.
• 20–30 % dieser Kinder übergewichtig sind.
• 30–35 % dieser Kinder herz- und kreislaufschwach sind.
• 30–40 % dieser Kinder Schwächen in der Koordination aufweisen.

In den Medien wird die Thematik oft plakativ und überzeichnet dargestellt. Einige Zitate mögen dieses belegen:

- „Sprachstörungen, Übergewicht, Haltungsschäden und kein Gefühl für Bewegung – ein Drittel aller Grundschüler ist in manchen Schulklassen therapiebedürftig" (Die Zeit vom 14.2.1997).
- „Deutsche Kinder werden immer fetter" (Die Welt vom 30.6.1999).
- „Immer mehr Kindern geht die Puste aus" (Kölner Stadtanzeiger vom 28.9.1999).

Allerdings sollte man nicht immer nur klagen, sondern Wege aufzeigen, mit welchen Maßnahmen und eventuell kleinen Schritten diesem Bewegungsmangel besonders in der Schule, aber auch zu Hause in der Freizeit, im Kindergarten, begegnet und den Kindern geholfen werden kann.

6. Bewegung und kindliche Entwicklung – „Toben macht schlau"

Mangelnde Bewegung führt zu geistigem Abbau, da die Sinne von der Herausforderung abhängig sind. Eine überbehütete Erziehung nimmt die Bewegungseinschränkung in Kauf, sie beginnt im Kinderautositz und setzt sich in der Tragewippe fort. „Da war der Laufstall noch ein Bewegungsparadies. Toben macht schlau!", sagt die Sportprofessorin Dr. Renate Zimmer im Zeit-Magazin (die Zeit 15/2002 Archiv).

Eingeschränkte bzw. geringe Wahrnehmungs- und Bewegungserfahrungen im Vorschul- und Grundschulalter „hinterlassen ihre Spuren" und äußern sich oft ...
- in Unsicherheit und Bewegungsunlust,
- in motorischem Ungeschick und motorischer Unruhe,
- in emotionaler Labilität und Impulsivität,
- in Aufmerksamkeits- und Konzentrationsstörungen usw.

Häufig kann man auch Sprech- und Sprachstörungen im Zusammenhang mit motorischen Auffälligkeiten beobachten.
Deshalb ist für eine „normale" körperliche und geistige Entwicklung der Kinder ein vielfältiges und ausreichendes Maß an körperlicher Bewegung von großer Bedeutung. Neuere Forschungsergebnisse belegen eindeutig, dass umfangreiche und komplexe Bewegungsfolgen für die Hirnentwicklung des Kindes von großer Bedeutung und durch nichts zu ersetzen sind.

7. Lernen und Schulerfolg durch und mit Bewegung fördern

„Bewegungstraining nützt eigentlich dem Gehirn und nicht dem Körper. Es wirkt sich auf Stimmungen, Vitalität, Wachheit und Wohlbefinden aus." (Dr. John J. Ratey, Harvard Medical School)
Haben Sie nicht auch schon einmal vor einem Problem gestanden, das sich trotz intensiver Bemühungen am Schreibtisch nicht lösen ließ? Entnervt gibt man auf,

macht einen Spaziergang oder joggt eine Runde. Unterwegs denkt man so nebenbei noch einmal an das Problem und erstaunlicherweise stellen sich nun meistens Lösungen ein. Dieses einfache Beispiel macht uns die Bedeutung von Bewegung für die Denkleistung deutlich.

Neurowissenschaftliche Untersuchungen belegen, dass Bewegung und körperliche Fitness positive Auswirkungen unter anderem auf die Aufmerksamkeit und Gedächtnisleistung haben. Bereits im Kindergartenalter zeigt sich, dass Kinder mit höherer motorischer Leistungsfähigkeit in den Bereichen Kraft, Schnelligkeit, Beweglichkeit und Koordination auch bessere kognitive Grundfunktionen aufweisen als körperlich weniger leistungsstarke Kinder.
Während der Kindheit erfolgt die Bildung und Vernetzung von Nervenzellen besonders schnell. Um synaptische Verbindungen (Verbindungsstellen zwischen den Nervenzellen) herzustellen beziehungsweise aufrechtzuerhalten, sollte Kindern im Kindergarten und natürlich in der Schule tägliche Bewegungszeiten ermöglicht werden. Im Grunde sind diese Erkenntnisse nichts Neues. Schon vor 2000 Jahren haben Aristoteles und seine Schüler, die Peripatetiker („Umherwandler"), durch Bewegung in den Wandelhallen gelernt und sich ausgetauscht. Goethe und andere Gelehrte arbeiteten früher häufig an Stehpulten und gingen beim Nachdenken auf und ab.

Ähnliches lässt sich auch im Klassenzimmer und während des Unterrichts leicht umsetzen, zum Beispiel so:
- Lassen Sie die Kinder beim „stillen Lesen" mit dem Buch in der Hand im Klassenraum umherwandeln.
- Das vorlesende Kind steht auf und hält das Buch in der Hand.
- Immer wieder die bekannten Laufdiktate einsetzen.
- Wer die Matheaufgabe gelöst hat, steht auf und stellt sich hinter seinen Stuhl.
- Wer eine Frage hat, steht auf.
- Kopierte Arbeitsblätter nicht an die sitzenden Schüler verteilen, sondern an verschiedenen Stellen im Klassenraum verteilen, sodass die Schüler selbst aktiv werden.
- Die Schüler setzen sich kurz vor oder zu Beginn des Lehrervortrags verkehrt herum auf ihren Stuhl und legen die Unterarme auf der Rückenlehne ab.

Beispiele für Unterrichtsinhalte mit Bewegung verknüpfen

Silben klatschen

Wortarten mit rhythmischem Klatschen belegen –
Artikel Knie / Nomen überkreuz / Verb in die Hände

Beispiele für Unterrichtsinhalte mit Bewegung erschließen

Das Gewicht der Schultasche spüren

Kreis von 10 m Durchmesser auf dem Schulhof selbst zeichnen

8. Bewegung unterstützt und hilft

Wer schreibt uns eigentlich vor, dass Lesen und Schreiben, Rechnen, Zeichnen und all die Wissensinhalte im schulischen Alltag nur durch Zuhören und Zuschauen, also über die Körperfernsinne in bewegungsarmer Ruhehaltung im statischen Sitzen zu erfolgen haben?

In einer Studie mit mehr als 500 kanadischen Kindern schnitten die Schüler, die täglich eine zusätzliche Stunde Sport hatten, in Prüfungen deutlich besser ab als weniger aktive Kinder. Inzwischen haben viele Lehrer gelernt, wie wichtig Bewegung für den Lernprozess ist. Eine engagierte Lehrerin an einer Highschool in einem innerstädtischen Bezirk von New York gibt ihren Schülern eine „Rhythmuspause", wenn sie bemerkt, dass deren Aufmerksamkeit nachlässt. Sie zeigt auf einen Schüler, der dann aufsteht und mit Klopfen oder Klatschen einen Rhythmus vorgibt und gleichzeitig eine koordinierte Überkreuzbewegung ausführt.
Alle Schüler der Klasse versuchen dann zwei Minuten lang, den Rhythmus und die Bewegung zu übernehmen oder auch einen neuen Begleitrhythmus zu finden. Auf ein Zeichen der Lehrerin setzen sich alle wieder hin und die Aufmerksamkeit ist gerettet – meist sogar bis zum Ende der Schulstunde.

Tipp: Bewegung über den Sportunterricht und die Pausen hinaus sowie eine weitere Verknüpfung mit Unterrichtsinhalten, sind im Schulalltag möglich und sinnvoll, weil sie dem kindlichen Lernen entspricht.

9. Wichtige Gründe für mehr Bewegung mit der ganzen Klasse
„Wir besitzen ein Gehirn, weil wir durch unsere motorischen Fähigkeiten in der Lage sind, Gefahren aus dem Weg zu gehen und auf unsere Chancen zuzugehen. Bildungssysteme, die die Beweglichkeit der Schüler auf ein Minimum reduzieren, indem sie nur noch Abfolgen von Buchstaben und Zahlen auf ein Spielfeld so groß wie ein Blatt Papier aneinanderreihen, haben nicht verstanden, wie wichtig die motorische Entwicklung ist." (Robert Sylvester)

- **Bewegung macht wach – Gehirn aktivieren**

Andauernde und einseitige Sitzhaltungen machen müde und unkonzentriert, das Verfolgen des Unterrichts und das Denken ist mühsam. Bewegung hat eine erfrischende Wirkung auf Körper und Geist. Unterbrechungen des Unterrichts mit Bewegungspausen machen die Kinder im Unterricht wieder wach.

- **Hirndurchblutung verbessern**

Schon 25 Watt körperliche Belastung erhöhen die Hirndurchblutung um circa 14 bis 15 %, zum Beispiel Federn auf dem Sitzball, Aufstehen und Herumgehen im Klassenraum. Mehr Blut heißt auch immer mehr Sauerstoff für das Gehirn.

- **Gesundheit stärken**

Durch und mit Bewegung werden die Herzkreislauffunktionen beansprucht und auf Dauer günstig beeinflusst. Bewegungsaktivitäten kräftigen die Muskulatur, verbessern die Beweglichkeit und stärken damit die Konstitution – das Kind wird insgesamt belastbarer.

- **Stimmung und Selbstwertgefühl verbessern**

Wer kennt das nicht: „Ich kann das oder ich schaffe das!" Nach dem erfolgreichen Ausführen einer Bewegungsaufgabe fühlt man sich in einer guten Stimmung. Das durch sportliches Können beziehungsweise motorische Geschicklichkeit verbesserte Selbstwertgefühl wird auf kognitive Bereiche übertragen. Eine gute körperliche Fitness wirkt sich insgesamt positiv auf das Wohlbefinden des Kindes aus.

- **Synapsen vermehren**

Komplexe Bewegungsabläufe fördern die synaptische Verschaltung von Nervenzellen und den Erhalt von vielen Nervenzellen.

Beispiele:
Mit Griff an der Stuhllehne:
2x auf der Stelle hüpfen, dann
2x im Grätschstand hüpfen,
usw.

Rechts oben in die Hände klatschen,
dann auf die Knie klatschen,
danach links oben in die Hände
klatschen usw.

10. Multisensorisch lernen

In der Regel vollzieht sich Lernen im schulischen Alltag nur über das Sehen und Hören, zum Beispiel sieht das Kind an der Tafel den geschriebenen Buchstaben oder es hört den entsprechenden Laut. Die Informationsaufnahme beschränkt sich also meistens auf zwei Sinne. Probleme tauchen oft erst dann auf, wenn ein von der Tafel abgelesenes Wort anschließend mit der entsprechenden Feinmotorik schriftlich in das Heft übertragen werden muss und dabei andere Sinne beansprucht werden.

Jeder Mensch verfügt aber insgesamt über sieben Sinne, die immer eng zusammenarbeiten.
- Sehsinn (visuelle Wahrnehmung)
- Hörsinn (auditive Wahrnehmung)
- Geruchssinn (olfaktorische Wahrnehmung)
- Geschmackssinn (gustatorische Wahrnehmung)
- Hautsinn (taktile Wahrnehmung)
- Bewegungssinn (kinästhetische Wahrnehmung)
- Gleichgewichtssinn (vestibuläre Wahrnehmung)

Damit ein Sinnessystem funktionieren kann, müssen zunächst einmal Reize aufgenommen werden. Diese Aufnahme erfolgt durch sogenannte Rezeptoren (Nervenendungen). Diese Reize werden auf den hinführenden (afferenten) Nervenbahnen zum Gehirn weitergeleitet, dort findet dann die eigentliche Verarbeitung statt. Wenn man daran denkt, „mehr Bewegung in den Schulalltag zu bringen", so muss „multisensorisch" geübt und gearbeitet werden, das heißt insbesondere, die sogenannten Basissinne (Haut-, Bewegungs- und Gleichgewichtssinn) sollten als zusätzliche Informationszugänge beim Lernen und Üben genutzt werden, damit beim Kind mehr „hängen bleibt".

**1. Beispiel:
Stellung der Satzglieder selbst darstellen**

**2. Beispiel:
Winkel bilden und empfinden**

11. „Hinter jedem Buchstaben (jeder Zahl) steht Bewegung"

Sie haben eine Form, die über die Muskulatur erspürt und im Gehirn verankert wurde, damit sie in der Schreibbewegung wiederholt werden kann. Durch Bewegung werden Neuronale Netzwerke mit Bewegungsmustern entwickelt, auf die man zurückgreifen kann! Es wird eine Art „Enzyklopädie der Aktionen" geschaffen.
Soll Gelerntes wieder abgerufen werden, so ist es wichtig, dass es auch im Langzeitgedächtnis möglichst in verschiedenen Mustern (durch unterschiedliche Sinne) abgespeichert wird. Bewegung verankert Gelerntes.

12. Schule muss sich verändern – „Schule der Zukunft"

Die „Bewegte oder bewegungsfreudige Schule" mit ihren Inhalten beziehungsweise Bausteinen wie Bewegungspausen, täglichen Bewegungszeiten, aktiv-dynamisches Sitzen, Bewegter Lernraum, Bewegte Pause, Bewegter Unterricht usw. ist inzwischen in allen Bundesländern propagiert und modellhaft vorgestellt worden.
Leider verschwinden gut gemeinte Ansätze nach einiger Zeit wieder und der „alte Trott" mit dem Schwerpunkt „verkopftes Lernen" im schulischen Alltag setzt sich wieder durch.

Mehr bewegen heißt besser lernen

Lehrkräfte beschweren sich häufig unter anderem darüber, dass sich die Kinder verändert haben:
- Sie können sich nicht mehr konzentrieren, sind leicht ablenkbar und ermüden schnell;
- Sie wirken oft unausgeglichen, manchmal sind sie auch aggressiv und „rasten leicht aus!"

Kinder sind das Spiegelbild unserer Gesellschaft. Deshalb muss die Schule sich aufgrund der veränderten Lebensumstände den veränderten Kindern stellen, das heißt, die Schule der Zukunft muss sich ebenfalls verändern.

Lehrkräfte und Eltern sollten sich immer wieder bewusst machen, wie wichtig es ist, den Schulalltag und natürlich den Unterricht selbst mit mehr Bewegung zu verknüpfen, weil unter anderem ...
- die Grundbedürfnisse der Kinder berücksichtigt werden – sie wollen sich bewegen.
- den Kindern das Lernen einfach mehr Spaß macht.
- die ganzheitliche Entwicklung des Kindes unterstützt und der „Verkopfung" entgegengewirkt wird.
- das Lernen mit Kopf, Herz und Hand verwirklicht wird.
- ein Zugang zu Inhalten und Themen über und durch Bewegung ermöglicht wird.
- alle Sinne angeregt werden.
- das kognitive Lernen unterstützt wird.
- Gedanken und Lernprozesse besser verankert und behalten werden.
- die Durchblutung des Gehirns und damit die Sauerstoffversorgung verbessert werden.
- die Konzentrationsfähigkeit und die Lernausdauer verbessert werden.

Lehrkräfte sollten ...
- durch ihre eigenen „bewegten Gedanken" und ihr „bewegtes Verhalten/Lehren" den bewegten Unterricht beispielhaft „vorleben" – Schüler spüren so etwas.
- den ganzheitlichen Ansatz des Lernens im Unterricht in Verbindung mit körperlichen Bewegungserfahrungen anwenden und umsetzen.
- Möglichkeiten und Formen des bewegten Lernens kennen und in „ihrem" Unterricht anwenden.
- grundsätzlich wissen, wie man Unterrichtsinhalte multisensorisch vermitteln kann.
- darüber informiert sein, wie man Lehr- und Lernprozesse unter Berücksichtigung von Bewegung gestalten kann.
- über die lerntheoretischen und entwicklungspsychologischen Erkenntnisse des bewegten Lernens informiert und davon überzeugt sein.

Die „Schule der Zukunft" steckt aber noch in den Anfängen. Die Vermittlung kognitiver Fähigkeiten und die „Verkopfung des Lernens" stehen nach wie vor im Vordergrund oder nimmt sogar noch zu.

Die gesetzgebenden Institutionen, die Schule in ihrer Eigenverantwortung und natürlich die sie gestaltenden Lehrkräfte müssen auf die veränderten Voraussetzungen der Kinder reagieren, das heißt, das alltägliche Schulleben muss anders gestaltet und organisiert werden, um dem ganzheitlichen Bildungs- und Erziehungsauftrag und den (Lern-)Bedürfnissen der Kinder gerecht zu werden.

Das kann nur gelingen ...

- wenn die Rhythmisierung eines Schulmorgens mit Phasen der geistigen und körperlichen Beanspruchung erfolgt und damit auch den Bedürfnissen der Kinder entsprochen wird.
- wenn durch einen kindgerechten, bewegungsintensiven und handlungsorientierten Schulalltag Unterrichtsinhalte häufig „multisensorisch" vermittelt werden und
- wenn damit letztlich die Erziehung über und mit Bewegung als dynamischer Entwicklungs- und Lernprozess das einzelne Kind in seiner Ganzheit fördert und so auch möglichen Fehlentwicklungen (vielmehr als zurzeit) vorgebeugt werden kann.

Tipp: Gestalten Sie das Schulleben insgesamt und natürlich Ihren Unterricht „bewegter" und denken Sie daran, jede Veränderung beginnt zunächst im Kopf!

Literatur

Lütgeharm, R.: Die bewegte Schule – Unterricht in Bewegung, Domino Verlag München 2010
Lütgeharm, R.: Die bewegte Schule – Zeit für Bewegung, Domino Verlag München 2009
Lütgeharm, R.: Die bewegte Schule – Durch Bewegung besser lernen, Domino Verlag München 2003
Lütgeharm, R.: Die bewegte Schule – Mit Pausen lernt man besser, Domino Verlag München 2006
Lütgeharm, R.: Hilfe, auffällige Kinder, Kohl Verlag Kerpen 2013
Lütgeharm, R: Kleine Schritt, große Sprünge! Schulfähigkeit (weiter) entwickeln, Kohl Verlag Kerpen 2013
Hannaford, C.: Bewegung – das Tor zum Lernen, VAK Verlag Kirchzarten 2008
Ratey, John, R./Hagemann E.; Superfaktor Bewegung, VAK Verlag Kichzarten 2009
Spitzer, M.: Digitale Demenz, Droemer Verlag München 2012
Spitzer, M./Kubesch, S.: Lernprozesse durch Bewegung fördern, Leitfaden für die Grundschulen, Bayerisches Staatsministerium für Unterricht und Kultus

„Vision, Mission, Passion – damit ist Professionalität gemeint.
Zu ihr gehören unverzichtbar der Expertenstatus für Fragen des Unterrichts und der Erziehung, die Entwicklung einer eigenen Berufswissenschaft, eine nach innen und außen anerkannte Berufsethik."
Damit lässt sich Ludwig Eckingers pädagogischer und bildungspolitischer Standort definieren. Als Lehrer, Rektor, Hochschullehrer, Verbands- und Berufspolitiker ging es ihm immer um Bildungsgerechtigkeit für die nachwachsende Generation und um Gleichwertigkeit aller Lehrer im Sinne eines gemeinsamen Berufsverständnisses. Dr. Eckinger war Vizepräsident des BLLV 1984–2007 und von 1993–2009 Bundesvorsitzender des Verbands Bildung und Erziehung (VBE). Seit 2004 vertritt er die beiden Spitzenorganisationen DGB und dbb und damit alle Lehrerorganisationen Deutschlands im „Rat für deutsche Rechtschreibung".

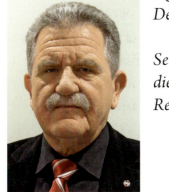

Sein Beitrag zum Rechtschreiben in diesem Buch enthält die aktuelle Position des Rechtschreibrats für die „Rettung" des Rechtschreibens.

Ludwig Eckinger

Ist das Rechtschreiben noch zu retten?
Ein Zwischenruf

Vorbemerkungen
Hysterie und Sorglosigkeit markieren zurzeit die Diskussion um das Rechtschreiben. Defizite in der Orthografie beklagen sowohl Personalchefs in Industrie und Wirtschaft bei Eingangstests als auch Hochschullehrer bei Klausuren. Eine Rechtschreib-Katastrophe wird diagnostiziert. Wissenschaftliche Untersuchungen wollen belegen, dass sich die Rechtschreibleistungen seit 1970 erheblich verschlechtert haben.[1]

Dieses Ergebnis ist allerdings – siehe soziale Disparität bei PISA – sehr schichtenspezifisch geprägt, das heißt, dass vor allem Kinder aus sozial schwachen Familien viel mehr Fehler beim Rechtschreiben machen als früher. In der Studie Steinigs wird gezeigt, dass Viertklässler in NRW mehr als doppelt so viele Fehler als noch vor vierzig Jahren machen. Kamen im Jahr 1972 auf 100 Wörter im Schnitt 6,9 Fehler, sind es heute 16,9.

Diejenigen hingegen, die Rechtschreibschwäche als Bagatelle abtun, führen ins Feld, dass Schüler heute fantasievoller, kreativer, selbstbewusster und sogar kommentierend schreiben.

Der Stellenwert des Rechtschreibens in der Schule
In den 70er-Jahren des 20. Jahrhunderts war in der Grundschule das Wochendiktat oftmals der einsame Höhepunkt des Deutschunterrichts. Rechtschreibfehler wurden auch in den übrigen Unterrichtsfächern nicht ignoriert. Sukzessive, fast schleichend setzte sich dann der Zeitgeist durch, der da Freiheit hieß. Drill, Druck, Anstrengung gerieten ins Abseits und wichen einem vermeintlich reformpädagogischen Ansatz. Die Idee Jürgen Reichens „Lesen durch Schreiben" „verbreitete sich", wie der „Spiegel" in seiner Titelgeschichte Mitte Juni 2013 berichtet, „wie ein Virus".[2]
Im Mittelpunkt dieser Methode sollen die Freude am Schreiben, die Förderung der Kreativität und der Selbsttätigkeit der Kinder stehen.[3] Die Prinzipien der Methode heißen „Anlauttabelle" und „individuelles Lerntempo". Nach der Argumentation des „Spiegel" „(werden) Deutschlands Schulanfänger auf diese Weise zunächst systematisch zu Rechtschreibanarchisten erzogen – um sie dann mühsam wieder aus der fremdverschuldeten Unfähigkeit zu befreien".[4]
Mathematik lernt man auch nicht erst „ungefähr" und dann richtig.
Doch Vorsicht ist geboten! Die einseitige Aburteilung von Methoden führt nicht wirklich weiter. Es kommt auf methodisch-didaktische Meisterschaft des Lehrers an und auf die für die Lehrerindividualität passende Individualmethode.[5] Der Schulforscher John Hattie überrascht nicht, wenn er in einem Interview mit der „Zeit" sagt: „Ein guter Lehrer betrachtet seinen Unterricht immer durch die Augen seiner Schüler."[6] Das ständige Feedback betrifft Schüler und Lehrer. Es entsteht ein Klima des Vertrauens, das Fehler zulässt, auch im Rechtschreiben, es aber nicht dabei belässt. „Ein Lehrer muss erkennen, dass es seine Aufgabe ist, die Lernenden zu verändern, sie immer wieder herauszufordern und an ihre Grenzen zu bringen."[7]
Lehrerinnen und Lehrer müssen (an-)erkennen, dass Rechtschreiben nicht ein Wert an sich ist, sondern dienende Funktion hat, die aber nicht unterschätzt werden darf. Der Trend, Orthografie für unwichtig zu halten, muss gestoppt werden. Die AG Schule des „Rats für deutsche Rechtschreibung" hat Lehrpläne der verschiedenen deutschsprachigen Länder und Bundesländer verglichen. Es stellte sich heraus, dass Grundlagen für eine Rechtschreibdidaktik in der Schule nicht klar sind, Spirallehrpläne so gut wie nie ausgewiesen sind, Rechtschreiben im Lehrplan zu früh endet.[8]

In einer im Fürstentum Liechtenstein von Renate Gebele Hirschlehner durchgeführten Untersuchung bei Lehrerinnen und Lehrern aller Schularten erachten 18 %

Ist das Rechtschreiben noch zu retten?

der Befragten den Stellenwert der Rechtschreibung im Unterricht als sehr hoch, 60 % als hoch. Nach Schularten differenziert geben 85 % der Primarschullehrpersonen dem Rechtschreibunterricht eine sehr hohe oder hohe Bedeutung, den geringsten Wert mit 59 % weist die Oberschule auf.

Noch höher, so schreibt Gebele Hirschlehner in ihrer nicht veröffentlichten Befragung, fallen die Werte aus, wenn man die persönliche (95 %) und öffentliche (90 %) Bedeutung des Rechtschreibens betrachtet.

Bei der Frage, woran sich die Lehrpersonen in ihrem Rechtschreibunterricht orientieren, stellten sich die bemerkenswert geringe Beachtung des amtlichen Regelwerks und eine steigende Nutzung der Online-Tools heraus. Größte Bedeutung haben aber nach wie vor die Wörterbücher (Duden, Wahrig).[9]

Rechtschreiben wird (von den zuständigen Ministerien in den deutschsprachigen Ländern) überwiegend als integrativer Bestandteil des Deutschunterrichts gesehen, dessen Anteil in einem kompetenzorientierten Unterricht bestimmt werden soll. Es ist offensichtlich, dass die zu erreichenden „Kompetenzen" Handlungsbedarf erfordern: Wie gelangt man dorthin, dass sich die Schüler am Ende der Schulzeit im Rechtschreiben wie „der Fisch im Wasser" bewegen oder am Ende der Grundschule schon „schwimmen" können?

Rechtschreiben und Lesen
Möglichst fehlerfrei schreiben kommt dem Leser entgegen, ist also kommunikativ. Der Adressat muss den Text problemlos lesen können. In dem Spiegelartikel über die Misere des Rechtschreibens wird auch der Zusammenhang von Rechtschreiben und Lesen hergestellt. „Die Orthografie ist eine Grundfähigkeit, die das Tor in die Welt jedweder Bildung öffnet. Wer sie nicht beherrscht, versagt selbst bei Internetsuchen und bei der Fahndung nach Songs in iTunes. Jedes Lexikon bleibt eine Terra incognita, Nachschlagen führt in die Irre, bis die Kinder es, Frust lass nach, ganz bleiben lassen. Vor allem aber: Wer nicht weiß, wie man schreibt, kann auch nicht gut lesen."[10]

Das Lesetempo werde, so die Erkenntnis der Präsidentin der Deutschen Gesellschaft für Lesen und Schreiben, Renate Valtin, durch richtige Rechtschreibung beschleunigt, weil nicht jedes Wort entziffert werden müsse. „Viele lesen nur sehr wenig, weil es zu mühsam ist."[11]

Natürlich steht das Lesen, eine nach wie vor hoch bedeutende Bedingung für das Lernen, in seiner Bedeutung weit über dem Rechtschreiben. Doch der Zusammenhang von Lesen und Schreiben ist evident, obwohl die empirische Forschung nur von einer positiven, aber nicht übermäßig hohen Korrelation ausgeht. Bei der BLLV-Tagung „Hauptsache Handschreiben" wurde klar, dass gutes Schreiben und gutes Lesen einander bedingen und den Lernerfolg steigern. „Sicheres und schnelles

Rechtschreiben mit der Hand entlastet den Schreibenden von der Kontrolle des Schreibakts, sodass mehr geistige Kapazitäten für andere Prozesse genutzt werden können."[12]

Lesen lernt man durch Lesen! Dieser Leitsatz John Mannings in Richard Bambergers wichtigem Buch[13] kann auf das Schreiben übertragen werden: Schreiben lernt man durch Schreiben! Wenn es gelingt, richtig zu schreiben, macht es dem Schreiber selbst und dem Leser sichtlich mehr Spaß. Kinder schreiben nämlich gern – richtig!

Aus der Arbeit des Rats für deutsche Rechtschreibung
Die Mitglieder des Rats für deutsche Rechtschreibung (Deutschland 18, Österreich und Schweiz je 9, Südtirol, Liechtenstein und deutschsprachige Gemeinschaft Belgiens je 1) wurden für die Dauer einer sechsjährigen Amtszeit (2004–2010 und jetzt bis 2016) ernannt. Sie vertreten bestimmte Institutionen und Beteiligte Interessengruppen.[14]
Nach der Erfüllung des unmittelbaren Auftrags einer Überprüfung und Überarbeitung der Bereiche Getrennt- und Zusammenschreibung, Zeichensetzung, Worttrennung am Zeilenende und (in bestimmten Teilen) Groß- und Kleinschreibung des amtlichen Regelwerks – das sich heftigster Kritik von Politik und Gesellschaft, besonders der Schulen, ausgesetzt sah –, wandte sich der Rat für deutsche Rechtschreibung seinen kontinuierlichen und längerfristigen Aufgaben zu. Zu Beginn des Berichtzeitraums wurden die Empfehlungen des Rats von den politischen Gremien in den beteiligten Staaten zustimmend zur Kenntnis genommen und modifiziert umgesetzt, in Deutschland zum Beispiel durch Beschluss der KMK vom 2.3.2006 und der MP-Konferenz vom 30.3.2006, durch das Inkrafttreten am 1.8.2006 sowie dem Ende der Übergangszeit am 31.7.2007.
Der Auftrag des Rats ist nach § 1 der Satzung „Die Beobachtung und Weiterentwicklung der deutschen Rechtschreibung". Dazu gehört, die „Einheitlichkeit der Rechtschreibung im deutschen Sprachraum" zu wahren und dass die Weiterentwicklung lediglich „im unerlässlichen Umfang" zu erfolgen hat.
Die längerfristigen Aufgaben sind:
• die ständige Beobachtung der Schreibentwicklung,
• die Klärung von Zweifelsfällen (der Rechtschreibung),
• die Erarbeitung und wissenschaftliche Begründung von Vorschlägen
  zur Anpassung des Regelwerks an den allgemeinen Wandel der Sprache.

Der Rechtschreibrat hat am 14.6.2013 auf Vorschlag der AG Schule die Konsequenz aus einer Reihe kritischer Punkte (zum Beispiel funktionale Analphabeten) zum Rechtschreiben gezogen und einstimmig die folgende Position beschlossen:

Ist das Rechtschreiben noch zu retten?

Rechtschreiben – eine Grundkompetenz in Schule und Gesellschaft
Rechtschreibung hat im öffentlichen Leben einen hohen Stellenwert. In einer Schriftgesellschaft ist sie eine Grundkompetenz, da sie einen schnellen und problemlosen schriftlichen Austausch sichert. Daher ist eine einheitliche Schreibung, um die sich alle gesellschaftlich relevanten Einrichtungen und jede einzelne Schreiberin und jeder einzelne Schreiber bemühen, ein hohes kulturelles Gut.
Zwar haben Rechtschreibleistungen viele Ursachen, die besondere Verantwortung der Schulen für eine befriedigende Rechtschreibkompetenz und eine produktive Haltung zum richtigen Schreiben steht aber außer Frage. Das Bildungssystem hat in der jüngsten Vergangenheit große Anstrengungen unternommen. Mit der Ausrichtung auf eine Kompetenzorientierung wurden in den Schulen viele wegweisende Ansätze initiiert, um die Leistungen der Schülerinnen und Schüler zu heben. Dass dies auch bei der Rechtschreibung nötig ist, zeigen Leistungsmessungen der jüngsten Vergangenheit.

Der Rat für deutsche Rechtschreibung, der auch die ständige Beobachtung des schulischen Sprachgebrauchs zur Aufgabe hat, erachtet daher im Sinne einer Weiterentwicklung und Verbesserung der Gesamtsituation Folgendes für dringend wünschenswert:
• Genügend Lern- und Übungszeit für den Erwerb der Orthografie in der Schule
Dem Rechtschreiben als Grundkompetenz in einer Schriftgesellschaft ist in den Lehr- und Bildungsplänen als Rahmen und in den Schulcurricula vor Ort ein angemessener Umfang und angemessene Zeit zuzugestehen, um Schülerinnen und Schülern zu ermöglichen, orthografische Fertigkeiten auszubilden.
• Bildungs- und Lehrpläne mit einem orthografischen Spiralcurriculum, das sich über die gesamte Schulzeit erstreckt
Spiralcurricula sollten auf heute akzeptierten linguistischen, rechtschreibdidaktischen und lernpsychologischen Theorien und Modellen fußen und alle Schulstufen umfassen.
• Die Formulierung von Mindeststandards für die Orthografie
Die Mindeststandards sollten die in der Regelschule zu erwerbenden orthografischen Kompetenzen ausweisen.
• Eine Lehreraus-, -fort- und -weiterbildung, in der die deutsche Orthografie fachwissenschaftlich, fachdidaktisch und lerntheoretisch angemessen berücksichtigt ist.
Gerade weil Rechtschreiben eine Grundfertigkeit mit einer hohen Wertschätzung in der Öffentlichkeit ist, braucht es eine geeignete und kontinuierliche Lehreraus-, -fort- und -weiterbildung für alle Lehrkräfte, nicht nur für die des Fachs Deutsch. Daher sind ein Kerncurriculum für die Hochschulausbildung und Eckpunkte für die Fort- und Weiterbildung von großer Bedeutung."[15]

Fazit
Die Forderungen des Rechtschreibrats sind keine bildungspolitischen Knüller. Zugegeben: Es sind eher graue Mäuse als die Löwen der Serengeti. Diese notwendigen pädagogisch-didaktischen Maßnahmen zeigen aber, dass die Wichtigkeit der Orthografie erkannt ist. Handwerkliches Rüstzeug ist gefragt, damit richtig Schreiben so selbstverständlich ist wie Auto fahren, wenn man den Führerschein bestanden hat. Nur dann ist Rechtschreiben eine Hilfe und keine Bürde.
Die Lehrer brauchen deshalb eine fundierte Einführung in das Regelwerk und didaktisch-methodische Handreichungen ohne „Gebrauchsanweisung".[16] Grundlegendes zur Rechtschreibung ist verlangt, und zwar in allen deutschsprachigen Ländern.

Nun gilt es,
- die Kinder beim eigenaktiven Lernen zu unterstützen,
- sie nicht zu „Versuchskaninchen" zu machen oder mit sinnloser „Testeritis"[17] zu schikanieren,
- ihnen die entscheidenden Grundlagen – methodisch-didaktisch aufbereitet – im Unterricht an die Hand zu geben,
- mit ihnen zu üben, und zwar oft und abwechslungsreich,
- ihnen den Zusammenhang zwischen Lesen und Rechtschreiben für ihre eigene zukünftige Lebenswirklichkeit zu verdeutlichen,
- in allen Fächern auch die Rechtschreibung zu beachten,
- Rechtschreiben nach der Grundschule nicht abzuschreiben, sondern bis zum Ende der Schulzeit kontinuierlich fortzuschreiben.

Die meisten Lehrer haben die Erfahrung gemacht, dass in der Schule alle mitreden können, weil sie auch einmal in der Schule waren. Von diesem Zerrbild aus kann dann auch ein Dokumentarfilm wie „Alphabet" entstehen, der von der (irrigen) Annahme ausgeht, dass der Mensch sich nur bildet, wenn er es will und das am besten beim Spielen.[18]

Pädagogen wissen aber, dass ohne Mühe, ohne Anstrengung, ohne Plackerei auch das Handwerk „Rechtschreiben" nur Pfusch bleibt. Meister fallen nirgends vom Himmel. Rechtschreiben muss so automatisch gehen wie Fahrrad fahren, wenn man es einmal gelernt hat!
In einem Wörterbuch nachzuschauen, um sich zu vergewissern, bleibt immer erlaubt.

Ist das Rechtschreiben noch zu retten?

Literatur

[1] Deutschland Radio, Interview von Manfred Götze mit Wolfgang Steinig vom 14.03.2013; vgl. Steinig, W. u.a. (2009): Schreiben von Kindern im diachronen Vergleich. Münster, S. 243 ff.

[2] Der Spiegel 25/2013, S. 96

[3] Vgl. www.lehrer-online.de/lesen-durch-schreiben

[4] Der Spiegel, a.a.O., S. 96

[5] Ein gelungenes Beispiel referiert die Grundschullehrerin Stefanie Wiontzek in: Junglehrer Praxis, Heft II/2013 mit ihrem Artikel „Whiteboard bei den ABC-Schützen". Sie zeigt beim Thema „Schreiben und Lesen" auf, wie sie die interaktive Tafel in ihre Individualmethode einbaut.

[6] John Hattie in: Die Zeit 19/2013, S. 36

[7] Hattie, a.a.O., S. 36

[8] Vgl. AG Schule des Rats für deutsche Rechtschreibung, eigene Befragung

[9] Vgl. Renate Gebele Hirschlehner, Stellungnahme für das Fürstentum Liechtenstein, unveröffentlichtes Manuskript vom Januar 2013.
Die hohe Nutzung von Wörterbüchern ist das eine, die Bedrohung des Kulturguts Lexikon bzw. Wörterbuch das andere Problem. In seiner Sitzung am 11.10.2013 hat deshalb der Rat für die deutsche Rechtschreibung den Beschluss gefasst, sich dafür einzusetzen, das in einem eingeführten Wörterbuchprogramm versammelte Wissen als Kulturgut zu erhalten, kontinuierlich zu pflegen und weiterzuentwickeln.

[10] Der Spiegel, a.a.O., S. 97

[11] Renate Valtin, in: Der Spiegel, a.a.O., S. 98

[12] Robert Haberer: Tipp, tipp-hurra?, in: Bayerische Schule 3/2013, S. 12

[13] John Manning, S. 12, in Bamberger, Richard (2006): Erfolgreiche Leseerziehung. Theorie und Praxis. München (Domino)

[14] Rat für deutsche Rechtschreibung, Bericht über die Arbeit von März 2006 – Okt. 2010. Mannheim 2010

[15] Vorlage der AG Schule für das Plenum des Rats für deutsche Rechtschreibung und Beschluss des Rats im Juni 2013, im Netz unter www.rechtschreibrat.com (Aktuell)

[16] Vgl. Tina Baier in SZ 237/2013 vom 14.10., R 19

[17] Was ist Sinn und Zweck von sog. Vergleichsarbeiten in Bayern? So hat das Staatsinstitut für Schulqualität und Bildungsforschung im Mai 2012 „Orientierungsarbeiten in der Jahrgangsstufe 2" durchgeführt: 20 Minuten Deutsch – Richtig schreiben. Ist das Lust am Testen oder Gängelung der Lehrer?

[18] Vgl. Marlene Weiss, in: SZ 243/2013 vom 21.10., S. 13, wo sie Erwin Wagenhofers Film „Alphabet" kritisch bespricht.

„ Beim Schulfotografen muss man englisch reden, zum Beispiel cheese. "
Kindermund

„Eine Patentmethode für den Englischunterricht im Sinne eines optimalen Verfahrens zum Erlernen der Fremdsprache kann und wird es niemals geben."

Selbstkritisch im Bezug auf die eigene Wissenschaft, selbstbewusst im Blick auf die Weiterentwicklung des Fremdsprachenunterrichts in der Grundschule tritt Prof. Dr. Heiner Böttger für ein sprachliches Bildungskontinuum mit dem dafür dringend notwendigen Paradigmenwechsel auf allen Bildungsebenen ein. Er ist Professor für die Didaktik der englischen Sprache und Literatur an der Katholischen Universität Eichstätt/Ingolstadt und Sprecher des BIG-Kreises. Der Beratungs-, Informations- und Gesprächskreis (BIG) unter dem Dach der Stiftung Lernen der Schul-Jugendzeitschriften FLOHKISTE/floh! ist ein unabhängiger Expertenkreis zur Thematik der Weiterentwicklung des frühen Fremdsprachenlernens. Der BIG-Kreis hat bisher fünf Empfehlungen herausgegeben und mit ihnen die bildungspolitische Diskussion um den Fremdsprachenunterricht in der Grundschule entscheidend geprägt.

Heiner Böttger verweist in seinem Aufsatz auf die Anfänge des Fremdsprachenfrühbeginns, auf das Mit- und Vorauswachsen der Kinder und nimmt die Kultusministerkonferenz mit dem Ziel gemeinsamer Bildungsstandards ebenso in die Pflicht wie er die Professionalisierung der Lehrkräfte fordert.

Heiner Böttger

Ist der Fremdsprachenunterricht in der Grundschule (denn) noch zu retten?

Die gute Nachricht gleich zu Beginn: Natürlich ist er das. Alles, aber eigentlich auch alles spricht für ihn. Diejenigen, die gegen ihn argumentieren, tun dies nicht vernünftigerweise aus spracherwerblich oder entwicklungspsychologisch logischen, sondern aus eher konstruierten, technokratisch-strukturellen oder/und finanziellen Gründen, manchmal auch aus Unkenntnis über den aktuellen, empirisch gesicherten wissenschaftlichen Konsens. Dieser lässt keinerlei Zweifel darüber mehr zu, dass damit sehr früh begonnen werden muss, Kindern die Begegnung mit einer zweiten, fremden Sprache zu ermöglichen. Der Einstieg in der Grundschule ist ein möglicher, logischer, wenngleich sicher nicht frühestmöglicher Schritt.

Warum sollte dann der Grundschul-Englischunterricht überhaupt gerettet werden müssen? Und wie, von wem? Die Argumentationen sind schon deshalb ernst zu nehmen, weil sie auf systemische Schwachstellen des Schulsystems, wie beispielsweise

ungeordnete Übergänge zwischen den Schulstufen oder ein nicht befriedigend institutionalisiertes Fortbildungswesen für Grundschul-Englischlehrkräfte abzielen. Sie richten sich auch auf eine noch instabile Übergangsphase hinsichtlich des sich noch in den Kinderschuhen befindlichen Fremdsprachenfrühbeginns mit sich erst herausbildenden Kompetenzerwartungen. Besonders gefährlich jedoch ist der Verweis auf starre Zeitrahmen der meist vormittäglichen 45-Minuten-Einheiten, sowie nicht zuletzt auf finanzielle Engpässe im Bildungswesen. Mindestens unmoralisch, aus wissenschaftlicher Sicht, ist der permanente Verweis auf die Sprachenpriorisierung der Landessprache Deutsch in ausschließlicher Form.
All diese Argumentationsstränge tauchen seit Jahren dennoch immer wieder auf, medial stark beachtet. Sie haben gerade durch ihre erhebliche Ignoranz wissenschaftlichen Befunden gegenüber das Potenzial, letztlich langfristig doch dem Grundschul-Englischunterricht massiv zu schaden – entgegen jeder Logik und sprachlichen Realität. Etwas, das permanent und penetrant wiederholt wird, kann bekanntlich noch so falsch sein, mit der Zeit wird es, hier vor allem bei den Erziehungsberechtigten, als neue Wahrheit angenommen.

Sprachbegegnungen sind gesellschaftlich real
In der Regel geschehen fremdsprachliche Begegnungen eigentlich täglich, denkt man dabei an die Realität der Migrationshintergründe, wo diese Erstbegegnung mit einer fremden Sprache – hier dann allerdings Deutsch – bereits gesellschaftliche Realität ist. Für monolingual aufwachsende deutschsprachige Kinder dann hat diese erste Begegnung – Kindergarten hin, Schule her – bereits lange vor dem institutionalisierten frühen Fremdsprachenunterricht in der Regel mit der englischen Sprache stattgefunden. Für die erste Fremdsprache in der Schule ist Englisch als Lingua franca gut gewählt: Englisch ist omnipräsent, nicht nur als Lehn-, Fremd- oder Modewörter und in der Sprache der Jugendkultur, in Songs, Videos, etc., beherrscht zudem die Fernseh- und Filmbranche sowie Lebensbereiche wie Kleidung, Lebensmittel und Spielwaren, ist weltumspannend eine Sprache, die quasi immer von der Sonne beschienen wird, deren Sprecher quasi nie schlafen. So ist mehr als die Hälfte der technischen oder naturwissenschaftlichen Fachzeitschriften der Welt in englischer Sprache abgefasst, sind über 80 Prozent der weltweit in Computern abgespeicherten Informationen und über 50 Prozent aller geschäftlichen Verträge in Europa in englischer Sprache formuliert worden, ist Englisch die Sprache der Luftfahrt, der Schifffahrt, der internationalen Touristik, der Weltkirche, der internationalen Kongresse und Gremien, vom Europarat bis zu den Vereinten Nationen, bedienen sich auch sportliche Großereignisse der englischen Sprache.
Der Fremdsprachenunterricht in der Grundschule ist inhaltlich mit der englischen Sprache, der englischen Literatur und englischsprachigen Kulturen somit gut

begründet und grundgelegt. Jung ist er auch noch und kann weiter wachsen, auf einer stabilen historischen Basis, wenn er denn nicht gebremst wird.

Eine zarte Pflanze wächst stetig, trotzdem.
Es war nur eine Frage der Zeit gewesen, bis der Englischunterricht an Grundschulen endlich allgemein eingeführt wurde.
Schon seit den Jahren der Weimarer Republik, genauer seit 1919, wurde an Waldorfschulen Unterricht in zwei Fremdsprachen, Englisch und Französisch, erteilt. Ähnliche Versuche bezüglich fantasiereichem, spielfreudigen und musisch-künstlerischen Englischunterricht unternahmen fast parallel zu den Waldorf-Schulen einige staatliche Grundschulen, ab 1933 wurden diese jedoch eingestellt.
Das staatliche Schulwesen in Deutschland führte erst lange nach der Zeit des Dritten Reichs in den Sechzigerjahren wieder Versuche zum fremdsprachlichen Frühbeginn durch.
Der bildungspolitische Anstoß resultierte zunächst aus der Entwicklung der englischen Sprache zur Funktion als internationale Verkehrssprache, als Lingua franca. Von damals aktuellen Forschungen zum Optimal age des Fremdsprachenlernens ermutigt, wurde im dritten Grundschuljahr begonnen. Dieses klassische Frühbeginn-Modell der damaligen Zeit entstand auch aus einem dritten Grund: der Möglichkeit, früher in der Sekundarstufe mit der zweiten Fremdsprache beginnen zu können. Ziel des Englischunterrichts der Grundschulen in dieser Zeit war es, eine elementare Kommunikationsfähigkeit durch die hauptsächliche Betonung von Hörverstehen und Sprechen in der englischen Sprache aufzubauen.
Benotungen und Lehrpläne wurden dazu durchweg nicht erstellt, Länder wie Bremen oder Hessen jedoch gaben einen Grundwortschatz sowie elementare Strukturen vor. Diese Zurückhaltung zeigte sich beispielsweise bei der Einführung der Zeiten, da ausschließlich das Präsens gebraucht wurde. Die ersten Versuche zum Frühbeginn scheiterten aus zwei marginalen Gründen, die auch heute noch zur aktuellen Diskussion um den Grundschul-Englischunterricht angeführt werden: Zum einen standen für den frühen Fremdsprachenunterricht nicht genügend ausgebildete Lehrer bereit, zum anderen blieb das Problem ungelöst, die in der Grundschule erworbenen Kenntnisse an den Unterricht in den 5. Klassen der weiterführenden Schulen anzuknüpfen. Die föderalistische Vielfalt weiterer Versuche der Länder ergab in den Folgejahren auch eine ebenso gestreute Erfahrungspalette hinsichtlich der Sprachenwahl und des Einführungszeitpunktes. Zu Beginn der Siebzigerjahre empfahl die Kultusministerkonferenz der Länder die Aufnahme des Fremdsprachenunterrichts in den Fächerkanon der Grundschule, wenige Länder allerdings griffen den Impuls auf und orientierten sich dabei stark am Fremdsprachenunterricht der weiterführenden Schulen. Negative Forschungsresultate und die gewaltige, stetig wachsende Aufgabe der

Integration von ausländischen Kindern ließen die Bemühungen in der Regel enden. Ein neuer Impuls erhielt der Grundschul-Fremdsprachenunterricht in den Achtzigerjahren, ganz im Zeichen des langsam zusammenwachsenden Europas. Frankreich, Österreich und Italien führten in ihren Grundschulen eine Fremdsprache verbindlich ein, in Deutschland wurde im Saarland Französisch verbindlich. Das Bemühen weiterer Bundesländer, der europäischen Sprachenvielfalt zu begegnen, die Mehrsprachigkeit der zukünftigen Europäer zu initiieren, eine interkulturelle Sensibilität für die Lebensweisen von Menschen mit anderen Sprachen anzubahnen und den zunehmend multikulturellen Klassengemeinschaften gerecht zu werden, führte zunächst zum Konzept der Sprachbegegnung, in dem sprachliche Ziele ohne Definition blieben, der Umgang mit fremden Sprachen eher situativ erfolgte und das viele Sprachen betreffen konnte.

Die Bandbreite der Institutionalisierungsformen des Fremdsprachenunterrichts wächst nach 1990 an, die derzeitige Entwicklung nach der Jahrtausendwende zeigt, dass in allen Ländern der Fremdsprachenunterricht in der Primarstufe, besonders in den ersten beiden Schuljahren, erheblich ausgeweitet wurde. Der jedoch entscheidende Anstoß zur allgemeinen Einführung kam durch den Beschluss der Europäischen Union, jeder Bürger in Europa solle sich in zwei fremden Sprachen, eine davon Englisch, verständigen können. Heute wird dies deutlich flankiert durch entsprechende Positionspapiere der Kultusministerkonferenz, die die Notwendigkeit der Einführung des Grundschul-Englischunterrichts konkretisieren und diesen inhaltlich ausgestalten.

Die Kinder wachsen mit – und voraus.

Alle Bemühungen um den Englischunterricht in der Grundschule zielen auf die Kinder, die an ihm teilnehmen dürfen. Sie bringen in der Regel mit dem Eintritt in die erste Klassenstufe gewaltige Potenziale für einen erfolgreichen Sprachlernprozess mit. Ihre Erstsprache, in der Regel auch die Muttersprache, wurde von Beginn an als grobes Muster gelernt, das sich langsam verfeinerte. Dabei spielten die Imitation, das Nachmachen und -sprechen mit den Eltern, eine wichtige Rolle. Sehr schnell, noch in der Vorschulzeit, konstruierten die Kinder ihre Sprache selbst, zogen eigene Schlüsse, machten sehr intelligente Fehler und experimentierten. Sie bekamen auch die Zeit dazu. Je nach individueller Voraussetzung, zum Beispiel der Entwicklung der Sprachorgane, Motivation sowie den sozialen und kommunikativen Rahmenbedingungen ist es möglicherweise in der Sprachentwicklung ganz normal auch zu zeitlich begrenztem Stillstand, zur Verzögerung oder sogar zu einem zeitweisen Rückschritt gekommen.

Jetzt, mit dem Beginn der Schulzeit jedoch, spätestens im Alter von etwa 6 Jahren also, beherrscht ein Kind im allgemeinen Lautsystem und Grammatik seiner

Ist der Fremdsprachenunterricht in der Grundschule (denn) noch zu retten?

Erstsprache in den Grundzügen – wenn es dieser durch die Bezugspersonen oft genug modellhaft ausgesetzt war. Der Wortschatz hat sich bis hierhin sprunghaft vergrößert und steigt nun weiter steil an, englisch lesen und schreiben könnte ein Kind bereits, ließe man es nur. Mit dem Erwerb der Muttersprache erfolgte der Vorgang der Begriffsbildung, der später nie mehr wiederholbar ist: Alle weiteren Sprachen werden ab diesem Zeitpunkt vor dem muttersprachlichen Hintergrund gelernt. Regeln weiterer Sprachen werden so zum Beispiel bewusst reflektiert und verglichen, und es wird immer wieder übersetzt – der Ausgangspunkt für den beginnenden Englischunterricht.

Hier liegt ein Hauptgrund für die fremdsprachendidaktische Forderung, der ersten Fremd- oder Zweitsprache schon mindestens ab Klasse 1, günstigstenfalls aber schon in der Vorschulzeit zu begegnen.

Bei Migrantenkindern spielt zu diesem Zeitpunkt, dem Eintritt in die Grundschule, sowohl der Prozess des Erwerbs der Muttersprache als auch der Kontakt mit deutschen Sprechern eine wichtige Rolle für den erfolgreichen Spracherwerb. Die Erstsprache ist eben, wie bereits ausgeführt, die Referenzsprache für das Erlernen weiterer Sprachen. Wird diese schon früh abgebrochen, unterbrochen oder vernachlässigt oder das Erlernen der deutschen Sprache aufoktroyiert, bildet sich das Phänomen der sogenannten Halbsprachigkeit heraus. Dieser insuffiziente Sprachentwicklungsstand macht das Vergleichen, Korrigieren, Konstruieren und unabhängige Verwenden aller weiterer Sprachen auf einem Minimalstandardniveau nahezu unmöglich. Das Bemühen der Eltern um das eigene Erlernen der deutschen Sprache kann sich übrigens positiv auf die Motivation der Kinder für Deutsch auswirken.

Einen unglaublichen Vorteil beim Sprachlernprozess scheinen Migrantenkinder generell zu besitzen: Werden zwei Sprachen, also Muttersprache und Deutsch parallel gleichbedeutend gelernt, sind sie gemäß aktueller neurodidaktischer Forschung geradezu prädestiniert zum effizienten, raschen und weitgehend natürlichen Erwerb weiterer Sprachen, insbesondere eben auch im gerade beginnenden Englischunterricht. Dazu sind die beiden günstigen Voraussetzungen, die auch Kleinkinder bei Erwerb der Erstsprache haben, unabdingbar: lange Kontaktzeiten und regelmäßiger Gebrauch, also das Leben in und mit der Sprache, die inhaltsbezogene Kommunikation und vor allem der authentische sprachliche Input durch viele Sprecher. Die Kürzung jeglichen muttersprachlichen Unterrichts, auch in Deutsch, verbietet sich von selbst, Argumentationen mit Seitenblick auf die knapp bemessenen Stundentafeln eines reinen Vormittagsunterrichts dürfen nicht auf die Sprachentwicklungen zielen. Weder die ausschließliche Priorisierung der deutschen Sprache, noch die Kürzung der muttersprachlichen Förderung oder des frühen Fremdsprachenunterrichts berücksichtigen das kognitive und sprachliche Entwicklungspotenzial von Schulkindern.

Woher dann kommt trotz idealer Spracherwerbsbedingungen bei den neuen Schulkindern, die völlig überholte Diskussion um Sprachenfolgen und Intensitäten?
Streicht man Elternängste bezüglich der Überforderung ihrer Kinder durch die neue Sprache und der möglichen Vernachlässigung der deutschen Sprache sowie strukturelle Gründe wie den fehlenden flächendeckenden Ganztagsunterricht einmal weg, ohne sie zu bagatellisieren, zeichnet sich in der Grundschule ein besonderer Sprachenlernkontext ab:
Besonders problematisch ist – sicher vereinfacht dargestellt – neben der generell knappen Kontaktzeit mit allen Sprachen der in der Regel weitgehend nicht-authentische englischsprachige Input in der Klassenzimmersituation. Die Kommunikation ist dort weitgehend sprach-, nicht inhaltsbezogen, systematische Unterweisung herrscht vor, regelmäßige Anwendungsmöglichkeiten jedoch müssen fehlen. Im grundschulischen Englischunterricht erhalten die Schüler nach fremdsprachendidaktischen Aspekten selektiertes, sicher auch authentisches Sprachmaterial in Lehrgangsform und auf einer wesentlich schmaleren Basis, als dies beim natürlichen Spracherwerb möglich ist. Der Umgang mit dem Schriftbild ist stark reduziert, Mündlichkeit steht im Vordergrund. Das Sprachmaterial wird durch Selektion und Anordnung vorstrukturiert und im Hinblick auf bestimmte Kompetenzformulierung vermittelt, wodurch die Einordnung in bereits vorhandene Wissensstrukturen deutlich erleichtert wird. Sensible Fehlerkorrekturen tragen dazu bei, falsche sprachliche Hypothesen kurzfristig wieder aufzugeben.

Rettung von außen: Einbetten in ein Kontinuum
Unabhängig von zunehmend gesicherten früh-fremdsprachlichen Erkenntnissen bleiben immerhin noch lange nach der Jahrtausendwende die Probleme der Sechzigerjahre relevant: Neben dem strukturell und finanziell begründeten Mangel an gut und umfassend ausgebildeten Grundschul-Englischlehrkräften ist insbesondere die harmonisierte Übergangssituation vom Fremdsprachenlernen in der Grundschule mit dem der weiterführenden Schulen ab Klasse 5 beispielsweise immer noch nicht befriedigend gelöst.
Der unterschiedliche Beginn des frühen Englischlernens in den Bundesländern in der ersten, zweiten oder dritten Jahrgangsstufe der Grundschule sorgt für eine ungleiche Startsituation in die institutionalisierte Begegnung mit einer Fremdsprache. So beginnt Bayern beispielsweise aktuell mit dem Englischunterricht in Jahrgangsstufe 3, Baden-Württemberg in Jahrgangsstufe 1 und Nordrhein-Westfalen zum Halbjahr der ersten Jahrgangsstufe.
Diese Schieflage verstärkt sich dann ganz natürlich am Übergang von der Primarstufe in die Sekundarstufe. Nach dem länderspezifisch unterschiedlichen Beginn des Englischunterrichts führen die ebenso unterschiedlichen Umfänge des Englisch-

Ist der Fremdsprachenunterricht in der Grundschule (denn) noch zu retten?

unterrichts in den Stundentafeln der Grundschulen zu einem stark divergierenden englischsprachigen Kompetenzaufbau. Hinzu kommen die wenig vergleichbar ausgerichteten Lehrpläne der einzelnen Bundesländer und die teils auf Benotung wie in Baden-Württemberg, teils auf Wortgutachten wie in Bayern ausgelegten Leistungsfeststellungen und -dokumentationen am Ende der 4. Jahrgangsstufe.

Sowohl hier als auch später beim Übergang in den beruflichen, tertiären Bereich wird ersichtlich, wie unterschiedlich sich die englischsprachigen Schwerpunkte hinsichtlich Pädagogik, Methodik und Didaktik, aber auch bei der Stundentafel und der Freistellung der Fremdsprachenwahl auf den einzelnen Stufen darstellen.

Ihre Wurzeln hat dieser Bruch – wie weiter oben dargestellt – in den Sechziger- und Siebzigerjahren des vergangenen Jahrhunderts. Auf die erste Welle der Einführung von Fremdsprachenunterricht in der Grundschule waren weiterführende Schulen in der Regel nicht vorbereitet. In den folgenden Jahrzehnten verbesserte sich die Abstimmung regional unterschiedlich, insbesondere durch das Überführen des frühen Fremdsprachenunterrichts aus der Beliebigkeit zu obligatorischen, allerdings weiter länderspezifisch unterschiedlichen Schulfächern. In der Folge wurden so kaskadenartig weitere systemische und strukturelle Instabilitäten erzeugt.

Dies führte in der Folge zu vielen Missverständnissen bei den Lehrkräften der Primarstufe und der Sekundarstufe, die sich besonders aus Informationsdefiziten über den Unterricht in den jeweils anderen, aufnehmenden oder abgebenden Schulstufen ergeben.

Trotz der vielfältigen bildungspolitischen Anstrengungen bezüglich gemeinsamer Curriculumsentwicklungen bleiben Probleme subjektiver Haltungen der beteiligten Lehrkräfte, deren unterschiedliche Ausbildungsniveaus, Stundenkontingentsunterschiede sowie weiterhin große curriculare Spielräume. Außerdem fehlen weiterhin nationale Bildungsstandards.

Hier liegt das übergeordnete Prozess- und Handlungsfeld für die Schulpolitik und Schulverwaltung, die Verortung und Einbettung des Englischunterrichts an Grundschulen in ein verlässliches, geordnetes und vergleichbares Kontinuum des lebenslangen Fremdsprachenlernens.

Dabei müssen alle Beteiligten und Verantwortlichen eingebunden werden, um trotz der länderspezifischen Vielfalt zu ausbalancierten und ausgewogenen Lösungsansätzen zugunsten eines harmonischen, kontinuierlichen und lebenslangen Englischbeziehungsweise Fremdsprachenlernens zu gelangen. Kontinuität bezeichnet, wie in jedem Lernprozess, auch beim Englischlernen lückenlose, fließende, ununterbrochene, gleichmäßige und stetige Zusammenhänge ohne abrupte schulpolitische Richtungsänderungen. Aus einem solch kontinuierlichen Lernen resultieren eine erhöhte Antizipation sowie eine einhergehende Lernplanungs- und Handlungssicherheit sowohl für Lehrende wie Lernende.

In einem solchen Kontinuum entwickeln sich Lehr-/Lernprozesse progressional konstant und fortlaufend, wenn nicht äußere, also strukturelle, institutionelle sowie curriculare Einflussfaktoren einwirken. Das können sein: unterschiedliche Lehrerbildungskonzepte und die unterschiedliche Gewichtung von Lernzielen, Interkulturalität und lernstrategischem Vorgehen. Sie verhindern ein solches kontinuierliches, verlässliches Englischlernen. Diese Aussage trifft auch zu für das Fremdsprachenlernen im Allgemeinen. Schulformen und -stufen dürfen sich im Kontinuum des Sprachenlernens nicht als alleinstehende Institutionen verstehen oder als solche angesehen werden. Die Grundschule läuft bezüglich des Englischlernens dazu Gefahr. Der Prozess der flächendeckenden und langfristigen Harmonisierung erfordert jedoch eine Angleichung der Systemunterschiede auf allen genannten Ebenen. Speziell für das Englischlernen sind es pädagogische wie didaktisch-methodische Maßnahmen, die alle auf der Lehr-/Lernebene Beteiligten in Betracht zieht. Dabei werden auch Aspekte der Lehrkraft-Lerner-Beziehungen, zum Beispiel beim Fachlehrer-, Klassenlehrer-, Kursleiterprinzip, der unterschiedlichen Sprachlernkulturen, der veränderten Erwartungshaltungen sowie der divergierenden Sozialgefüge der Schulstufen mitberücksichtigt.

Der Begriff des lebenslangen beziehungsweise lebensbegleitenden Fremdsprachenlernens verweist auf die Notwendigkeit, innerhalb wie auch außerhalb der institutionellen Bildungseinrichtungen die Voraussetzungen zu schaffen, ein Leben lang Sprachen lernen zu können, um aktiv in der sich immer rasanter wandelnden internationalen und multikulturellen Gesellschaft mitwirken zu können. Die englische Sprache als Lingua franca und in der Regel in Deutschland erste, institutionell zu lernende Fremdsprache bildet dabei einen geeigneten Auftakt.

Das Hauptrettungspaket zur Beendigung aller Diskussion um Sinn und Unsinn besteht also zunächst und kompromisslos in der Entwicklung eines Gesamtsprachenkonzepts der Kultusministerkonferenz ab dem letzten Jahr Kindergarten/Vorschule mit aufeinander bezogenen Lehrplänen/Stundentafeln bis in die Sekundarstufe, inklusive der Implementierung von Bildungsstandards für das Fach Englisch in Klasse 4 beziehungsweise des Faches Englisch als unterrichtliches Kernfach mit mindestens 3 Wochenstunden und fächerübergreifenden Ansätzen, sowie in einem zweiten Schritt bis in der tertiären Bereich.

Rettung aus sich selbst heraus: Lehrkräfte professionalisieren

Die gleichzeitige Qualitätssicherung dieser Basismaßnahmen zielt auf ein institutionalisiertes, flächendeckendes Angebot von Fort- und Weiterbildungskonzepten für universitär ausgebildete wie nicht eigens qualifizierte Lehrkräfte. Nachschulung kann nur – zähneknirschend akzeptiert – ein temporäres Instrument für die derzeitige Übergangssituation sein.

Ist der Fremdsprachenunterricht in der Grundschule (denn) noch zu retten?

Die stetige Erweiterung der Fremdsprachenkompetenz durch gezielte, verstetigte Angebote von Coaching-Einheiten und geeigneten Online-Trainingsplattformen wird sich sofort bei der Zielgruppe, den Grundschülern, abbilden, die durch ihr erhebliches Imitationspotenzial das authentische Sprachvorbild ihrer Lehrkraft in ihrer eigenen englischen Aussprache wiedergeben. Gleichzeitig steigt der Anteil der gesprochenen englischen Sprache bei sprachselbstbewussten Lehrkräften im Unterricht an, er wird kommunikativer, situationsgerechter und offener.

Wer gut Englisch spricht, ist auch didaktisch-methodisch freier und flexibler, da die Konzentration nicht mehr der eigenen fremdsprachlichen Performanz dienen muss, sondern den kommunikativen Abläufen im Klassenzimmer.

Von didaktischer Seite sind es wenige, aber bedeutende Stellschrauben, an denen gedreht werden kann, um eine Professionalisierung in Richtung grundschulkindgerechtem Englischunterricht zu erreichen. Dabei gilt es vor allem, die kognitiven Potenziale der Kinder zu beachten und im Rahmen einer englischsprachigen Alphabetisierung das Schriftbild gezielt anzubieten. Erste Lese- und Schreibübungen stärken die Kompetenzen in diesem Bereich schnell. Grammatikalische Phänomene und Strukturen werden dazu nach Bedarf erklärt, die deutsche Sprache als Mittlerin und Hilfe für ein schnelles Verständnis verwendet.

Entwicklungspsychologisch wie englischdidaktisch wertvoll ist die Auswahl des Sprachmaterials, die einerseits wirklich altersgerechte authentische Texte und andererseits kommunikativen Wortschatz, insbesondere Verben, umfasst.

Differenzierende, individualisierende, kooperative, kollaborative und inkludierende Verfahren stärken die Englisch lernenden jungen Persönlichkeiten im Klassenverband. Fächerübergreifende, bilinguale Einheiten mit Thematiken aus anderen Lernbereichen der Grundschule befördern das Lernen in zwei Sprachen – eine frühe, rechtzeitige erste Vorbereitung auf den zukünftigen sekundären und tertiären Bildungsbereich. Ganz nebenbei erhöhen sie die Kontaktzeiten zur englischen Sprache und tragen so zur Entwicklung von Teilbilingualität bei.

Ein abschließendes Hauptaugenmerk muss auf die Akzeptanz von Fehlern als wichtige, auch zunächst begrüßenswerte Parameter für den englischsprachigen Lernprozess gelegt werden. Sie sind Grundvoraussetzung für diagnostische Analysen, nicht für die reine Notengebung, damit sowohl die Leistungsschwachen als auch die Leistungsstärkeren individuell gefördert werden können. Geeignete qualitätssichernde Verfahren zur Beobachtung, Dokumentation und Auswertung eines im Bestfall an Mindeststandards ausgerichteten Grundschul-Englischunterrichts, wie beispielsweise der Beobachtungsbogen und das Portfolio, sind bereits vorhanden, müssen aber noch weiter entwickelt und vor allem auch eingesetzt werden.

Die Notwendigkeit, den Englischunterricht an deutschen Grundschulen wirklich „retten" zu müssen vor einer radikalen Kürzung oder Streichung, scheint weder offensichtlich, noch mit Blick auf die Vorgaben der Europapolitik nötig zu sein. Es ist dennoch der stete Tropfen, der Kritik an seiner trotz aller, eher singulären, pilot- und projektartigen Bemühungen noch unscharfen Rolle im Bildungsprozess, der den Stein, die gesellschaftliche und politische Unterstützung der frühen Begegnung mit fremden Sprachen, höhlt. Gerettet werden muss zweifelsohne die Qualität und Quantität der fremdsprachlichen Bildung der jungen Zielgruppe, den Englisch lernenden Grundschulkindern. Ohne die beschriebenen Maßnahmen eilt ihnen die fremdsprachliche Welt in Zukunft davon.

Wer ist der fleißigste Leser von „FLOHKISTE" und „floh!"? Prof. Dr. Max Liedtke könnte zu seinen vielen Ehrungen auch noch diese Auszeichnung bekommen. In aufwendiger Arbeit hat er den „Vorläufer" von FLOHKISTE und floh! – die „Jugendlust", – in seiner Geschichte von 1876–2001 aufbereitet und dieses Werk mit 1384 Anmerkungen versehen. Nach seiner Habilitation bei Carl Friedrich von Weizsäcker über Evolution und Erziehung nahm er 1973 einen Ruf auf den Lehrstuhl für Pädagogik an der Universität Erlangen/Nürnberg an. Schwerpunkte von Liedtkes Forschung sind die Integration der Evolutionsbiologie in die Pädagogik und die historische Bildungsforschung. Für den BLLV und die Lehrerschaft machte Max Liedtke die „Nürnberger Protokolle" zugänglich und gab die Denkschrift des BLLV von 1861 kommentiert heraus. Damit erwarb er sich auch Verdienste um die Lehrerbewegung.

Es gibt aber auch eine vermeintlich „unwissenschaftliche" Seite Max Liedtkes: Zum einen ist er im Stiftungsbeirat des Windsbacher Knabenchors, zum anderen gründete er eine „Initiative Singen und Musizieren mit Senioren und Demenzkranken". Wer sollte also den Bogen von der Kindheit zum Alter besser spannen können als Max Liedtke? Glaubhaft beschreibt er, dass das Singen nicht nur gerettet werden muss, sondern vielleicht sogar Teil der Rettung ist.

Max Liedtke

Ist das Singen noch zu retten?

Man sollte meinen, es gibt keinen Anlass zur Klage. Noch nie in der Geschichte der Menschheit hatte Musik, ob durch Instrumente oder durch die menschliche Stimme erzeugt, so viel Raum im gesellschaftlichen Leben wie heute. Wohl kaum ein Mensch vor uns hat jemals so viel Musik gehört wie wir Gegenwärtigen. Viele von uns haben die Werke Bachs und Beethovens viel häufiger gehört und auch aufgeführt, als die Komponisten ihre eigenen Werke hören oder reproduzieren konnten. Die elektronischen Medien, an erster Stelle das Radio, aber auch das Fernsehen, leben von Musik und begleiten uns täglich viele Stunden. Bands und Gesangsgruppen produzieren Großveranstaltungen, wie es sie ebenfalls in der Geschichte der Menschheit noch nicht gegeben hat. Fangruppen bei Sportevents rotten sich zu riesigen konkurrierenden Chören zusammen, um die Gegner auch an Lautstärke zu übertreffen. Demgegenüber war der glorifizierte Choral von Leuthen, 1757 von Friedrichs des Großen siegreichen Soldaten angestimmt, vermutlich ein sanftes Säuseln. Und wenn der

Papst bei seinen Weltreisen auf weitdimensionierten Freiflächen Gottesdienste feiert, singen Millionen.

Aber wie sieht es mit Musik und Gesang in der Schule aus? Schaut man sich die gültigen Lehrpläne an, zum Beispiel den noch gültigen bayerischen Grundschullehrplan von 2000, lässt sich der gerade angestimmte Jubel über die gesellschaftliche Bedeutung von Musik und Gesang uneingeschränkt fortsetzen. Es hat in der 5000-jährigen Geschichte der Schule sicher noch nie einen Lehrplan zur Musikerziehung gegeben, der nach Umfang und Inhalt, nach musiktheoretischen und musikpraktischen Hinweisen und nach Zahl und Qualität der kreativen Anregungen auch nur in Ansätzen mit dem bayerischen Grundschullehrplan von 2000 konkurrieren könnte.

Es wäre nun ein Leichtes, das Lob zu konterkarieren: Es hat auch noch nie in der Geschichte der Schule eine größere Kluft zwischen Plan und Realität gegeben als bei dem Grundschullehrplan von 2000.

Doch ganz so leicht darf man es sich nicht machen. Musikerziehung hat ihren Platz in der Grundschule. Der Bayerische Grundschullehrplan zählt für die Jahrgangsstufe 1/2 neben Deutsch, Mathematik, Heimat- und Sachunterricht und Kunsterziehung auch die Musikerziehung zum „Grundlegenden Unterricht", für den insgesamt 16 Wochenstunden vorgesehen sind. In der 3. und 4. Jahrgangsstufe, in der den einzelnen Fächern jeweils ein umrissener Stundenanteil zugewiesen ist, sind jeweils 2 Wochenstunden für Musikerziehung vorgesehen. Überdies findet „Singen" nicht nur im Bereich der Musikerziehung statt. Sowohl in der katholischen wie in der evangelischen Religionslehre sieht der Grundschullehrplan selbstverständlich das Singen kirchlicher Lieder vor. Man kann auch nicht bestreiten, dass es große Anstrengungen gegeben hat, den Lehrplan umzusetzen, sowohl im Bereich der Lehrerbildung wie in der schulischen Praxis. Und wenn es an Lehrkräften fehlte, gab es – häufig mit Unterstützung der Elternschaft – Anstrengungen, durch freiwillige musikerzieherische Arbeitsgruppen, den Intentionen des Lehrplans halbwegs gerecht zu werden. Ich habe im Schuljahr 2007/08 auch eine solche Arbeitsgruppe für Kinder der Jahrgangstufe 1/2 geleitet (Liedtke, M. 2008). Um die Situation der Musikerziehung zu verbessern, läuft in Bayern unter Leitung von Prof. Dr. W. Pfeifer seit 2011 auch das breit angelegte, vom Kultusministerium und der Bertelsmann-Stiftung geförderte „Projekt Musikalische Grundschule" (bisherige Schwerpunkte: Mittelfranken, Oberpfalz). In dem Projekt geht es allerdings nicht unmittelbar um die Stärkung des Fachs Musik, vielmehr geht es darum, „dass Musik in den Unterricht aller Fächer und in den gesamten Schulalltag hineinwirkt" (musikalische-grundschule-bayern.de). Aber die Mühen um eine Verbesserung der musikalischen Bildung sind keineswegs auf Bayern beschränkt. In NRW ist 2007/08 das Projekt „Jedem Kind ein Instrument" (www.jedemkind.de) angelaufen, gefolgt von dem Projekt, das unmittelbar auf das „Singen" zielt „Jedem Kind seine Stimme" (www.jedem-kind-seine-stimme.de).

Aber dennoch, es gibt keinen Anlass, Entwarnung zu geben. Musikerziehung gehört zu den großen Verlierern der Schulreformen.

1. Schulreformen: Die Verlierer

Es gibt keine Schulreformen ohne Verlierer. Das können unmittelbar die Schüler, die Eltern, die Lehrer sein, das können auch Fächer oder Teilbereiche von Fächern sein. Der Verlust beziehungsweise die Beschneidung von Fächern bleibt allerdings niemals ohne Auswirkungen auf die Bildungserträge, die der Schüler für sein Leben einfahren kann. Die Geschichte der Schulfächer ist sehr variantenreich verlaufen. In der Grundschule beziehungsweise in ihren geschichtlichen Vorläufern waren nur die Fachgebiete Lesen und Schreiben stabil. Mit Lesen und Schreiben hat die Geschichte des organisierten Unterrichts, das heißt der Schule, vor 5000 Jahren begonnen, mit Lesen und Schreiben beginnt sie noch heute. Alle anderen Fachgebiete sind erst später in die Schule gekommen und haben eine durchaus wechselvolle Geschichte gehabt.

1.1 Wie kam das Singen auf die Verliererbahn?

Schaut man nur auf die letzten 2000 Jahre der europäischen Schulgeschichte, gehört die „Musikerziehung" zunächst sicher zu den „siegreichen" Fächern. Schon weil die Schule seit dem frühen Christentum, genauer seit dem Niedergang des Römischen Reiches, über mehr als ein Jahrtausend faktisch „Sache der Kirche" (res ecclesiastica) war und seit dem Westfälischen Frieden von 1648 bis ca. 1800 auch rechtlich, hatte sie bis zu diesem Datum in erster Linie auch kirchliche und gottesdienstliche Funktionen. Zu den gottesdienstlichen Funktionen gehörte selbstverständlich auch das „Singen". Das Rechnen eroberte sich erst in der Neuzeit einen nennenswerten Platz in den Lehrplänen der elementaren Schule. Sachfächer mit sprachlich/literarischen Anteilen (Deutsch) oder mit geschichtlichen und naturwissenschaftlichen Anteilen stehen erst seit etwa 200 Jahren im Lehrplan der „Grundschule". Kunsterziehung und Sport tauchen noch deutlich später auf. Aber eben alle diese Fächer beanspruchten Unterrichtszeit und engten – sicher zu Recht – den Spielraum der „Musikerziehung" ein. Damit begann aber die Verliererbahn der „Musikerziehung". Besonders erfolgreich waren in diesem Wettbewerb um Unterrichtszeit schließlich die stark kumulierenden und wirtschaftlich bedeutsameren „naturwissenschaftlichen" Fächer. Durch den Druck dieser Fächer hat sich das gesamte Schulsystem – von der Volksschule bis zum Gymnasium – einschneidend geändert. Es gab in dem Prozess der Veränderung der Lehrpläne, der Umgewichtung von Lehrinhalten, der Verdrängung ehemals dominierender Schulen (zum Beispiel humanistisches Gymnasium) und der Entstehung neuer Schultypen – besonders bei den weiterführenden Schulen – sicher auch gewisse Gewinne für die Musikerziehung, so etwa die Entwicklung von anspruchsvollen musischen Gymnasien und Musikgymnasien, in denen Musik eine größere Rolle spielt, als sie sie jemals in den traditionellen Schulen besaß. Aber das darf nicht darüber hinwegtäuschen, dass im Ablauf der Schulgeschichte für den weitaus größten Teil der Schüler, ob in Grund- oder Sekundärstufe, die schulische Begegnung mit Musik, insbesondere die aktive gesangliche Erfahrung von Musik, eben das Singen, deutlich reduziert worden ist.

Das trifft zu, obwohl das Fach Musikerziehung an den Volksschulen trotz aller Beschneidungen, die das Fach erlitten hat, ihre traditionelle Sonderstellung wenigstens formaliter zunächst noch lange behaupten konnte. Lehramtsbewerber wurden noch bis weit nach dem 2. Weltkrieg in der Mehrzahl der Länder nur dann zum Volksschuldienst zugelassen, wenn sie ein Musikinstrument spielen konnten. Im bayerischen Lehrerbildungsgetz von 1958 war in Artikel 8 ausdrücklich noch betont, dass zu den drei zentralen Studienbereichen für das Lehramt an Volksschulen auch die „musische Bildung" gehöre, „insbesondere Musik- und Leibeserziehung". Die konkrete Umsetzung dieser gesetzlichen Vorgabe mag nach den Studienordnungen der einzelnen Hochschulen unterschiedlich gewesen sein. An der ehemaligen Pädagogischen Hochschule Nürnberg mussten bis 1972 alle Lehramtsstudenten im Laufe ihres Studiums einen Chorschein erwerben und während 2 Semester einen Instrumentalkurs belegen. Dieses Verfahren zeigt auf der einen Seite, dass die gesetzliche Vorgabe, alle Lehramtsstudierenden auch für den Bereich Musikerziehung vorzubereiten, aufrechterhalten wurde. Es zeigt auf der anderen Seite allerdings auch die Dürftigkeit jener Praxis. Das Lehrerbildungsgesetz von 1958 ist erst durch das Lehrerbildungsgesetz von 1974 grundlegend verändert worden. Die generelle Verpflichtung, dass sich alle Lehramtsstudierenden auch auf Musikerziehung einzustellen haben, ist aufgehoben. Musikerziehung kann – nach erfolgter Eignungprüfung – wie andere Unterrichtfächer als Hauptfach auf qualifiziertem Niveau studiert werden. Allerdings gilt, dass sich alle Grundschullehrer neben ihrem Hauptfach im Rahmen des Studiums einer sogenannten Fächergruppe (Deutsch, Mathematik, musisches Fach) auch mit einem der musischen Fächer (Musik, bildende Kunst, Sport) befassen müssen. Wie sehr diese Studien hinter den Hauptfachstudien zurückstehen, ist daran abzulesen, dass für das Musikstudium im Rahmen der Fächerguppe keine Eignungsprüfung erforderlich ist.

Der Rückgang des Singens in der Grundschule mag in Bayern schließlich vielleicht auch damit zusammenhängen, dass im Lehrplan von 2000 davon abgesehen worden ist, einen bestimmten Kanon an Liedern als Lehrziel vorzugeben. In anderen Ländern wurde ein solcher Kanon aber im Laufe der Zeit auch durchweg gekürzt. Der Bildungsplan der Grundschulen von Baden-Württemberg sah 1958, wie Regina Bojack-Weber (2013, S. 150) durchgezählt hat, pro Unterrichtswoche noch durchschnittlich 2 ½ Lieder vor, der Bildungsplan von 2004 durchschnittlich nur noch ¾ Lieder. Der Tiefpunkt war aber der Bildungsplan von 1984 mit durchschnittlich ¼ Lied pro Woche. So wenig diese einfache Auszählung über die Qualität des Musikunterrichts aussagt, sie deckt sich mit den Erfahrungen, die Knabenchorleiter bei den Eignungsprüfungen der jungen Bewerber machen. Die Klage über mangelnde Liedkenntnis, allerdings auch über die unzulänglichen gesanglichen Fertigkeiten der Nachwuchssänger ist seit mindestens den 1970er-Jahren geläufig (K. Fr. Beringer, mdl. Mitteilung). Aber natürlich hängt der Rückgang des Singens auch damit zusammen, dass die Lehrpläne für die Musikerziehung wesentlich breiter angelegt sind, als dies früher der Fall war. So bleibt bei gleichbleibender oder gar reduzierter Unterrichtszeit weniger Raum für die einzelnen Teilbereiche.

1.2 Das Gefälle auf der Verliererbahn wird größer
Doch nicht nur auf dem Hintergrund größerer geschichtlicher Zusammenhänge gehört das Fach „Musikerziehung" zu den Verlierern, speziell der Teilbereich „Gesang". Das Fach ist auch durch gegenwärtige Entwicklungen außerordentlich bedroht. Die Bedrohung hat mehrere Gründe. Außer in einer Minderheit von Schulen (zum Beispiel musisches Gymnasium) gehört Musik beziehungsweise Musikerziehung nicht zu den versetzungs- beziehungsweise übertrittsrelevanten Fächern. Ich plädiere in keiner Weise dafür, Musikerziehung zu einem versetzungsrelevanten Fach der Grundschule zu machen. Aber es ist einfach nicht zu übersehen, dass (auch) dieses Fach eben wegen dieser minderen Rangposition im Konzert der Fächer nicht im zentralen Interessensfeld der Schüler, der Eltern und der Lehrer liegt. Bei personalen Engpässen oder wenn Sonderveranstaltungen anstehen, gehört Musikerziehung immer zu den ersten Fächern, die relativ unproblematisch einmal entfallen können. Musikerziehung kann auch deshalb leichter entfallen, weil sie – besonders in der Grundschule – nicht so systematisch aufgebaut ist wie die meisten anderen Fächer.

Diese mindere Positionierung zeigt sich auch darin, dass bei den in den letzten Jahrzehnten reüssierenden nationalen und internationalen Leistungsvergleichen der Schulen Musik (und andere musische Fächer) schlicht keine Rolle spielen. Diese Untersuchungen spiegeln aber nicht nur die mindere Einschätzung des Faches Musikerziehung wider. Da bei den aus den Vergleichsuntersuchungen und den daraus abgeleiteten Rankings musikalische Leistungen unberücksichtigt bleiben, ist schlicht zu erwarten, dass sich das Interesse der Schulen und Schulbehörden verstärkt auf die Fächer richtet, die in den wiederkehrenden Untersuchungen Verbesserungen in den Rangplätzen versprechen.

Verheerend ist bei dem Prozess, dass Schulleistung so auf wenige messtechnisch leicht fassbare und zudem wirtschaftlich besonders nutzbare Parameter reduziert wird. Es entfallen nicht nur musische „Leistungen", es entfallen auch moralische und soziale Leistungen, das heißt zentrale Leistungen für ein humanes, demokratisch orientiertes Leben und Überleben der Weltbevölkerung. PISA, um das bekannteste Leistungstestprojekt als Beispiel zu nennen, fragt technische Fertigkeiten ab und würde, so wie es bislang angelegt war, im Grundsatz auch in totalitären Systemen funktionieren.

Der schulische Rückgang des Singens hängt allerdings auch vielfältig mit gesellschaftlichen Entwicklungen zusammen. Es gibt weniger Anlass, selbst zu singen, wenn man audiotechnische Gerätschaften zur Verfügung hat, die für Unterhaltung sorgen und die in der Regel musikalisch wesentlich leistungsfähiger sind als der dilettierende häusliche Sänger. Deswegen hat auch gegenüber früheren Generationen das traditionelle gemeinsame Singen bei Familienfesten deutlich an Boden verloren. Schließlich hat auch die Kleinfamilie weniger „Sangesanlässe". Zwar werden wohl auch heute noch – trotz technischer Mittel – Babys und Kleinkindern gerne Kinderlieder und Schlaflieder vorgesungen, aber es können sich nicht in gleichem Umfang Liedtraditionen bilden wie in kinderreicheren Familien, in denen auch das Aufwachsen und das „Besingen" der Geschwister miterlebt wird.

Es ist nicht zu übersehen, das Singen ist auf der Verliererbahn und noch wächst das Gefälle.

2. Muss uns das aufregen?
Die Schule hat viele Funktionen. Der größte Effekt von Schule besteht darin, dass sie tradiertes Wissen weitergibt und damit dem Schüler die Chance vermittelt, in dieses tradierte Wissen hinein zu lernen. Dadurch kumuliert das Wissen von Generation zu Generation und drängt auf Veränderungen. Insoweit ist die Schule ein hocheffizientes Werkzeug der Eltern, ihren Kindern ein möglichst besseres Leben und besseres Überleben zu vermitteln. Dass sich dadurch die schulischen Lehrpläne verändern und Gewichte zwischen den Fächern sich verschieben müssen, liegt auf der Hand. Es wäre entsetzlich, wir hätten noch die „singende", aber kirchlich dominierte Elementarschule des 18. Jahrhunderts, aus der die Realien weitgehend verbannt waren oder doch nur eine völlig randständige Rolle spielten. Es war ein mühevoller

Ist das Singen noch zu retten?

Kampf, bis die Realien einen selbstverständlichen und ihnen angemessenen Platz in den schulischen Lehrplänen hatten. Ich habe – schon wegen der aufklärerischen Funktion der naturwissenschaftlichen Fächer – in meiner Hochschullaufbahn mehr Plädoyers für die stärkere schulische Berücksichtigung der Naturwissenschaften gehalten als für die „Kulturwissenschaften" oder gar für die Musikerziehung. Aber unterdessen laufen wir Gefahr, in ein neues Ungleichgewicht zu verfallen.

3. Was hat man eigentlich von Musik, was hat man vom Singen?

3.1 Anknüpfung bei Luther und der christlichen Tradition

Ich fange mit dem biblisch/christlichen Argument an. Nicht weil ich es für zutreffend halte. Es geht mir schließlich mehr um die Frage, warum man denn überhaupt auf das – mindestens von mir gar nicht akzeptierte – Argument gekommen ist.

Es war nicht nur Luthers Meinung, dass, wie er in seinem vielfach vertonten wunderschönen Text sagt, man „ein himmlisch' Gut' gewonnen" habe, wenn man „sich die Musik erkiest". Sein dichterisch formuliertes Argument für jene Behauptung war, dass „ihr erster Ursprung ... von den Himmeln her gekommen" sei. Diese Aussage wiederum stützt sich auf das Argument, „weil die lieben Engelein selber Musikanten sein". Die frühchristliche Kirche hätte ihm wohl nicht ohne gehörige Differenzierung zugestimmt. Clemens von Alexandrien (gestorben vor 215) und Hieronymus (gestorben 419/20) waren hoch skeptisch, was Rang und Bedeutung von Musik betrifft. Auch biblisch ist Luthers Position in einem strengen Sinn nicht belegbar. Die biblischen Engel „sprechen" nur oder „rufen". Sie musizieren auch nicht, es sei denn, man zählt die Angst und Schrecken verbreitenden, durchaus von Engeln geblasenen Posaunen des Jüngsten Gerichts zur „himmlischen" Musik (Offenbarung des Johannes, Kap. 4; 8ff.). Aber mindestens schon seit dem 6. Jahrhundert gehörte die von Luther vertretene Position zur weitgehend akzeptierten kirchlichen Lehrtradition. Urheber dieser Tradition war Dionysius Areopagita mit seiner Schrift „De coelesti hierarchia" (Über die himmlische Hierarchie), die bis ins 19. Jahrhundert großen Einfluss auf die Theologie ausgeübt hat. Erst dann wurde erkannt, dass Dionysius Areopagita nicht der Dionysius war, als der er sich ausgab, nämlich das Mitglied des Athener Areopag, das nach der Apostelgeschichte (17, 34) durch Paulus zum Christentum bekehrt worden ist. Es war leider nur ein Hunderte Jahre später geborener „Pseudo-Dionysius Areopagita". Aber an ihm lag es, dass in der dominanten kirchlichen Tradition die Engel – wie von Luther – als musizierend geglaubt wurden. In der Bildenden Kunst Europas sind die Engel mindestens seit dem frühen Mittelalter vielfach als Musikanten dargestellt. Inhalt dieses Glaubens war, dass der Lobpreis Gottes musikalisch ausgedrückt werde und dass Musik und

Gesang eine Erfahrensweise ewiger Seligkeit sei. Säkular gesprochen, Musik und Gesang waren die menschlichen Erfahrungsbereiche, mit denen man am angemessensten himmlische Herrlichkeit meinte veranschaulichen zu können.

Wie auch immer, dieser Glaube ist für die Musik, für das Singen und Musizieren und für den Musikunterricht wie ein Akt der Heiligsprechung: Musik spiegelt paradiesische Zustände wider, ist ein Stück himmlischen Glanzes. Welche menschliche Tätigkeit sonst hätte einen solchen Rang! Die Engel arbeiten nicht, sie kochen nicht, sie waschen nicht, sie bügeln nicht, sie bauen nicht, sie malen nicht, sie suchen keine wirtschaftlichen Erfolge, keine Gewinnmaximierung, sie rechnen nicht, treiben keine Physik und keine Biologie, machen kein Schönschreiben, kein Latein, sie joggen nicht und treiben keinen Sport. Sie musizieren! Welche Tätigkeit des Menschen, welches Schulfach sonst hätte eine solche Legitimationsbasis!

3.2 Wissenschaftliche Argumente zur Funktion von Musik

3.2.1 Satirischer Auftakt

Leider sind diese theologischen Überlegungen keine wissenschaftlichen, mindestens keine empirisch unterstützten Argumente. Aber man kann doch fragen, woran es gelegen haben mag, dass man Musik und Gesang als etwas „Himmlisches" ansah und die Vorstellung, die Engel musizierten, so gerne übernommen hat? Warum musizieren die Engel eigentlich? Warum meinte man in der christlichen Tradition, sich den himmlischen Lobpreis, der ja zugleich die/eine Erscheinungsform der ewigen Seligkeit ist, musikalisch vorstellen zu müssen? In den tradierten Texten, in den Mythologien verbergen sich häufig archetypische Bilder, Vorstellungen und Wünsche, die aufzudecken uns wesentliche Auskünfte über den Menschen geben können.

Diese Hintergründe herauszufinden, hilft eine Satire des Wirtschaftswissenschaftlers Oswald Neuberger, der sich die Denkweise des amerikanischen Unternehmensberaters McKinsey zu eigen gemacht und nach einer angeblichen Überprüfung der Berliner Philharmoniker dem Senat der Stadt eine fingierte Wirtschaftlichkeitsanalyse erstellt hat. Bei den Oboisten bemängelt er beispielsweise, dass sie im Konzert sehr lange nichts zu tun hätten, und schlägt vor, die Nummer zu kürzen und zur Vermeidung von Arbeitsspitzen die Arbeit gleichmäßig auf das ganze Orchester zu verteilen. Die zwölf Geigen würden alle dasselbe spielen, was doch eine unnötige Doppelarbeit sei. Man sollte diese Gruppe drastisch verkleinern und eine eventuell erwünschte größere Lautstärke über elektronische Anlagen sichern. Nachdrücklich kreidet er an, dass in einigen Partien zu viel wiederholt werde. Diesbezüglich empfiehlt er dringend, die Partituren gründlich zu überprüfen, denn es diene keinem vernünftigen Zweck, wenn das Horn eine Passage wiederhole, mit der sich bereits die Geigen beschäftigt hätten. So könnten überflüssige Passagen eliminiert, das Konzert deutlich gekürzt und somit Zeit gewonnen werden (Neuberger, O. 1990, S. 219).

Worin liegt hier die Satire? Der Text ist eine Satire, weil er eine künstlerische Tätigkeit wie ein Mittel behandelt, das unter Wirtschaftlichkeitsaspekten optimiert werden soll, um Zeit und Geld für einen weiteren, hier nicht angegebenen Zweck zu sparen.

Musikalische Tätigkeit und musikalisches Erleben gehören aber zu den Lebensbereichen, die nicht einfach nur Mittel sind, um ein anderes Ziel zu erreichen. Es gibt Lebensbereiche, die ihren Zweck in sich haben, ihren Eigenwert besitzen, wo jede Kürzung Verlust bedeutet.

Dazu gehört der gesamte musische Bereich, vermutlich an erster Stelle die Musik. Ich behaupte – Luthers Anfangstext aufgreifend, aber dann anders argumentierend –: „Wer sich die Musik erkiest ...", erhöht sich damit die Zahl der Zwecke, die Zahl der Sinn stiftenden Momente, wegen welcher das Leben lebenswert erscheinen kann. Luthers Formulierung ist viel poetischer, viel schöner, viel anrührender, viel angemessener. Aber manchmal muss man einen nüchterneren Umweg machen, um zu verstehen, warum etwas so erfüllend, so schön sein kann.

3.2.2 Evolutions- und lerntheoretische Einordnungen

Die musisch-künstlerischen Fähigkeiten haben eine andere anthropologische Funktion und auch eine andere anthropologische Basis als die kognitiven Fähigkeiten. Die musisch-künstlerischen Fähigkeiten des Menschen sind primär in den emotionalen Anteilen des menschlichen Verhaltensrepertoires, also im Gefühlsbereich, angesiedelt, nicht in den kognitiven.

Stammesgeschichtliche und lerntheoretische Untersuchungen zeigen, dass sowohl die emotionalen wie die kognitiven Fähigkeiten die Funktion haben, Informationen, die uns als innere oder äußere Reize begegnen, zu vermitteln und zu verarbeiten (Liedtke, M. 1987, 9). Dabei dienen die kognitiven Fähigkeiten aber lediglich zur Aufnahme, zur Weiterleitung und zur Verknüpfung der Informationen. Über die Emotionen werden die Informationen nach ihrem Wert („Anpassungswert") für das Bedürfnisrepertoire des jeweiligen Individuums bewertet, und zwar gefühlsmäßig, emotional, nicht kognitiv, nicht rational (Liedtke, M. 2007a, 27).

Die wertende Funktion der emotionalen Komponente ist die stammesgeschichtliche Grundlage der Fähigkeit des Menschen, überhaupt irgend etwas als Wert zu erfahren, ob es sich um die Befriedigung unserer elementarsten, unser Überleben sichernden Grundbedürfnisse handelt (zum Beispiel Hunger, Durst, Sexualität) oder ob es sich um ethische oder ästhetische Werte handelt (vgl. Liedtke, M. 2007a, 25). Nur und ausschließlich über die emotionale Komponente kann auch das Leben als Wert, als sinnvoll erfahren werden (a.a.O., 27). Die emotionale Komponente liefert uns überhaupt erst Bedürfnisse und damit Wertvorstellungen. Von diesen Wertvorstellungen hängt es ab, ob und was uns in dieser Welt interessiert und damit ob und was für uns von Wert ist (a.a.O., 25).

Da jegliches Wertempfinden auf der emotionalen Basis beruht, sind alle anderen Fähigkeiten des Menschen, ob kognitiv oder technisch, nur Mittel im Dienste des emotionalen Bereichs, der somit an ranghöchster Stelle unserer Verhaltensbereiche steht und insoweit – mindestens säkular gesehen – sich selber Zweck und nicht weiter begründbar ist (vgl. Damasio, A. R. 1997 und 2002). Warum das Leben lebenswert ist, lässt sich rational nicht begründen. Wir empfinden es so und können allenfalls einige rationale Hilfsgründe nachschieben, die aber völlig nutzlos sind, wenn die emotionale Basis nicht stimmt. So in allen Bereichen unseres Wertens (vgl. Liedtke, M. 1987, 10ff.; 2007a, 25).

Im Laufe der biologischen Evolution ist in der aufsteigenden Tierreihe mit der Erweiterung des Verhaltensrepertoires (Entwicklung neuer Funktionskreise; Differenzierung der Funktionskreise) auch der emotionale Bereich ausgebaut worden. So verfügen zum Beispiel Einzeller noch nicht über den Funktionskreis „Geschlechtliche Fortpflanzung". Aus diesem Grunde verfügen sie auch noch nicht über die spezifischen Antriebe und Wertungsmuster dieses Funktionskreises. Viele Fische verfügen noch nicht über den Funktionskreis der „Brutpflege" und deswegen ebenfalls auch noch nicht über die spezifischen Antriebe und Wertungsmuster dieses Funktionskreises. Bei den höheren Tieren ist das emotionale Verhaltensrepertoire auch noch dadurch gewachsen, dass sich innerhalb der einzelnen Funktionskreise differenzierte, sehr spezifische Antriebe und Wertungsmuster ausgebildet haben (vgl. zum Beispiel Brutfürsorge und -pflege bei den Vögeln: Nistplatzsuche, Sammeln von Nistmaterial, Nestbau, Bebrütung des Geleges, Fütterung und Führung der Jungen usw.). Der Mensch verfügt mit hoher Wahrscheinlichkeit nicht über weniger, sondern über mehr Antriebe und Wertungsmuster als seine subhumanen Vorfahren und ist eben dadurch in seinem Verhalten auch wesentlich flexibler als sie. Mit jedem neuen Funktionskreis entstehen neue Bedürfnisse und neue Erlebnisformen. Die Zahl der Zwecke, um die sich das Leben dreht, wird größer. Die Welt wird spannender, sie wird interessanter (vgl. Liedtke, M.1987, 9f.). Die emotionale Rendite wächst.

An dieser Stelle wird auch der spezifische Bildungsbeitrag der Kunst und der musischen Fächer verständlich. Er besteht eben darin, über das Lernen die Zahl der Zwecke zu erhöhen, wegen welcher das Leben lebenswert erscheinen kann. Musik vermag in sich zu befriedigen. Sie hat es nicht nötig, anderen Zwecken als Mittel zu dienen und braucht auch keine anderen Zwecke in Anspruch zu nehmen, um sich attraktiv zu machen. Natürlich kann sie auch als Mittel genutzt werden (zum Beispiel als Werbemittel, als Therapeutikum), aber sie hat dies nicht nötig wie ein technisches Werkzeug (zum Beispiel Zange, Hammer), das seinen Sinn nur von seinem Zweck her nehmen kann. Über die Musik wird die Welt für den Menschen emotional reicher.

Die enge Verbindung zwischen den künstlerischen Fähigkeiten und den emotionalen Anteilen des menschlichen Verhaltens erklärt den hohen anthropologischen Rang von Kunst. Aus eben dieser engen Verbindung erklärt sich auch das hohe Maß an Befriedigung, das mit künstlerischer Tätigkeit einhergehen kann, und das hohe Maß an Befriedigung, das von einer künstlerisch gestalteten Umwelt ausgeht. Zugleich erklärt sich, warum künstlerisches, speziell musikalisches Gestalten und Erleben psychotherapeutische Funktionen haben kann.

Hier liegt mit hoher Wahrscheinlichkeit der naturwissenschaftliche Grund, warum die Musik „ein himmlisch' Gut" ist und warum es den Menschen geradezu drängte, zu glauben, dass „die lieben Engelein selber Musikanten sein".

Die fingierte Wirtschaftlichkeitsanalyse Oswald Neubergers ist also deswegen eine Satire, weil sie nicht ein Werkzeug analysiert, das möglichst optimal und kostengünstig einzusetzen wäre. Die gedachte Optimierung eines Werkzeugs stellt sich als Beschneidung eines Zweckes heraus. In der Sprache der Wirtschaftswissenschaftler könnte man sagen, es wird nicht vorgeschlagen, wie man Investitionen und Dispositionskosten optimiert. Es wird vorgeschlagen, wie man Gewinne minimiert. Man reduziert die Zahl der Zwecke, wegen welcher das Leben lebenswert erscheinen kann. So könnte man sich auch effizientere, technisierte Formen des Essens und Trinkens vorstellen: künstliche Ernährung; technisierte Formen der menschlichen Fortpflanzung – wie in der Tierzucht –; überall ließen sich Zeit sparende Alternativen finden. Aber woher nähme der homo oeconomicus oder der homo artificialis dann noch seine Freuden?!

3.3. Welche Funktionen haben Musik und Gesang im Konzert der Emotionen?

Musik basiert auf der stammesgeschichtlich entwickelten Fähigkeit des Menschen, akustische Reize wahrzunehmen und sie auch selbst zu erzeugen. Dabei lebt sie insbesondere von der Fähigkeit, die akustischen Reize, ob gehört oder erzeugt, in ihrer emotionalen Bedeutung zu bewerten und als Signale emotional zu „verstehen" (s. Abschnitt 3.4). Diese Fähigkeiten sind noch nicht „Musik". Aber ohne diese akustischen und emotionalen Voraussetzungen hätte niemals „Musik" entstehen können, sie wäre ohne diese Voraussetzungen auch aktuell ein leeres, bedeutungsloses physikalisch erzeugtes Geräusch. Musik ist in dem Augenblick entstanden, als der Mensch begann, seine emotional besetzte Geräuschwelt zu gestalten, sie vielfältig zu variieren und ihre klangliche Gestaltungsmöglichkeit auszumessen.

Hauptfunktion und zugleich der Hauptgewinn von Musik bestehen darin, dass der Mensch über die Gestaltung dieser emotional besetzten Geräuschwelt, eben die Musik, sich eine Vielzahl an Emotionen erzeugen und sie immer neu abrufen kann. Damit erzeugt er sich immer wieder die Zustände, die nicht Mittel, sondern Zwecke dieses Lebens sind, und vermehrt damit die Zahl der Zwecke, wegen welcher – unhinterfragbar – das Leben an Wert und Sinn gewinnt.

3.4 Was an Musik und Gesang ist universal? Oder was ist älter, Gesang oder Sprache?

Es gibt in den verschiedenen Kulturen des Menschen auch sehr unterschiedliche Formen von Musik. Musik ist keineswegs von jedem an jedem Ort und zu jeder Zeit unmittelbar verständlich. Es erfordert mitunter Anstrengung und große Geduld, sich in eine Musik hineinzuhören. Dennoch überwindet Musik kulturelle Grenzen leichter als die Sprache. Musik ist analog angelegt, Sprache „digital", das heißt, Sprache verschlüsselt Laute mit „definierten" Bedeutungen. Insoweit ist die „Sprache" der Musik universaler und leichter zu verstehen.

Analysiert man die Musik nach ihren Elementen, dann wird ein ganzes Geflecht von Faktoren sichtbar, das auch eine weitdimensionierte Naturgeschichte hat und schon deswegen universaler ist. Zunächst einmal ist durch die Stammesgeschichte des menschlichen Gehörs festgelegt, welche Schwingungen elastischer Körper wir überhaupt zu hören in der Lage sind (16 Hz. bis ca. 20.000 Hz).

Aber es ist auch eine ganze Anzahl Elemente vorgegeben, die „inhaltlich", in ihrem Gefühlswert festgelegt sind, in ihrer emotionalen Bedeutung. Ein langsamer beziehungsweise sich verlangsamender Rhythmus wird weltweit als beruhigend „verstanden", ein schneller beziehungsweise sich beschleunigender Rhythmus als ermunternd, aufreizend. Aber nicht nur der Rhythmus wird „verstanden", ebenso der Melodienverlauf. Ein langsamer Melodienverlauf mit wenig Obertönen, mit geringem Tonraum und ohne große Intervalle wird weltweit als traurig beziehungsweise beruhigend empfunden. Ist der Melodienverlauf temporeich, mit vielen Obertönen, mit größerem Tonumfang und auch mit größeren Intervallsprüngen durchsetzt, wird er als freudig empfunden. Auch bestimmte Tonfrequenzen besitzen weltweit einen weitgehend einheitlichen Empfindungswert. Hohe, dem schreienden Kinderweinen entsprechende Tonfrequenzen werden in allen Kulturen als Notalarm, als dringlicher Hinweis auf eine Notlage verstanden, der normale Sprachfrequenzbereich als durchweg angenehm. Vergleichbares gilt für die Lautstärke. Ein plötzlich sehr lauter oder sehr schnell lauter werdender Ton wird als Signal der Bedrohung gehört, ein leiser Ton oder leiser werdender Ton als einladend-beruhigend. Es bedarf zu diesem „Verstehen" keiner sprachlichen Aufklärung.

Die elementaren Bedeutungen von Rhythmik, Frequenzen und Lautstärke sind geradezu Universalien des Verstehens. Sie werden von allen Menschen jeden Alters „verstanden", vom Säugling, der noch kein einziges Wort verstehen oder gar sprechen kann, bis zum Greis, auch wenn ihm die Demenz längst die Sprache genommen hat, sie werden interkulturell von allen Menschen verstanden, gleich, welche Sprache sie sprechen. Aber sie werden nicht nur interkulturell verstanden, sondern in großem Umfang auch interspezifisch, das heißt zwischen Tieren und Menschen. Die plötzlich zunehmende Tonstärke wird von allen Säugetieren als bedrohliches, mindestens als imponierendes Signal verstanden, abnehmende Tonstärke als entwarnendes Signal (Eibl-Eibesfeldt, I. 1969, 453; 1984, 847 f.). Hier wird deutlich, dass mindestens die Wurzeln von Musik stammesgeschichtlich älter sind als die menschliche Sprache. Unsere stammesgeschichtlichen Vorfahren haben „gesungen", bevor sie gesprochen haben. Die Analogkommunikation war früher als die kognitiv wesentlich aufwendigere „digitale" Sprache (Mithen, St. 2005). Musik und Gesang sind nicht Produkt der Sprache. Sprache ist vielmehr eine melodisch eingeschränkte und „digitalisierte" Form von Musik und Gesang.

4. Was hat man von Musik und Gesang? Konkrete Beispiele
Jedem Menschen kann Musik in jeder Lebensphase einen Kanon an Emotionen vermitteln. Man kann die Emotionen abrufen, kann sie wiederholen. Aber das breite Spektrum ihrer Leistungen zeigt sich deutlicher, wenn man sich fragt, was sie denn speziell leistet, beispielsweise für Kinder, für Jugendliche und für alte Menschen?

4.1 Säugling und Kleinkind
Dass der Gehörsinn von Säugling und Kleinkind angesprochen werden muss, um

sich angemessen entwickeln zu können, ist trivial. Ein musikalisches Angebot gehört völlig selbstverständlich hinzu. Aber abgesehen vom körperlichen Kontakt zum Säugling und Kleinkind, über keinen anderen Weg kann man dem Kind so viel Ruhe vermitteln, wie über die Musik, ob gesungen oder gespielt. Aber das ist keinesfalls nur eine physische Beruhigung, etwa durch eine Minderung der Herzfrequenz und des Atemrhythmus. Wenn man sich klargemacht hat, dass der sanfte, der ruhige Laut für den Säugling und das Kleinkind das elementare Signal dafür ist, dass der schützende Sozialpartner in der Nähe ist, dann ist die so gestiftete Ruhe nicht nur ein Stillesein, es ist ein Sich-Ausbreiten tiefer sozialer Geborgenheit. Das Kind ist dort, empfindet sich dort, wo es sein möchte, wo Leben gesichert ist, wo es glücklich ist, nein, ich sage verstärkend, um noch einmal an den Rang zu erinnern, den die christliche Tradition der Musik meinte zugestehen zu müssen, das Kind ist nicht nur glücklich, es ist glückselig. Wegen des argumentativen Zusammenhangs wiederhole ich auch noch einmal, dass dies natürlich auch die sanfte und ruhige Sprache der Mutter oder des Vaters bewirken kann, aber es ist nicht das Wort, das der Säugling versteht („Schlaf schön, mein liebes Kind"), es ist die „Musik", in der diese Wörter gesprochen werden. Die Wirkung träte auch ein, wenn man in freundlicher Weise völlig gegensätzliche Inhalte spräche („Bleib nur wach, du böser Schlingel").

Und wenn man ein lustiges Lied singt, eine fröhliche Musik spielt, dann übernimmt das Kind auch die Fröhlichkeit der Musik, bewegt sich munter, tanzt vielleicht und jauchzt mit.

Was für das Kleinkind gilt, lässt sich mindestens partiell auch auf das Grundschulkind übertragen.

4.2 Heranwachsende Jugendliche
Seit 1996 werden durch die „Youngcom! Jugendstudie" Jugendliche zwischen 13 und 20 Jahren unter anderem nach ihrer liebsten Freizeitbeschäftigung gefragt (Internet). Es gibt keine Frage, dass das Musikhören regelmäßig zu den beliebtesten Freizeitbeschäftigungen der Jugendlichen gehört. In der Studie von 2013 stand erneut das Musikhören mit 77,4 % an der Spitze der Freizeitbeschäftigungen. Allein dieser Befund bedeutet auch für die Schule, dass sie dieses Interesse ihrer Klientel nicht außer Acht lassen darf, einmal nicht wegen der faktischen Motivationslage der Schüler, zum zweiten nicht wegen möglicher problematischer Entwicklungen. Denn diese Vorliebe für das „Musikhören" kann unter den Bedingungen stets verfügbarer technischer Gerätschaften natürlich auch zur bloßen Musikberieselung oder zu einem Sich-Zudröhnen mit stark rythmisierter und bass-untermalter Musik werden.

Ist das Singen noch zu retten?

Aber natürlich muss man sich fragen, woher diese Vorliebe kommt. Die Frage ist wesentlich schwieriger zu beantworten, als dies im Falle der Säuglinge und Kleinkinder war. Es ist schwieriger, weil bei den Jugendlichen ja schon eine Vielzahl unterschiedlicher Vorerfahrungen hineingespielt hat. Doch sicher gilt zunächst auch einmal all das, was auch für den Säugling galt, selbst wenn es von vielen unterschiedlichen Vorerfahrungen überwuchert und modifiziert ist. Die Musik bleibt ein soziales Signal und damit auch eine Fluchtburg aus menschlicher Einsamkeit, selbst wenn der junge Mensch mit seinem Ohrhörer sich scheinbar in Selbstisolation begeben hat. Und weiterhin gilt: ruhiger Takt macht ruhig, schnellerer oder gar sich beschleunigender Rhythmus heizt auf usw. Aber die soziale Bedeutung von Musik wird in keiner anderen Altersphase so deutlich wie bei den Jugendlichen im Umfeld der Pubertät. Das Erleben der großen Gemeinschaft in Events und Rockfestivals, das Erleben des Gleichgestimmtseins durch die Musik, die bewundernde, fast anbetende Verehrung des Sängers, der Sängerin, der Sängergruppe, des Gitarristen, des Drummers sind kaum zu übertreffende Belege für die ungeheure Bedeutung von Musik. Und es gibt auch keine Frage, dass dieses Musikhören nicht ohne jede aktive Reaktion der Jugendlichen bleibt. Es gibt auch ein rhythmisches Mitgehen, es gibt ein melodisches Mitsummen, ein Mitsingen. Es entstehen neue Sangeskulturen, selbst wenn wir Erwachsene zucken mögen, weil wir uns über die Qualität dieser Musik nicht sicher sind. Aber wenn man vor der Frage steht, ob das Singen noch zu retten ist, wird man sich als Lehrer wie als Kultusminister immer auch fragen müssen, was denn wollen die Schüler vielleicht singen. Natürlich muss es schließlich auch um Qualität und Anspruch gehen. Aber immer gilt zunächst, die Schüler dort abzuholen, wo sie sind.

Was ein hochintensiver Umgang mit Musik, speziell mit chorischem Singen, Schülern der Altersgruppe 10–20 neben vielen Anstrengungen und auch neben manchem Kummer bringen kann und wie dies ein ganzes Leben prägen, ein Leben bereichern und erfüllen kann, ist durch eine umfängliche Befragung ehemaliger Sänger des Windsbacher Knabenchores der Abschlussjahrgänge 1947–2010 belegt (Liedtke, M./Schulz, H. 2012).

4.3 Alte Menschen
Über alte Menschen zu sprechen, hat auf den ersten Blick nichts mit der Schule zu tun. Auf den zweiten Blick durchaus. Sie waren einmal Schüler. Ich singe und musiziere seit 2001 regelmäßig, mehrfach die Woche, mit alten Menschen in Seniorenheimen (Liedtke, M. 2007b). Was hatten die nunmehr alten Menschen davon, einmal die Schule besucht zu haben? Eine nicht aufzuzählende Fülle an Vorteilen. Auch durch den Musikunterricht?

Zunächst ist festzuhalten, die Musik bringt dem alten Menschen keineswegs weniger als dem Kind oder dem Jugendlichen. Nahezu alles, was über Säugling, Kleinkind und den heranwachsenden Jugendlichen gesagt wurde, gilt auch hier. Und was gilt speziell für den alten Menschen? Manches erlebt er intensiver. Schon wegen der Fülle seiner Erfahrungen tauchen bei allem, was er erlebt, viel mehr Assoziationen auf als bei Jüngeren. Das gilt auch für das Musikhören, für das Musizieren und Singen. Bei jedem Musikstück, das den alten Menschen anspricht, bei jedem Lied wird immer auch eine Fülle an Erinnerungen geweckt, die emotionsgeladen sind und die eben – als Emotionen – Leben bedeuten und das Leben lebenswert machen.

Musik und Gesang haben für den im Alter deutlich fortgeschrittenen alten Menschen noch besondere Vorteile. Mit Musik und Singen erreicht man auch noch alte Menschen, deren kognitive Fähigkeiten bereits deutlich eingeschränkt und die kaum noch sinnvolle Sätze zu bilden fähig sind. Die kognitiven Fähigkeiten altern. Die Emotionen altern nicht. Ein ungeheuer weites Feld menschlicher Begegnungen über die Musik, besonders über das Singen. Musik in Verbindung mit Texten, eben das Lied, ist dabei wohl der stärkste emotionale Auslöser. Man hat dann keine dementen Menschen mehr vor sich, sondern tiefempfindende Menschen, in aller Würde des Alters.

Und noch einmal betont die Nachfrage: Was bringt die schulische Musikerziehung dem alten Menschen? Das weiß jeder, der mit alten Menschen singt und musiziert. Je größer das im Langzeitgedächtnis abgelagerte Repertoire an Melodien und Liedern ist, umso mehr lässt sich im Alter abrufen und damit aber auch der damit verbundene Horizont an Emotionen. Das Repertoire an Melodien und Liedern lagert sich im Langzeitgedächtnis aber abrufbar nur dann ab, wenn es mit hinreichender Intensität geübt und bis zur Ebene des nahezu auswendig Verfügbaren wiederholt worden ist. Man mag es als makaber empfinden, aber es trifft gleichwohl zu: Kaum ein anderer Unterricht zahlt sich im hohen Alter so aus wie der Musikunterricht.

Literatur
Bojack-Weber, Regina (2013): Singen in der Grundschule. Eine Untersuchung zur Singfähigkeit und zum Singverhalten von Grundschulkindern. Wißner-Verlag. Augsburg.
Damasio, Antonio R. (1997): Descartes' Irrtum: Fühlen, Denken und das menschliche Gehirn. Deutscher Taschenbuch Verlag. München.
Damasio, Antonio R. (2002): Ich fühle, also bin ich. Die Entschlüsselung des Bewusstsein. List. 3. Aufl.
Eibl-Eibesfeldt, Irenäus (1969): Grundriss der vergleichenden Verhaltensforschung. Piper. München. 1. Aufl. 1967.
Eibl-Eibesfeldt, Irenäus (1984): Die Biologie des menschlichen Verhaltens. Grundriss der Humanethologie. Piper. München.
Liedtke, Max (1987): Der Mensch und seine Gefühle. – Zur Bedeutung und Beeinflussbarkeit der Emotionalität. Hrsg.: Verein für Ökologie und Umweltforschung. Wien 1987, H. 8.

Liedtke, Max (2007a): Der Mensch zwischen Gefühl und Verstand. Grenzen und Chancen des rationalen Verhaltens. In: PÄD Forum: unterrichten/erziehen. H. 2. Januar/Februar 2007. S. 24–27.

Liedtke, Max (2007b): Lesen, Musizieren und Singen im Karl-Heller-Stift. Interview. Röthenbacher Rundschau. 12/2007.

Liedtke, Max (2008): Praxisreports: Praxisschock mit 75? Als Senior singen und musizieren mit Grundschülern. In: PÄD Forum: unterrichten/erziehen. H. 2. März/April 2008. S. 117–119.

Liedtke, Max/Schulz, Horant (2012): Knabenchor – Last, Glück, Lebenschance? Eine Untersuchung am Beispiel des Windsbacher Knabenchors. Wißner-Verlag. Augsburg.

Mithen, Steven (2005): The Singing Neanderthals. The origins of music, language, mind and body. London.

Neuberger, Oswald (1990): Was ist denn da so komisch? Der Witz in der Firma. Verlag Beltz. Weinheim und Basel. 1. Aufl. 1988.

„Was kann ich dafür, dass die Lehrerin meine Schrift nicht lesen kann?"

Kindermund

Handschriftliches scheint heute wertlos zu sein. Die Individualität der Schrift bis hin zur graphologischen Deutung, die Schönheit eines Schriftbildes, die Eindruck macht – all dies hat in unserem Alltag keine Bedeutung mehr. Dass dem entgegnet werden muss, und die Handschrift in der Moderne Bedeutung behält, belegt Stephanie I. Müller in ihrem Beitrag.

Sie leitet seit 2003 das Mediastep-Institut für pädagogische Fortbildung im Vor- und Grundschulbereich. Seit 2005 widmet sie sich ergänzend zu kunstpädagogischen Fortbildungen verstärkt der zunehmenden Problematik der Schreibkompetenz und Feinmotorik bei Kindern. Im FLOH-Ratgeber „Auf dem Weg zum Schreiben" 2013 gibt sie Tipps für die Ausprägung der Feinmotorik.

Stephanie I. Müller

Ist unsere Handschrift noch zu retten?

Sachbearbeiter und leitend Tätige, Lehrkräfte, Studierende und Schüler nutzen heute verschiedenste Programme an Computern oder Tablets, um Texte zu verfassen, Formulare auszufüllen, Statistiken zu erstellen. Fortbildungen und Vorträge werden mit Präsentationen über Beamer oder Smartboards gegeben; und auch dieser Text – das gesamte, Ihnen vorliegende Werk – wurde mithilfe des Computers erstellt. Das heißt: Texte werden getippt, manche Teile werden auch nur mit Mausklick oder Touches eingefügt oder verändert. Der Anteil von Handgeschriebenem dabei ist eventuell sehr gering – außer: es wurden vorher handschriftliche Aufzeichnungen gemacht oder ein Konzept entwickelt – was der ein oder andere noch tut. Allerdings nimmt es sehr zu, dass viele ihre Erstnotizen oder Mitschriften auf Netbooks oder PC-Tastaturen eintippen.
Um diese Gegebenheit auszuweiten, stellt sich die Frage: Wer schreibt heutzutage denn überhaupt noch mit der Hand? Wie viel wird heute überhaupt noch von Hand

Kritzel 1	· ʼ	Punkt
Kritzel 2	|	Einzelne vertikale Linie
Kritzel 3	—	Einzelne horizontale Linie
Kritzel 4	\ /	Einzelne diagonale Linie
Kritzel 5	⌒	Einzelne Kurvenlinie

Diese Grundelemente der Druck- und Grundschrift können Kinder mit ca. 5 Jahren heutzutage noch gut „zeichnen" bzw. schreiben.

Kritzel 6		Multiple Vertikallinie
Kritzel 7		Multiple Horizontallinie
Kritzel 8		Multiple Diagonallinie
Kritzel 9		Multiple Kurvenlinie
Kritzel 10		Offene Schlangenlinie
Kritzel 11		Schlangenlinie mit Einschluss
Kritzel 12		Zickzack- oder Wellenlinie
Kritzel 13		Einzelne Schleifenlinie
Kritzel 14		Multiple Schleifenlinie
Kritzel 15		Spirallinie
Kritzel 16		Kreis überdeckt mit multiplen Linien
Kritzel 17		Kreis umfahren mit multiplen Linien
Kritzel 18		Kreislinie mit Streuung
Kritzel 19		Einzelner gekreuzter Kreis
Kritzel 20		Unvollkommener Kreis

Diese zeichnerischen Grundelemente von verbundenen Schriften müsste ein 5½-jähriges Kind können. Nur noch wenige Schulanfänger können diese.

geschrieben? Oder anders formuliert: Ist unsere Handschrift noch zu retten? Wird sie nicht eh über kurz oder lang aufgrund der Technologien aus unserem Leben verschwinden? Das hieße aber auch: Müssen Schüler in der Schule überhaupt noch eine handgeschriebene Schrift erlernen? Und wenn ja, welche? Die Diskussionen um die zu erlernende Schriftart ist in Deutschland seit einiger Zeit sehr entbrannt. Nicht nur in den einzelnen Bundesländern, die sich für die eine oder andere Schriftart entscheiden und sie vorgeben. Selbst innerhalb mancher Bundesländer, innerhalb derselben Orte und sogar innerhalb einer Schule herrschen unterschiedlichste Meinungen.

Die Situation in den Klassenzimmern der ersten Jahrgangsstufen hat sich in den letzten Jahren sehr zugespitzt: Kinder um die sechs Jahre verfügen kaum mehr über gut ausgeprägte feinmotorische Fähig- und Fertigkeiten. Egal, ob es darum geht, etwas auszuschneiden, Knete weichzu-

Ist unsere Handschrift noch zu retten?

kneten und zu modellieren, Perlen aufzufädeln oder eben Stift, Pinsel oder Kreide gezielt beim Malen, Zeichnen und Schreiben zu führen. Diese Tätigkeiten können nicht mehr als vorhanden vorausgesetzt werden. Kinder sind heute zwar immens schneller, visuelle und auditive Informationen zu verarbeiten, sie wissen mehr über und von der Welt. Ihre Motorik gezielt steuern zu können, schaffen viele allerdings nicht mehr. Bei den zeichnerischen oder schriftlichen Tätigkeiten sind vor allem oder gerade noch die groben Richtungen machbar: senkrechte, waagrechte, diagonale Linien oder eine einbogige Kurve in verschiedenen Raumlagen. Sobald Linien in verschiedenen Richtungen laufen, Richtungsänderungen in sich bergen oder mehrfache Wiederholungen wie bei Schleifen (zum Beispiel handschriftlich geschriebenen *lebe*), Tempoveränderung, Bremspunkte oder wieder Startpunkte haben, sind sehr viele Kinder auffällig unfähig. Die zuerst aufgeführten wenigen Richtungen sind die Grundelemente oder -richtungen der Druckschrift. Die als zweites aufgezählten Eigenschaften sind einer jeden verbundenen Schrift, einer Handschrift, zu eigen.

Für die Schreiblehrgänge an Grundschulen – dem Schriftspracherwerb – wird zunehmend entschieden, die Grundschrift zu lehren. Mehr und mehr werden verbundene Handschriften aus den Lehrplänen genommen. Natürlich entsprechen Druck- und Grundschrift den geringen Fähigkeiten der Schüler und garantieren Lern- bzw. Lernzielerfolge. Argumente, dass kein Erwachsener eine reine, verbundene Schrift hat oder eine bestimmte Schriftart, die ausschließlich aus Buchstaben einer verbundenen oder „gedruckten" Schrift besteht, stellen kein Argument dar, Kindern verbundene Schriften nicht zu lehren.

Persönliche Handschriften bestehen aus einem Mix von Druckbuchstaben und Buchstaben, die aus einer verbundenen Schrift bestehen. Um eine eigene Handschrift zu entwickeln, bedarf es eines Repertoires aus beidem. Jeder Schüler kann im Laufe seiner Entwicklung seine eigenen Buchstaben für seine Handschrift entwickeln, finden und anwenden. Aus einer rein aus Druckbuchstaben erlernten Schrift ist diese Entwicklung so nicht möglich. Dieser Aspekt ist allerdings eher ein geringerer Aspekt der Schriftendiskussion und der Frage danach, ob unsere Handschrift verloren gehen wird und darf.

An dieser Stelle möchte ich noch einmal die ersten beiden Worte des vorangegangenen Absatzes wiederholen und ebenfalls in seiner Bedeutung beleuchten: „Persönliche Handschrift". Wie schon aufgezeigt, entwickelt jeder Mensch, der des Schreibens mächtig ist, im Laufe seines Lebens seine ganz persönliche Handschrift, meist sogar Handschriften. Die meisten haben sowohl eine eher Druckschrift-orientierte, die beim Ausfüllen von Formularen notwendig ist; eine sehr schöne verbundene

Schreibschrift, die vor allem dann, wenn es um sehr persönliche Schriften, wie persönliche Briefe, Glückwunschkarten oder persönliche Mitteilungen geht, geschrieben wird; eine – ich nenne sie einmal „Arbeits- und Alltagsschrift", also die Schrift, die für jede Art von Mitschriften oder Notizen im Alltag genutzt wird und die sehr automatisiert und gängig ist für die jeweilige Person, und dann gibt es meistens noch eine Art „Schnellschrift"; diese Schrift neigt oft für einen selbst zur Unleserlichkeit, wird aber vor allem dann eingesetzt bzw. benötigt, wenn der Schreibende die Notizen sehr schnell machen muss, wie es zum Beispiel bei der Mitschrift eines Vortrages der Fall ist.

Alle vier oder weniger Schriftarten sind jeweils die persönlichen Handschriften eines Menschen. Und egal, welche meiner verschiedenen Schriftarten es war, die ich genutzt habe: Sobald ich im Besprechungsraum nach einer Besprechung meine Klatte habe liegen lassen, in die ich meine Notizen mache – und selbst wenn ich keinen Namen auf die Außen- oder Innenseite geschrieben habe, ich finde die Klatte am Folgetag oder noch am selben Tag auf meinem Schreibtisch wieder. Warum? Meine Kollegen oder Kolleginnen haben an der Schrift erkannt, das muss „ihr" Notizbuch sein – so schreibt „nur sie" –, das ist ihre („persönliche") Schriftart. Das bedeutet zum einen, dass genau meine Art zu schreiben ein ganz wesentlicher Teil meiner Persönlichkeit ist – sie ist eng verzahnt mit mir. Die Schrift, die ich schreibe, werde ich wohl in den nächsten Jahrzehnten nicht mehr verändern. Sie gehört so zu mir, wie ich sie oder wir uns gemeinsam entwickelt haben. Genau wie ich heute bereits für manche Kinder unleserlich schreibe, denn ich habe die Lateinische Ausgangeschrift gelernt und schreibe sie in meinen persönlichen Adaptionen immer noch, heutige Kinder haben hingegen die Vereinfachte Ausgangsschrift erlernt und können so, da dies ein etwas anderes Symbolsystem ist, nicht unbedingt die Lateinische Ausgangsschrift decodieren.

Ist unsere Handschrift noch zu retten?

Genauso ging es mir, als ich Handgeschriebenes von meiner Großmutter lesen wollte – ich musste es mühsam und mit viel Fantasie und Kreativität entschlüsseln, denn sie schrieb in Sütterlin! Doch in gewisser Weise war es etwas Wunder-Bares, etwas anderes, etwas fast Geheimnisvolles, wenn auch manchmal Mühsames. Aber: Es war die Schrift meiner Großmutter – sie war und ist es immer noch, wenn ich alte Schriftstücke in die Hand nehmen, mit ihr eins.

Und genau in diesem Sinne muss Handschrift auch als etwas verstanden werden: nämlich als etwas sehr Persönliches. Dieses wird bei einer Reduktion auf Schriftarten, die sich auf Druckbuchstaben beziehen und bei Schreibtechniken, die sich einzig durch das Tippen von Tastaturen vollziehen, verloren gehen. Die schönen schnörkelig, teils gemalten Buchstaben, wie sie Klassenkameraden ins Poesiealbum, heute ins Freundbuch schon nahezu malen. Die kleinen, handschriftlichen Notizen, wie sie mit Klebezetteln als nette, persönliche Botschaft selbst auf formelle, getippte und gedruckte Briefe gefügt werden. Ja, das Persönliche, das in den verschiedenen Formen der Schrift seine ganz eigene Note hat und diese auch vielem verleiht – das würde sowohl mit Druckschriften als auch mit nur getippter Schrift der Welt als wichtiger Aspekt des Miteinanders verloren gehen.

Doch zurück zu den mehr objektiven Aspekten von Handgeschriebenem und den Schriftarten: Verbundene Handschriften haben vor allem die Eigenschaft, dass ihnen ein Schreibfluss und damit ein Schreibtempo zugrunde liegt, mit ihr ist einfach auch schneller zu schreiben als mit Druckbuchstaben, die immer wieder absetzen und neu beginnen. Das gilt sogar innerhalb der Buchstaben selbst. Das ist auch eine eher negative Eigenschaft der „Vereinfachten Ausgangsschrift und größte Problematik für viele Grundschüler": In ihr beginnen und enden einzelne Buchstaben sehr oft neu, statt die Buchstaben ineinander übergleiten zu lassen – wie bei der bis in den 70er/80er-Jahren gelehrten „Lateinischen Ausgangsschrift".

Schreiben hat vor allem auch etwas mit dem Schreibfluss und -tempo zu tun. Wenn Schüler schreiben lernen, geht es zu Beginn meist um das Erlernen der Buchstabenformen. Heute ist der Schriftlehrgang oft ein „Mallehrgang", weil Kinder sich vor allem damit mühen, die Buchstaben möglichst akkurat ab- oder nachzumalen. Das allerdings ist nicht Sinn und Zweck des Schreiblehrgangs. Spätestens, wenn die Kinder von der Druckschrift auf die verbundene Schrift wechseln, werden die Probleme sichtbar. Grundschüler der meist dritten Klassen machen dann meist einen stark erkennbaren Rückschritt im Schreiben, viele kehren zur Druckschrift zurück – auch Schüler der höheren Klassen. Und das, obwohl die Druckschrift nicht schneller geht, eher langsamer. Aber: Schüler sind sich mit den wenigen Richtungen, die diese Schrift verlangt, einfach sicherer.

Zu allem kommt noch, dass ab der 3. Klasse Grundschule nicht mehr so viele Texte vorgegeben sind. Kinder sollen jetzt also „frei" schreiben, gleichzeitig steigen sie in die Welt der verbundenen Schrift ein, sollen Temposteigerung und Bewegungsfluss realisieren und meistens noch mit einem anderen Werkzeug: dem Füller schreiben. Da unsere Schüler in den Eingangsstufen der Grundschulen allerdings über wenig automatisierte Feinmotorik verfügen, entsteht jetzt ein Dilemma und viele retten sich in die bislang scheinbar funktionierende Druckschrift zurück. Noch besser wird das Ganze, wenn man sich auf die Tastatur rettet, auf der sich dann „nur" noch Großbuchstaben und das Zusatzzeichen „ß" befinden.

Kinder tippen heute in der Grundschule kleine Texte, klicken Texte an, markieren und verändern sie mit Smartboards und Tablets, entsprechenden Programmen und Apps. Diese Techniken werden kurz- und langfristig zunehmen und in unserem Alltag Bestandteil bleiben. Mit Apps und anderen Anwendungen können auch sehr gut einige wenige Aspekte von Schriften gelernt werden: zum Beispiel die Richtungen, in die Buchstaben geschrieben werden. Einige andere Aspekte von Schrift können diese Software-Angebote aber nicht leisten: zum Beispiel die Druckdosierung auf den Stift, motorische Fähig- und Fertigkeiten des Handgelenks.

Egal, wen ich kenne oder beim Lernen beobachte, dazu initiiere oder spreche: Lernen hat immer mit eigenen Notizen zu tun, Texte werden für Manuskripte, Prüfungen oder Vorträge in der letzten Situation zusammengefasst, noch einmal überarbeitet, verändert, Wichtiges markiert und hervorgehoben. Und selbst, wenn die Information zuerst getippt wurde, Veränderungen sind handschriftlich leichter, schneller und entsprechender der eigenen Vorstellung machbar.

In Studien ist bereits nachgewiesen, dass Informationen, die handgeschrieben wurden, viel besser gemerkt werden können, als solche, die getippt wurden. Das hat unter anderem damit zu tun, dass bei handschriftlichen Tätigkeiten weit mehr Bewegungskombinationen der beteiligten Gelenke stattfinden als bei Tipp-, Klick- oder Wischbewegungen. Diese registriert das Gehirn kombiniert zusammen mit der gedachten und geschriebenen Information. Tastenbewegungen hingegen sind weitaus homogener und nicht so differenziert.

Neben lern- und gehirnphysiologischen, schriftartbezogenen und technologischen Aspekten sind noch weitere Rahmenbedingungen wesentliche Aspekte für Handgeschriebenes: Handschriftliche Notizen sind nahezu immer und überall möglich. Etwas Spurgebendes (Stift, Kohle, u. v. m.) und ein Farbträger (Papier, Steinboden, u. v. m.) sind fast immer zur Verfügung – je nach Situation: Selbst, wenn ich bei einem Spaziergang mit einem Fachkollegen eine Skizze machen will, um einen Gesamtzusammenhang zu erläutern, da kommt mir eine Steinzeichnung auf Asphalt-

Ist unsere Handschrift noch zu retten?

boden gerade recht, um den Sachverhalt zu verdeutlichen. Von hochwertigen Notizbüchern, Heften und ebensolchen Stiften bis hin zu Fingergeschriebenem auf LKW-Rückseiten oder im Schnee. Pads, Bildschirme und Display müssen prinzipiell mit Strom versorgt sein, ein textverarbeitendes Programm haben, das der Anwender auch bedienen können muss. Eigene Vorstellungen, wie Text aussehen, Vermerke zwischen hinein, Marginalien anfügen ist meist nicht direkt und schnell möglich wie bei handgefertigten Notizen. Pads und Laptops sind zudem weitaus anonymer und unpersönlicher als eigene Stifte und Notizbücher. Notizen aufseiten eines Notizbuches haben zudem noch die Eigenschaft, dass wir sie nahezu simultan betrachten können, sofern ich Seiten aus dem Notizbuch heraustrenne, kann ich sie tatsächlich gleichzeitig betrachten. Bildschirme und Tablets können dies nicht.

Ein weiterer Aspekt ist auch der persönliche Habitus: Menschen leisten sich gerne eigene hochwertige Stifte, um mit diesen zum Beispiel sogar Belege bei Kartenzahlungen zu unterschreiben und nicht den Stift, der vom Servicemitarbeiter zur Verfügung gestellt wird, zu nutzen. Persönliche Botschaften wie handgeschriebene Glückwunschkarten und Briefe haben im Zeitalter von Mails und SMS wieder enorm an Wertigkeit gewonnen. Fortbildungen, in denen Tafelanschriften gemacht oder auf Flipcharts geschrieben wird, haben bereits wieder mehr Anhänger gefunden.

Handschrift wird nicht aussterben! Sie ist Teil unseres menschlichen Seins, Informationen über Zeit und über Distanzen zu teilen, mitzuteilen. Wie Buchstaben sich über Tausende von Jahren entwickelt haben, wird durch die neuen Technologien nicht vernichtet. Dafür ist uns das Zeichnen und Schreiben zu sehr zu eigen. In unserer informationstechnologischen Zeit ist es zunehmend von Bedeutung, die eigene Individualität zu bewahren und auch realisieren zu können – die eigene persönliche Handschrift ist ein wesentlicher Aspekt derer. Ein gutes schriftliches Ausdrucksvermögen ist unter anderem auch von sehr großer Bedeutung für den Umgang mit Mitarbeitern, Angestellten, Teilnehmern und Kunden – also auf dem Berufsweg. Damit dies gelingen kann, ist es „lediglich" von enormer Bedeutung, unseren Kindern diesen Schatz zugänglich zu machen, auch wenn es aufgrund der nicht mehr so vorhandenen feinmotorischen Fähigkeiten mühsamer geworden ist. Dafür ist es ebenfalls auch „nur von Bedeutung", zu wissen, wie Schreibenlernen unterstützt und verbessert werden bzw. gelingen kann. Dazu muss in den Schulen und in den Unis der Schreiblerngang lernphysiologisch besser gelehrt und durchgeführt werden.

Unsere Kinder benötigen neben „freien Phasen", in denen sie eventuell selbst finden, wie geschrieben wird, klare Anleitung dafür. Lehrende müssen wissen, was überhaupt für den Schriftspracherwerb von Bedeutung ist, wie er stattfindet, und wie er gefördert und unterstützt werden kann. Ohne Übung jedenfalls wird es nicht gehen – das fehlt unseren Kindern allzu oft. Buchstaben vermitteln und dann ergibt sich das Schreiben von selbst – das wird nicht klappen. Da bekommt das Aneinanderreihen von getippten Buchstaben einen scheinbaren Pluspunkt. Und trotz alledem: Es wird um kein „entweder – oder" gehen. Mit den Technologien werden uns Möglichkeiten eröffnet, die wir ohne sie nicht hatten, allerdings: Die Handschrift wird bleiben. Technologien werden dahingehend entwickelt, dass sie die Handschrift des Gerätebedieners erkennen und eventuell in eine Druckschrift verwandeln, auch an E-Mail-Technologien wird gearbeitet, die handgeschriebene E-Mails ermöglichen. Unsere Handschrift wird nicht verschwinden. Sie wird sich vielleicht etwas verändern, wie sie es in den letzten hundert Jahren schon getan hat. Schriften werden optimiert und wieder re-optimiert. Druck- also Leseschriften werden genauso bleiben wie verbundene Handschriften. Viel wichtiger ist es, die Methoden, Prozesse und Entwicklungen unserer Kinder entsprechend dem, wie das Gehirn bestimmte Fähig- und Fertigkeiten entwickelt, zu gestalten und damit sicherzustellen, dass sie Schreibenlernen können. Dann ist die Frage der Schriftart nicht mehr maßgeblich!

In jedem Fall aber ist es unsere Pflicht, unseren Kindern die Schatzkiste der verschiedenen Schriften und Fähig- und Fertigkeiten zu eröffnen und zu vermitteln. Welche Schriftschätze sie in ihrem Leben dann nutzen werden, das obliegt ihnen selbst. Ich bin davon überzeugt: von jedem etwas – in ihrer persönlichen Handschrift!

Und vielleicht ist Ihnen, die Sie diesen Beitrag gerade gelesen haben, der ein oder andere Aspekt so wichtig erschienen, dass Sie sich dazu eine Notiz, eine Markierung gemacht oder einen kleinen gelben Klebezettel beschrieben und an Ihnen wichtigen Zeilen dieses Buches fixiert haben. Ich mache das so, beim Lesen von Fachartikeln – in Büchern wie in Zeitschriften.

Dass unsere Gesellschaft auf dem Prüfstand und vor der Frage steht, ob sie bereit ist, die drängenden Bildungsherausforderungen anzunehmen, das Potential der jungen Menschen in unserem Land zu wecken, Kinder und Jugendliche mit Migrationshintergrund nachhaltig zu fördern und dem Lehrerberuf mehr Aufmerksamkeit zu schenken, all dies sind Themen, die die ZEIT-Stiftung anpackt.

Dr. Tatiana Matthiesen verantwortet als Programmleiterin den Förderbereich Bildung und Erziehung. Eine Reihe von Stiftungsprojekten wird von ihr betreut, über zwei aktuelle – Weichenstellung und Migranten für den Lehrerberuf – berichtet sie in ihrem Beitrag.

Tatiana Matthiesen

Chancengerechtigkeit beginnt in der Grundschule

„Es war schon ziemlich hart" – das sagt Fernsehmoderatorin Linda Zervakis, als sie in einem Interview mit der Frankfurter Allgemeinen Zeitung (2. Juni 2013) nach ihrem Lebensweg gefragt wird. Viele kennen ihr Gesicht aus dem Fernsehen – sie moderiert die „Tagesschau", die wichtigste Nachrichtensendung im deutschen Fernsehen. Als Tochter griechischer Eltern, die als Gastarbeiter nach Deutschland kamen und später einen Kiosk betrieben, wuchs sie südlich der Elbe, im Stadtteil Harburg auf – zu fünft bewohnten sie eine Dreizimmerwohnung. Dort besuchte sie nach der vierten Klasse ein Gymnasium und lernte andere Lebensumstände kennen – bei ihren Schulfreunden, die mit ihrer Familie im Eigenheim lebten und ein eigenes Zimmer hatten: „Damals wurde mir klar, dass ich auf jeden Fall genug Geld verdienen will, um mir irgendwann auch mal ein Reihenhaus leisten zu können."[1] Trotz Widerstände und vieler Hürden – in der Schule, das Helfen im Kiosk, die enge Wohnung und immer wieder die Sorge darüber, ob das Geld reicht – hat sie es geschafft. Sie hat an ihre

Chancen geglaubt und diese auch wahrgenommen. So wie Daud Ata, der als Sohn pakistanischer Einwanderer in einer Hamburger Großsiedlung im Stadtteil Osdorfer Born aufwuchs. Die Wohngegend gilt als „überforderte Nachbarschaft", in der es laut Ata „an Vorbildern und an Motivation, überhaupt irgendetwas bewegen zu können" fehlt.[2] Auch er wollte es schaffen – und erkämpfte sich den Aufstieg aus dem sozialen Brennpunkt über das Gymnasium, das Studium bis in die Selbstständigkeit als IT-Unternehmer. Aufstieg durch Bildung – für Linda Zervakis und Daud Ata hat sich diese Hoffnung erfüllt, für viele andere junge Menschen aus sozial schwachen und bildungsfernen Elternhäusern tut es das nicht.

Soziale Herkunft bestimmt immer noch den Bildungserfolg
Internationale und nationale Vergleichsstudien zeigen, dass in Deutschland soziale Herkunft immer noch im starken Maße den Bildungserfolg junger Menschen bestimmt. Spätestens seit der Veröffentlichung der Ergebnisse der ersten Programme for International Student Assessment (PISA) im Jahr 2000 ist deutlich geworden, dass Bildungschancen und Schulerfolg in kaum einem anderen Land so stark von der sozialen Herkunft abhängen wie in Deutschland. Dies zeigte sich besonders an den Unterschieden in der Lesekompetenz, aber auch in Bezug auf Mathematik und die Naturwissenschaften der 15-jährigen Schülerinnen und Schüler.[3]
In den letzten Jahren gab es Verbesserungen bei den von PISA gemessenen Kompetenzen – besonders bei der Lesefähigkeit, aber auch bei den schulischen Abschlüssen und der Gymnasialbeteiligung der Jugendlichen. Der Einfluss der sozialen Herkunft auf die Leistungen, Schulabschlüsse und Schultypen bleibt jedoch weiterhin groß: „61 % der 15-Jährigen aus Elternhäusern mit hohem, aber nur 16 % aus solchen mit niedrigem sozioökonomischen Status besuchten 2009 das Gymnasium, während es sich beim Besuch der Hauptschule umgekehrt verhält (5 gegenüber 27 %)."[4]

Schaut man sich die Leistungen von Viertklässlern im internationalen Vergleich an, dann schneiden Deutschlands Grundschüler beim Lesen, Rechnen und in den Naturwissenschaften laut den Grundschul-Untersuchungen IGLU (Internationaler Grundschul-Lese-Untersuchung) und TIMSS (Trends in International Mathematics and Science Study) 2011 recht gut ab – sie liegen mit ihren Kompetenzen im oberen Drittel aller Länder.[5] Den engen Zusammenhang zwischen sozialer Herkunft und Bildungserfolg machen aber auch diese Studien deutlich. So bedauert Wilfried Bos, der Direktor des Instituts für Schulentwicklungsforschung (IFS) und Leiter der IGLU- und TIMSS-Studien, dass viele Viertklässler die Mindestanforderungen in der Grundschule nicht erfüllen – und Kinder aus Zuwandererfamilien immer noch zu weit zurückliegen: „Da müssen wir weiter daran arbeiten. Und der Abstand der Kinder aus unteren sozialen Schichten. Da hat sich seit 2001 nichts geändert."[6]

Chancengerechtigkeit beginnt in der Grundschule

„Chancenkiller Grundschule" – so lautete der Titel eines Spiegel-Artikels vom 5. Oktober 2012 zum Grundschulleistungsvergleich, der erstmals in allen 16 Bundesländern mit mehr als 30.000 Viertklässlern an über 1.300 Grund- und Förderschulen durchgeführt wurde. Die bundesweite Grundschul-Studie belegt ebenfalls, dass Kinder aus Zuwandererfamilien große Probleme haben, in der Schule mitzuhalten – und der Zusammenhang zwischen der sozialen Herkunft und dem Lernerfolg eng ist. Die bildungsbremsende Wirkung der sozialen Herkunft zeigte sich besonders stark in den Städten und Stadtstaaten Berlin, Hamburg und Bremen, die schwächere Ergebnisse erzielten.

Schon in der Grundschule wird die Basis für den weiteren Bildungsweg der Kinder gelegt – und entschieden, wer womöglich eine Empfehlung für das Gymnasium erhält. Der großen Heterogenität der Schülerschaft und jedem einzelnen Kind in seiner Begabung, seiner Entwicklung und seiner Vorbildung gerecht zu werden, ist dabei eine anspruchsvolle Aufgabe.

In der Grundschule werden die Weichen gestellt
Es fängt mit dem Kindergartenbesuch an, es folgt die Grundschule, danach geht es auf die weiterführende Schule, gegebenenfalls in die Oberstufe und in das Ausbildungssystem beziehungsweise ins Berufsleben – diese Übergänge sind „sensible Gelenkstellen" in der Bildungsbiographie jedes Einzelnen. Insbesondere der Übergang von der Grundschule auf die weiterführende Schule gilt als einer der kritischsten Punkte, an dem soziale Ungleichheit entsteht.[7]
So werden mit der Schullaufbahnentscheidung nach der 4. Klasse die ersten, ja wohl die entscheidenden Weichen für die beruflichen Zukunftschancen der Kinder gestellt. Dabei zeigen die Ergebnisse zahlreicher Studien, dass Kinder aus sozial weniger begünstigten Familien im Vergleich zu Kindern aus sozial privilegierten Elternhäusern
- über niedrigere schulische Kompetenzen verfügen,
- bei gleichen Leistungen von den Lehrkräften schlechter bewertet werden,
- auch unter Kontrolle der Schulleistungen und Noten geringere Chancen
  auf den Erhalt einer Gymnasialempfehlung haben und
- Eltern ihr Kind schließlich ... seltener auf ein Gymnasium schicken.[8]

Die Wahrscheinlichkeit, dass ein Kind eine Gymnasialempfehlung erhält und das Abitur macht, ist dann besonders hoch, wenn Vater und Mutter selbst Abitur gemacht haben. Sie können auf die eigenen Lernerfahrungen zurückblicken und wissen, wie man es am Gymnasium schafft – und können so ihre Kinder besser unterstützen. Das Kind eines Arztes bringt zudem oft auch schon vielfältige Bildungserfahrungen mit in die Schule: Es wächst mit Büchern auf, hat schon

129

Konzerte, Museen und Opern besucht – und hat Vorbilder in seinem Umfeld. Kinder, die in ihrem familiären Umfeld aufgrund vielfältiger Herausforderungen – sprachlicher, kultureller oder finanzieller Art – nur geringe Unterstützung erfahren, können oft ihre Bildungs- und Entfaltungschancen nicht voll ausschöpfen. Trotz gleicher Intelligenz und Schulleistung erhalten sie seltener eine Übergangsempfehlung für das Gymnasium.

Der Wille nach höherer Schulbildung ist da, so auch der Wunsch nach Förderung

Dass eine gute Bildung entscheidende Voraussetzung für den beruflichen Erfolg ihres Kindes ist – davon sind auch Eltern in schwierigen Lebenslagen überzeugt. Es mangelt ihnen meist nicht an gutem Willen oder Interesse, ihre Kinder in schulischen Belangen zu begleiten. Vielmehr fällt es ihnen schwer, ihre Kinder bei den Hausaufgaben oder sonstigen schulischen Anforderungen zu helfen. Mangelndes Orientierungswissen, aber auch fehlende Sprachkenntnisse und Schwellenängste spielen dabei eine Rolle. Auch, wenn diese Eltern nicht in der Form unterstützen können, wie es ihr Kind bräuchte, so streben sie die bestmögliche Schulbildung für ihren Nachwuchs an – und wünschen sich individuelle Förderung.

Dazu stellt das Institut für Demoskopie Allensbach in seiner Studie zu Bildungsambitionen und Erziehungszielen von Eltern – bei der rund 1.200 repräsentativ ausgewählte Eltern befragt wurden – fest: „Die weithin geteilte Auffassung, insbesondere Migranten und Bürger unterer Dienstklassen seien ‚nicht erreichbar' oder verweigerten sich staatlichen Bildungs- und Unterstützungsangeboten, lässt sich, zumindest statistisch, nicht halten. Im Gegenteil: Es sind insbesondere die Befragten mit türkischem Migrationshintergrund sowie die Eltern mit niedrigem sozialem Status, die die Schwierigkeit ihrer Erziehungsaufgabe anerkennen und sich explizit mehr staatliche Unterstützung wünschen."[9]

In einem Punkt sind sich rund zwei Drittel der Lehrer und der Eltern einig: An der Schule sollte es eine gezielte Förderung der Kinder nach ihren Begabungen geben. Jedoch nur 29 % der Lehrer und 20 % der Eltern sehen diese Fördermaßnahmen an ihrer eigenen Schule beziehungsweise der Schule ihrer Kinder realisiert. Mehr noch: Dass sich diese im Rahmen der Lehrpläne umsetzen lassen – die Ansicht teilt lediglich rund jeder vierte Lehrer. Zu diesen Ergebnissen kommt eine Studie mit dem Titel „Hindernis Herkunft: Eine Umfrage unter Schülern, Lehrern und Eltern zum Bildungsalltag in Deutschland", die das Institut für Demoskopie Allensbach im März 2013 durchgeführt hat.

Wie kann es gelingen, dass aufgeweckte und leistungsstarke Kinder, die in ihrem Elternhaus wenig Unterstützung erhalten, dennoch eine faire Chance erhalten und ihr Potenzial angemessen – besonders für eine höhere Schulbildung – entfalten können? Wie können Grundschullehrerinnen und Grundschullehrer stärker auf die unterschiedlichen Begabungen ihrer Schüler besser eingehen? Wie kann der pädagogische Nachwuchs stärker auf den zukünftigen Lehreralltag vorbereitet werden, in dem individuelle Unterrichtsgestaltung und Teamteaching der Normalfall sein werden? Und in diesem Zusammenhang: Wie kann die interkulturelle Öffnung von Schule stärker gelingen? All das sind Fragen, mit denen sich die ZEIT-Stiftung Ebelin und Gerd Bucerius seit Langem in ihren Bildungsprojekten beschäftigt. Im Folgenden sollen zwei Initiativen vorgestellt werden, die modellhaft Wege und Lösungen für die skizzierten Bildungsherausforderungen erprobt.

Das Engagement der ZEIT-Stiftung Ebelin und Gerd Bucerius: Viertklässler fördern und den pädagogischen Nachwuchs stärken
Die Initiativen WEICHENSTELLUNG und Schülercampus „Mehr Migranten werden Lehrer" der ZEIT-Stiftung Ebelin und Gerd Bucerius setzen an der Schnittstelle Chancen- und Bildungsgerechtigkeit und Lehrerbildung an. Vorrangig geht es darum, die Chancen von Grundschülern auf eine höhere Schulbildung zu verbessern, den pädagogischen Nachwuchs zu stärken und Vielfalt zu ermöglichen.

Das Schülerförderprogramm WEICHENSTELLUNG
Das Engagement von Stiftungen im Bereich Schülerförderung ist vielfältig: Es gibt bereits zahlreiche Unterstützungsprojekte und Stipendienprogramme – die meisten konzentrieren sich auf die passgenaue Verbesserung schulischer Lernleistungen, also Hausaufgabenhilfe, Nachhilfe- oder allgemeine Förderprogramme. Nach dem Motto „gut geht besser" will die ZEIT-Stiftung Ebelin und Gerd Bucerius – in Kooperation mit der Dürr-Stiftung und der Harold A. und Ingeborg L. Hartog Stiftung – mit ihrer neuen Bildungsinitiative WEICHENSTELLUNG Grundschüler mit Potenzial für eine höhere Schulbildung stärken. So wie beispielsweise Saratu, die musikalisch talentiert und fleißig ist – oder wie Jesse, der wissbegierig ist und sich über jede Anregung freut.
Die beiden Hamburger Grundschüler gehören zu den 31 Teilnehmern, die 2013 in das Pilotprogramm von WEICHENSTELLUNG aufgenommen wurden. Für die Auswahl der Schüler sind deren Entwicklungspotenzial, ihre Leistungsbereitschaft und der Wunsch ihrer Eltern nach einer zielgerichteten Förderung entscheidend. Es geht darum, die fachlichen Kompetenzen der Kinder, aber auch ihre Lern- und Aufstiegsbereitschaft für eine höhere Schullaufbahn zu unterstützen – und sie in der Übergangs- und Orientierungsphase zu fördern, zu fordern und zu motivieren. Dies scheint notwendig, zeigt sich doch bei erfolgtem Wechsel in eine höhere Schulform wie das Gymnasium oft, dass die Leistungsbereitschaft von Schülern mit weniger

guten Startchancen rasch abnimmt, ihr Bildungsdrang nachlässt – und damit auch die Aussicht auf den Schulerfolg sinkt.

Viertklässler an sieben Schulen in besonderen Lagen – darunter unter anderem die Stadtteilschule Wilhelmsburg in Hamburg Wilhelmsburg und die Fridtjof-Nansen-Schule in Hamburg-Lurup – werden darin bestärkt, das Potenzial ihrer Schüler für eine höhere Schulbildung zu entfalten.

Als Mentoren sind zwölf Lehramtsstudierende tätig, die im Rahmen ihres Integrierten Schulpraktikums (ISP) die Schüler in ihren Stärken über einen Zeitraum von drei Jahren betreuen, motivieren und fördern, von Klasse vier bis sechs. Was sie mit WEICHENSTELLUNG wollen, beschreibt eine Mentorin wie folgt: „Für die beiden von mir betreuten Mädchen erhoffe ich mir, dass sie an sich glauben können und sich auch dann nicht unterkriegen lassen, wenn es mal ‚nicht so rund läuft'. Ich wünsche ihnen, dass das Projekt WEICHENSTELLUNG ein gutes und stabiles Fundament für eine selbstbestimmte Zukunft legen möge, in der sie später einen qualifizierten Beruf ergreifen können. Ich hoffe, einfühlsam auf die Bedürfnisse der Kinder eingehen zu können, sodass wir eine vertrauensvolle Beziehung zueinander entwickeln."

Die Mentoren werden von Experten des Landesinstituts für Lehrerbildung und Schulentwicklung Hamburg und der Universität Hamburg fachlich beraten. In der Grundschule nehmen die Lernbegleiter zweimal pro Woche am Unterricht teil und fördern durch binnendifferenzierte Maßnahmen in enger Abstimmung mit den Lehrkräften die ausgewählten Schüler. Ein Mentor betreut maximal drei Schüler. Mindestens einmal im Monat unternimmt er mit seinen Mentees kulturelle Aktivitäten – etwa einen Besuch in der Hamburger Kunsthalle, der Kupferwerkstatt im Museum der Arbeit oder Stadtgänge, bei denen sie Entdeckungsfragen beantworten. Alle Beteiligten profitieren: Die Schüler können ihre Potenziale besser entfalten, die Eltern werden bei der Förderung ihrer Kinder unterstützt, die Schulen können stärker auf die unterschiedlichen Begabungen ihrer Schüler eingehen und die Mentoren gestalten schon während ihres Studiums den Schulunterricht mit.

Schülercampus „Mehr Migranten werden Lehrer"

Ziel des 2008 von der ZEIT-Stiftung initiierten Schülercampus „Mehr Migranten werden Lehrer", ist, junge Menschen mit Zuwandergeschichte für den Lehrerberuf zu gewinnen – und damit die interkulturelle Öffnung von Schule zu verstärken. Denn: Bislang bildet sich die gesellschaftliche Realität in den Klassenzimmern, nicht jedoch in den Lehrerzimmern ab. Mehr als ein Drittel der Schüler – in manchen Großstädten sogar bis zu 90 % –, aber weniger als 5 % der Lehrkräfte haben einen Migrationshintergrund. Gleichermaßen will die Stiftung schon frühzeitig, also vor dem Abitur auf das Berufsfeld Lehrer orientieren. Orientierung und Motivation sind notwendig, denn für viele junge Menschen ist der Lehrerberuf nicht erstrebenswert

– besonders für Jugendliche, die Mehrsprachigkeit und kulturelle Vielfalt in ihren Familien erleben. Sie hegen die größten Vorurteile gegenüber dem Pädagogenberuf – und haben doch gleichzeitig das Potenzial, mehr Vielfalt in die Lehrerzimmer zu bringen.

Der Schülercampus vermittelt ein realistisches Bild vom Lehrerberuf und ermöglicht den Teilnehmern, vier Tage lang zu testen, ob ihnen diese Tätigkeit liegt. Während der Campus-Tage kommen die maximal 30 Schülerinnen und Schüler mit Pädagoginnen und Pädagogen zusammen und erfahren in Expertengesprächen, Diskussionsrunden und Schulbesuchen, was die Berufsperspektive Lehrer bedeutet. Sie tauschen sich mit Lehrern und Lehramtsstudierenden aus, die selber eine Zuwanderungsgeschichte haben. Sie informieren sich über Berufswege und Aufstiegsmöglichkeiten und hospitieren an Schulen und Universitäten. Der Kompaktkurs wird vorrangig an Hochschulen durchgeführt, damit die Schülerinnen und Schüler möglichst frühzeitig Campus-Luft „schnuppern" – und ihren späteren Lernort erleben. Darüber hinaus bietet der Schülercampus Einblicke in Fördermöglichkeiten während des Studiums. Bis Ende 2014 werden rund 780 Schülerinnen und Schüler am Schülercampus „Mehr Migranten werden Lehrer" teilgenommen haben. Dass der Schülercampus echte Studienorientierung bietet, belegt eine Alumni-Befragung 2012. Rund 90 % der ehemaligen Teilnehmerinnen und Teilnehmer empfanden das Orientierungsangebot als sehr nützlich und fühlten sich gut auf das Lehramtsstudium vorbereitet. Und sie wurden in ihrer Entscheidungssicherheit gestärkt: Nach dem Schülercampus konnten die jungen Migranten viel besser beurteilen, ob der Lehrerberuf zu ihnen passt, gaben 85 % der Befragten an. Nach dem Schülercampus entschieden sich 70 % der Alumni tatsächlich für ein Lehramtsstudium.

Das Modellprojekt zieht Kreise – dank der engagierten Kooperation mit Kultusministerien, Hochschulen, Institutionen der zweiten Phase der Lehrerausbildung, Lehrer-Netzwerken und Stiftungen findet der Schülercampus mittlerweile in zehn Bundesländern statt.

Schlussbemerkung
Die Chancen von Kindern aus weniger begünstigten Elternhäusern verbessern, ihnen die Möglichkeit geben, ihre Potenziale optimal zu entfalten, den pädagogischen Nachwuchs auf ein heterogenes Lern- und Lehrumfeld vorzubereiten und die interkulturelle Öffnung von Schule zu fördern – das sind die erklärten Ziele der ZEIT-Stiftung. Sie versucht, mehrfach hilfreich zu wirken: Einerseits die Lese- und Schreibkompetenz der Jüngsten, die zu Hause wenig Unterstützung erfahren, zu verbessern und sie für eine höhere Schulbildung zu stärken. Auf der anderen Seite gibt sie Lehramtsstudierenden schon während des Studiums die Möglichkeit, sich mit dem Lehreralltag und der Unterrichtspraxis intensiv auseinanderzusetzen. Junge

Menschen, besonders diejenigen, die in ihrem Elternhaus kulturelle und sprachliche Vielfalt erleben, für den Lehrerberuf zu motivieren und zu fördern – ist der Stiftung ebenfalls wichtig. Die Schule spiegelt die Vielfalt der Gesellschaft. Sich als Lehrkraft den damit einhergehenden Herausforderungen zu stellen sowie die Potenziale der Schülerinnen und Schüler zu erkennen und zu fördern, ist sicher keine einfache, aber sicherlich eine lohnende Aufgabe.

Modellhaft erprobt die ZEIT-Stiftung Bildungswege und Lösungen für Bildungsherausforderungen, indem sie eigene Vorhaben initiiert, neuartige Forschungsvorhaben fördert, den wissenschaftlichen Dialog bereichert, Konferenzen und Fachsymposien durchführt und Stipendien vergibt. Bei ihrer Förderarbeit baut die Stiftung auf die Kooperation und Vernetzung mit anderen Akteuren, Stiftungen und Institutionen in diesem Handlungsfeld – damit die von der Stiftung ausgehenden Impulse nachhaltig wirken.

Literatur

1 „Chancengerechtigkeit: Die neue Klassengesellschaft". Frankfurter Allgemeine Zeitung, 2. Juni 2013.
„Portrait von Daud Ata" (Autor Tahir Chaudhry) am 8. Juli 2013 im MiGAZIN – Migration in Germany auf Internetseite http://www.migazin.de.
2 PISA 2009. Bilanz nach einem Jahrzehnt. Zusammenfassung, Waxmann Verlag, S. 15. PISA untersucht seit dem Jahr 2000, inwieweit 15-jährige Schülerinnen und Schüler über grundlegende Kompetenzen (Lesen, Mathematik, Naturwissenschaften) verfügen. Die Ergebnisse liefern Kompetenzprofile dieser Schülerinnen und Schüler, geben Auskunft über demografische Merkmale sowie über die häusliche und schulische Umwelt und erlauben die Analyse von Veränderungen der Situation in den beteiligten Staaten über die Zeit. An PISA 2009 nahmen international rund 470 000 Schülerinnen und Schüler aus 65 Staaten teil, darunter alle OECD-Staaten. Hinsichtlich der Jugendlichen mit Migrationshintergrund zeigten die PISA-Erhebungen 2000, 2003 und 2006, dass die Kompetenzen in den Bereichen Lesen, Mathematik und Naturwissenschaften deutlich geringer als die Leistungen von Schülerinnen und Schülern ohne Migrationshintergrund ausfielen. Auch bei gleichem sozialem Hintergrund konnte ein mit dem Migrationshintergrund der Schülerinnen und Schüler verbundener Kompetenznachteil nachgewiesen werden.
3 Bildungsbericht 2012, S. 70. Der Bildungsbericht wird von Bund und Ländern seit 2006 bei unabhängigen Wissenschaftlern unter Leitung des Deutschen Instituts für Internationale Pädagogische Forschung (DIPF) in Auftrag gegeben.
4 Für die Internationale Grundschul-Lese-Untersuchung (IGLU) und die Trends in International Mathematics and Science Study (TIMSS) 2011 wurden unter Federführung des Instituts für Schulentwicklungsforschung an der TU Dortmund die Leistungen von bundesweit rund 4000 Viertklässlern an knapp 200 Schulen ermittelt und mit denen Gleichaltriger aus 44 (IGLU) bzw. 49 (TIMSS) weiteren Staaten verglichen.
5 „Wir Pädagogen sind alle Robin Hood" – Interview mit Bildungsforscher Winfried Bos über IGLU und TIMSS. Süddeutsche Zeitung, 12. Dezember 2012.
6 Pressemitteilung des Bundesministeriums für Bildung und Forschung vom 2. Juli 2010 zur Veröffentlichung der Studie „Der Übergang von der Grundschule in die weiterführende Schule – Leistungsgerechtigkeit und regionale, soziale und ethnisch-kulturelle Disparitäten", die unter der Leitung des Bildungsforschers Jürgen Baumert entstand. Mit der Studie liegen erstmals bundesweit repräsentative Daten für den Übergang in die weiterführenden Schulen des Sekundarschulsystems vor. In Ergänzung zur TIMSS-Studie TIMSS 2007 wurde die Untersuchung 2006/07 in 13 Bundesländern durchgeführt; insgesamt beteiligten sich 4768 Schüler sowie deren Eltern und Grundschullehrkräfte.
7 „Der Übergang von der Grundschule in die weiterführende Schule – Leistungsgerechtigkeit und regionale, soziale und ethnisch-kulturelle Disparitäten", Kai Maaz, Jürgen Baumert, Cornelia Gresch, Nele McElvany (Hrsg.). Bundesministerium für Bildung und Forschung (BMBF). 2010, S. 154.
8 „Zwischen Ehrgeiz und Überforderung. Bildungsambitionen und Erziehungsziele von Eltern in Deutschland".

Eine Studie des Instituts für Demoskopie Allensbach im Auftrag der Vodafone Stiftung Deutschland (mit einem Kommentar von Klaus Hurrelmann). 2011, S. 36.
9 „Hindernis Herkunft: Eine Umfrage unter Schülern, Lehrern und Eltern zum Bildungsalltag in Deutschland". Institut für Demoskopie Allensbach im Auftrag der Vodafone Stiftung. März 2013, S. 14–15. Für die Untersuchung wurden 507 Lehrer, 614 Schüler und 543 Eltern von Schulkindern befragt.

> **„Meine Mutter hat Familie am Hals und ich meine Eltern."**
>
> Kindermund

„Kein Blatt vor den Mund nehmen." Wenn dies für eine Politikerin gilt, die Humor, Temperament und ein stets offenes Ohr hat, dann für Isabell Zacharias, seit 2008 für die SPD im bayerischen Parlament und als Vizevorsitzende zuständig für Hochschule, Forschung und Kultur. Ihr Engagement und ihre Kompetenz für Lern- und Erziehungsfragen zeigte sie schon als Vorsitzende des bayerischen Elternverbandes (BEV).

Mutig und pointiert erörtert Zacharias in ihrem Beitrag die aktuelle Situation der Familie. Besonders ihr Hinweis auf ELFE (Eltern lernen früh erziehen) macht deutlich, dass sie auch in der Familienerziehung Defizite sieht und deshalb professionelle Unterstützung angeboten werden muss. Eine unverstellte Zusammenarbeit von Elternhaus und Schule hält sie für unabdingbar.

Isabell Zacharias

Ist die Erziehung in der Familie noch zu retten?

Manche Frage würde wohl nicht gestellt, wenn sie nicht eine provokante Überschrift ergäbe. „Ist die Erziehung in der Familie noch zu retten?" ist so eine Frage. Die Formulierung unterstellt zweierlei. Erstens: Früher war Erziehung in der Familie erfolgreich. Zweitens: Heute ist sie das nicht mehr, zumindest darf man daran zweifeln.
Ein beliebter Vorwurf lautet, Eltern delegierten die Erziehung an die Schule oder ließen, im Gegenteil, als sogenannte Helikoptereltern ihren Kindern und deren Lehrern kaum Luft zum Atmen. Was Eltern auch tun – sie dürfen sicher sein, dass es verkehrt ist. Sie sind schuld. Aber woran eigentlich?
Die Jugend war schon immer gottlos und faul, respektlos und renitent. Das liest sich auf babylonischen Tontafeln nicht anders als bei Sokrates und in der Bildzeitung. Anders der Jugendkulturforscher Bernhard Heinzlmaier, der bei der heutigen Jugend einen „Trend zum Hosenscheißer" erkennt[1]. Die Jugend ist ihm viel zu angepasst,

was natürlich auch wieder nicht recht ist. Kinder, insbesondere die Kinder anderer, sind nie so, wie Erwachsene sie gerne hätten. Das ist heute so wie vor 5000 Jahren. Was lernen wir daraus? Entweder hat Erziehung schon früher nicht immer funktioniert, oder sie funktioniert grundsätzlich nicht.

Was ist Erziehung?

„Ich hasse das: erziehen. Das erinnert mich so sehr an Spalierobst", sagte die österreichische Kinderbuchautorin Christine Nöstlinger[2] kürzlich im Gespräch mit der Süddeutschen Zeitung. Das Bild ist nicht falsch. Wer erzieht, versucht nach bestimmten, von der Gesellschaft festgelegten Normen, das Objekt der Erziehung – also das Kind – so zu formen, dass es den gesellschaftlichen Erwartungen entspricht. An der einen Stelle muss man da ein wenig ziehen, an der anderen ein wenig drücken und biegen, so lange, bis sich das Früchtchen dem Spalier angepasst hat.

Es fragt sich, was Erziehung bringt. „Entweder erziehe ich jemanden zu einem guten Menschen. Oder zu einem, der für dieses Leben taugt. Beides unter einen Hut bringen kann man nicht." Christine Nöstlinger steht bekanntlich auf der Seite der Kinder, war wohl selbst ein widerborstiges Kind, das sich nicht gern den Vorstellungen der Erwachsenen anpasste. Auch aus solchen Kindern kann offensichtlich etwas werden. Unklar bleibt, ob Nöstlinger trotz der Erziehung durch ihre Eltern wurde, was sie ist, oder gerade deswegen.

Wer ist zuständig?

Erziehen ist Einwirken von außen. Anders die Bildung. Sie geschieht mehr, als dass sie veranlasst würde. Der Erwachsene nimmt nur insofern Einfluss, als er Angebote macht. Bilden muss das Kind sich dann schon selbst. „Wir können Kinder nicht erziehen, die machen uns eh alles nach", sagte Karl Valentin. Wer seinen Kindern ein – hoffentlich gutes – Vorbild ist, erzieht in diesem Sinne also gar nicht, sondern fördert die Bildung. Eltern sind für beides zuständig, für Erziehung und Bildung, und die Schule später auch. Mit Debatten darüber, wessen Aufgabe die Erziehung und wessen Aufgabe die Bildung ist, beschäftigen sich am ehesten Leute, die zu beidem nicht viel Lust haben.

Selbstverständlich erziehen in den ersten Lebensjahren eines Kindes die Eltern. Das geht schon aus praktischen Gründen nicht anders. Früher oder später kommen andere Erzieher dazu: in der Krippe, im Kindergarten und schließlich in der Schule. Was außerhalb der Familie geschieht, wirkt in die Familie hinein. Diese kann sich dem Einfluss nicht entziehen. Dramatische Züge nimmt das an, wenn in einigen Bundesländern der Übertrittswahnsinn in der vierten Klasse die ganze Familie verrückt macht. Spätestens an dieser Stelle müssen Familie und Schule zusammenarbeiten.

Ist die Erziehung in der Familie noch zu retten?

Eine bundesweite Elternbefragung Anfang 2012 ergab, dass Eltern sehr wohl bereit sind, Verantwortung zu übernehmen. Sie sehen aber auch die Schule in der Pflicht. Fast 90 Prozent der Befragten halten Bildung und Erziehung für eine gemeinsame Aufgabe von Eltern und Schule. Schulen sollten die Eltern hier beim Wort nehmen.

Unerzogene Kinder
Glaubt man den Massenmedien, wird die Gesellschaft immer egoistischer und hat längst keine Werte mehr. Glaubt man manchen Erziehungsexperten, fehlt Kindern Disziplin und ihren Eltern die Fähigkeit, das Kind loszulassen, beziehungsweise ihm Grenzen zu setzen. Mit einschlägigen Erziehungsbüchern landeten Autoren wie Bernhard Bueb[3], Michael Winterhoff[4] und die Tigermutter Amy Chua[5] Bestseller. Die Super Nanny[6] hatte mit ihrem umstrittenen Erziehungsunterricht jahrelang hohe Einschaltquoten auf RTL. Dass die Darstellerin der Nanny, Diplompädagogin Katharina Saalfrank, Erziehung privat vielleicht schon immer anders sah und jedenfalls heute gerade das Gegenteil verkündet, ändert nichts an der Tatsache: Viele Eltern haben sich diese Sendung angesehen und dabei gelernt, wie man unbotmäßige Kinder drillt.

Anders als skandalisierende Medienberichte vermuten lassen, werden Kinder und Jugendliche jedoch immer braver. Seit Jahren belegen Studien, dass sie seltener rauchen und weniger trinken als früher und dass die Gewalt abnimmt. Die Shell-Jugendstudie[7] zeigt, dass ihnen Freunde und Familie ganz besonders wichtig sind. Und sie sind fleißig und ehrgeizig und bereit, Verantwortung zu übernehmen. Nach einer Unicef-Studie vom Oktober 2013 sind 85 Prozent der Kinder in Deutschland mit ihrem Leben zufrieden und fühlen sich in ihrem Umfeld wohl.

Eltern im Spagat
Wenn Kinder also gar nicht so schlimm sind – woher kommen dann die Zweifel an der Familienerziehung? Nach den zahlreichen Medienberichten über Eltern, die wegen jeder Kleinigkeit mit dem Rechtsanwalt anrücken und damit doch nur ihr eigenes Versagen kaschieren, wage ich zu behaupten: Zentrum des Zweifels an der Erziehungsfähigkeit von Eltern ist die Schule. Lehrer stellen seit Jahren fest, dass Kinder immer schwieriger zu handhaben sind. Das liegt nicht unbedingt am gestiegenen Durchschnittsalter der Lehrer, die nun weniger belastbar wären. Ein erfahrener Lehrer gleicht so etwas durch größere Gelassenheit aus. Viel zu selten haben ältere Lehrer aber eigene Kinder im Alter derjenigen, die in der Klasse vor ihnen sitzen. Womöglich sähen sie Eltern sonst mit anderen Augen.

Psychologen bestätigen allerdings, dass Kinder – vermutlich auch Lehrerskinder – sich zunehmend im Ton vergreifen und danebenbenehmen. Es fehle der Respekt. Nehmen wir an, das stimmt. Nehmen wir an, es ist nicht so, wie der Schweizer

Publizist Jürg Meier vermutet, wenn er schreibt: „Es geht eben nicht um den Respekt aller gegenüber allem Leben, wenn geklagt wird, die jeweils heutige Jugend habe ihn verloren, sondern um den Verlust der Macht Erwachsener über ihre Kinder."[9]
Warum haben Kinder respektvolles Verhalten zu Hause nicht gelernt? Können Eltern nicht mehr erziehen? Wollen sie nicht? Belastbare wissenschaftliche Erkenntnisse fehlen. Immer wieder geistert ein ominöses Drittel erziehungsunfähiger Eltern durch die Medien, dingfest gemacht hat es noch keiner. Lassen Eltern ihrem Kind freie Hand und betrachten Fehler als Entwicklungsschritte, unterstellt man ihnen, sie interessierten sich nicht für ihr Kind. Achten sie peinlich genau darauf, dass das Kind nichts falsch macht und stets den Erwartungen der Gesellschaft entspricht, gehören sie zu den Helikoptereltern[10], über die in den bundesrepublikanischen Medien monatelang heftig diskutiert wurde. Es gibt, wie gesagt, keine belastbaren Zahlen. Dennoch war die Rede von 15 Prozent desinteressierten Eltern und 15 Prozent überengagierten. Das wären 30 Prozent nicht ordnungsgemäß erziehende Eltern. Die Zahl stammt höchstwahrscheinlich von dem Sozial- und Bildungsforscher Klaus Hurrelmann. Auch Hurrelmann weiß, dass es keine Studien zur Erziehungsfähigkeit von Eltern gibt. Auch er spekuliert nur, wie er einmal zugeben musste.

Richtig oder falsch?
Auf jeden Fall ist Erziehen schwieriger geworden. Schläge und Liebesentzug, die Druckmittel von früher, sind mit Recht verboten, in der Schule wie in der Familie. Was aber dann? Ein Vierjähriger hört 300 Ermahnungen und Anweisungen – pro Tag, sagt der Pädagoge Reinhold Miller[11]. Ob reden hilft? Kinder sind selbstbewusster als früher und ordnen sich nicht mehr so leicht unter. Eltern pflegen einen partnerschaftlichen Erziehungsstil. Noch nie wurde wohl eine Generation von Kindern mit so viel Liebe und Zuwendung erzogen wie die heutige. Eltern aus allen sozialen Schichten ist es wichtig, dass es ihrem Kind gut geht, und sie tun dafür, was sie können.
Nicht immer genügt das. Erziehung ist nicht automatisch erfolgreich, sobald sie stattfindet. Laufen Kinder und Jugendliche aus dem Ruder, ist das kein Beleg für fehlende Erziehung. Allenfalls für gescheiterte. Es gäbe sicher nicht die kaum überschaubare Flut von Erziehungsratgebern, wenn Eltern sich nicht jede erdenkliche Mühe gäben, alles richtig zu machen. Sie wissen, dass die Gesellschaft das perfekte Kind erwartet. Das verunsichert sie so sehr, dass Erziehung „aus dem Bauch heraus" zumindest für die Mittelschicht schon lange keine Option mehr ist. Eltern wissen, dass sie für jeden Fehler, den ihr Kind begeht, im Zweifelsfall öffentlich Rechenschaft ablegen müssen. Nur deshalb verkaufen sich Bücher wie das „Lexikon der Erziehungsirrtümer" mittlerweile in der 5. Auflage[12]. Niemand will sich nachsagen lassen, nicht alles versucht zu haben.
Hirnforscher und Kinderpsychiater nehmen die zehn größten Erziehungsirrtümer

aufs Korn und beschreiben, „wie wir es besser machen können". Eilige können im Internet die sechs größten Erziehungsirrtümer nachlesen, Leute mit ein wenig mehr Zeit finden dort bis zu 37 Erziehungsmythen, die auf den Prüfstand gestellt werden. Da geht es um Zähneputzen und Fernsehen, um Sauberkeitserziehung und das Aufessen, um verwöhnte Einzelkinder und um Mädchen plus Mathe. Sogar Legasthenie und Homosexualität werden diskutiert, und die Fachleute sparen nicht mit guten Ratschlägen – von denen viele einander widersprechen.

Eltern müssen konsequent sein, und Kinder brauchen Grenzen, das weiß heutzutage jeder. Das sind Basics der modernen Erziehung, über die es keinen Streit geben dürfte. Falsch, sagt Jesper Juul. Perfekte Eltern sind für Kinder ein Albtraum. Eltern sollen lieber glaubwürdig sein als konsequent. Notfalls glaubwürdig inkonsequent, darf man vermuten. Nun ist Juul[13] nicht irgendwer, sondern ein ausgesprochen erfolgreicher Familientherapeut. Wem also glauben?

Familien sind heute so vielfältigen Belastungen ausgesetzt, dass sie dringend Unterstützung brauchen, nicht widersprüchliche Erziehungstipps und öffentliche Kritik. Die Studie „Eltern unter Druck"[14], die die Konrad-Adenauer-Stiftung 2008 vorgelegt hat, wird deutlich: „Ein Leben mit Kindern bedeutet heute nicht nur Sinn und Glück, sondern auch Spagat, vielfache Spannungen und oft auch das Gefühl von Ungenügen." Eltern seien kaum noch in der Lage, die Anforderungen einer im Wesentlichen wettbewerbsorientierten Gesellschaft zu erfüllen, könnten sich diesem Wettbewerb andererseits aber nicht entziehen. Bildungsnahe Mittelschichteltern versuchten ihre Kinder deshalb mit allen Mitteln selbst zu fördern. Mehr als ein Fünftel der Eltern könne hier nicht mithalten. Sie stammen aus bildungsfernen Milieus am unteren Rand der Gesellschaft und kämpfen mit finanziellen Problemen, haben Angst um ihren Arbeitsplatz oder sind arbeitslos und deshalb kaum in der Lage, ihre von der Schule frustrierten Kinder zu motivieren. Sie selbst haben ja oft einen Schulabschluss und sind trotzdem arbeitslos. Kinder aus diesem unteren Fünftel der Gesellschaft beschreibt die oben erwähnte Unicef-Studie als „abgehängte Generation".

Neue Ziele, neue Wege
Seit den 1980er-Jahren haben sich die Erziehungsziele deutlich geändert. Nicht mehr Gehorsam, Anpassung und Pflichtbewusstsein stehen ganz oben. Kinder sollen heute selbstbewusst und kritisch sein, verantwortungsbewusst und selbstständig. Die alten Erziehungsmethoden funktionieren da verständlicherweise nicht mehr. Neue müssen die Eltern sich erst erarbeiten. „Zwischen verwöhnten Wunschkindern und sich selbst überlassenen, vernachlässigten Kindern versuchen Eltern, ihrer Elternrolle gerecht zu werden und das individuell richtige Maß für ihr Kind zu finden", heißt es in der Studie „Eltern unter Druck". Einfach ist das nicht.

Hier könnte ELFE[15] („Eltern lernen früh erziehen") helfen, ein Erziehungskonzept des Bayerischen Elternverbands. In Anlehnung an das finnische „Neuvola" fordern die Elternvertreter kostenlose Erziehungskurse für alle Eltern vor der Geburt und während der ersten Lebensmonate des ersten Kindes. Der Gedanke dahinter: Alle Eltern freuen sich auf ihr erstes Kind. In dieser Phase sind sie besonders empfänglich für Anregungen und Erziehungstipps. Programme wie die „Frühen Hilfen" der Sozialministerien diskriminieren, wenn sie nur Familien angeboten werden, von denen Behörden meinen, dass diese „es nötig haben". ELFE hingegen wendet sich ausdrücklich an alle, und ein spezielles Anreizsystem macht die Kurse auch zögerlichen Eltern schmackhaft. Die Teilnahme an ELFE muss für angehende Eltern selbstverständlich werden.

Bis die Kinder ELFE-geschulter Eltern in der Schule sind, wird es noch dauern. Doch schon heute können alle Schulen sich und den Familien das Leben erleichtern. Die häufig beschworene Bildungs- und Erziehungspartnerschaft, die neuerdings sogar in das konservative bayerische Schulgesetz Einzug gehalten hat, darf nicht bloß im Gesetz stehen. Werden Eltern ernst genommen, sind sie bereit, mit der Schule zusammenzuarbeiten. Damit die Zusammenarbeit gelingt, sollte die Schule nicht zögern, sich fachkundige Unterstützung zu holen. Eltern sind zwar Profis für ihr Kind, aber nicht unbedingt Kommunikationsprofis. Dieses Manko kann und soll die Schule ausgleichen. Ein professionelles Kommunikationstraining für alle Lehrer kann Wunder wirken, zumal, wenn es auch die interkulturelle Kompetenz stärkt.

Die Vodafone-Stiftung hat Qualitätsmerkmale guter Elternarbeit[16] entwickelt, als „Kompass für die partnerschaftliche Zusammenarbeit von Schule und Elternhaus". Ein Blick darauf lohnt sich. Das Wichtigste aber ist ein großer Vorschuss an Vertrauen – auf beiden Seiten. Wenn die Schule ihr Misstrauen gegenüber vermeintlich erziehungsunfähigen Eltern ablegt, werden diese gern ihren Part in einer Bildungs- und Erziehungspartnerschaft übernehmen.

---

[1] siehe http://www.paroli-magazin.at/dargestellt/interview/ich-sehe-den-trend-zum-angepassten-hosenscheisser/ (zum letzten Mal abgerufen am 8.11.2013)
[2] Süddeutsche Zeitung am Wochenende vom 21.9.2013
[3] siehe http://de.wikipedia.org/wiki/Bernhard_Bueb#Zum_Buch_Lob_der_Disziplin
[4] siehe http://de.wikipedia.org/wiki/Michael_Winterhoff
[5] siehe http://www.zeit.de/2011/11/Tiger-Mom-Amy-Chua (zuletzt abgerufen am 5.11.2013)
[6] siehe http://de.wikipedia.org/wiki/Die_Super_Nanny
[7] siehe http://www.shell.de/aboutshell/our-commitment/shell-youth-study.html (zuletzt abgerufen am 5.11.2013)
[8] siehe http://www.unicef.de/presse/2013/kinder-in-deutschland/25812 (zuletzt abgerufen am 5.11.2013)
[9] Jürgmeier, Vortrag auf der Tagung «Worte – Werte – Wandel» des Kantons Basel-Landschaft am 1. Februar 2012, abgedruckt in Infosperber, http://www.infosperber.ch/Artikel/Gesellschaft/Die-Jugend-wird-immer-schlimmer—schon-immer

10 siehe http://de.wikipedia.org/wiki/Helikopter-Eltern
11 Interview mit Reinhold Miller in „Humane Schule", Zeitschrift des Bundesverbands der Aktion Humane Schule e.V., Oktober 2013, S. 7
12 Andrea Bischhoff: Lexikon der Erziehungsirrtümer, Piper, 5. Aufl. 2012
13 zitiert nach http://www.brigitte.de/liebe/familie/erziehungsirrtuemer-1095542/6.html, (zuletzt abgerufen am 4.11.2013)
14 siehe http://www.kas.de/wf/de/33.13023/ (zuletzt abgerufen am 5.11.2013)
15 siehe http://elternbayern.jimdo.com/elfe/ (zuletzt abgerufen am 5.11.2013)
16 siehe http://tinyurl.com/nwwu86y (zuletzt abgerufen am 5.11.2013)

„ Der Sozialarbeiter arbeitet am sozialischen Verhalten der Schüler. "

Kindermund

Oh Gott, die Werte! Sind sie noch zu retten? Wie setzt man sie um?
Johanna Haberer, Professorin für christliche Publizistik an der Theologischen Fakultät der Friedrich-Alexander-Universität Erlangen-Nürnberg hält nicht nur auf Lehrertagen Vorträge über die Werteproblematik, sie sprach von 2002–2006 auch das Wort zum Sonntag.

Aus theologisch-philosophischer Sicht betrachtet sie in ihrem Aufsatz die Menschenbildung. Sie setzt humanistische und christliche Tugenden (!) in Beziehung zum Vorbild in der Erziehung und legt den Kern des europäischen Kulturguts frei.

Johanna Haberer

Sind unsere Werte noch zu retten?

In diesem Beitrag soll nach Bildung gefragt werden – nach Menschenbildung. Es soll gefragt werden, welche Rolle die Lehrerpersönlichkeiten dabei spielen und was die Theologie zum Bildungsdiskurs beitragen kann.
Der Begriff „Bildung" hat ja Hochkonjunktur und die gesellschaftliche Öffentlichkeit debattiert in kurzen Abständen über immer neue Impulse und Vorschläge zum radikalen Umbau des bestehenden Bildungssystems.
Hier aber soll nach dem Wert der Bildung gefragt werden und welche Werte die Bildung vermittelt. Es soll nach den Lehrerpersönlichkeiten gefragt werden und ihrem Bewusstsein, für den unersetzlichen Stellenwert ihres Berufs. Lehrer und Lehrerinnen sind die „Wurzelarbeiter" der Nation – gerade die Lehrer und Lehrerinnen in der Grundschule. Sie legen das Fundament für den Wertehorizont der nachfolgenden Generation. Dafür, ob die erwachsenen Menschen später offen sind oder verschlossen, neugierig oder träge, respektvoll oder auftrumpfend, integrativ

oder beherrschend, ängstlich oder selbstbewusst, phantasievoll oder gelangweilt. Vieles hängt davon ab, welchen Lehrerinnen und Lehrern die Schüler begegnen.
Dieser Beitrag möchte in einem ersten Teil den Versuch machen, die Bildungsvorstellungen in unserer Kultur aus dem Christentum zu entwickeln. In einem zweiten Teil wird nach den Werten gefragt, die unsere Bildungsinstitutionen weitergeben und in einem dritten nach den Tugenden, die die Bildungseinrichtungen vermitteln sollten.
Dieser Beitrag möchte eine Würdigung der Arbeit von Lehrerinnen und Lehrern sein. Er möchte zeigen, wie aus den geistigen Ressourcen der christlichen Religion ein Bildungsbegriff entsteht, der neben dem Verfügungswissen, das im Unterricht vermittelt wird, das unverzichtbare Orientierungswissen wächst, von dem das würdige Überleben der folgenden Generationen im Informations- und Datendschungel abhängt. Denn: die Beschleunigung von Wissen ist unüberschaubar und die Frage, wie sich Wissen und Bildung aufeinander beziehen, gehört vermutlich zu den Überlebensfragen moderner Gesellschaften.

I. Bildung und Religion

Eltern fragen schon während der Schwangerschaft nach der optimalen Förderung ihres Kindes und beginnen – wenn sie es sich leisten können – bereits im Kindergarten, ihre Kinder mit Englisch und Französisch zu traktieren. Auch Privatschulen – besonders internationale – haben Konjunktur. Das Schutz- und Forderungsverhalten von Eltern nimmt zu. Schulen fühlen sich mehr und mehr als Bildungslieferanten. Das Wort „Eliten" geht inzwischen auch einem „Altachtundsechziger" so locker von den Lippen, als hätte er es erfunden.
„Gestatten Elite – auf den Spuren der Mächtigen von morgen"[1] heißt ein kleines Büchlein, das vor einigen Jahren ein Sachbuchbestseller wurde. Die Autorin Julia Friedrichs, eine Arbeitertochter, die ihrer glänzenden Noten wegen bei McKinsey angeheuert wurde und in einem Edelhotel am Fuße der Akropolis in ihr neues Luxusleben eingeführt werden sollte, hatte dort das Wort „Ihr seid Elite" so häufig gehört, dass sie das Angebot absagte. Stattdessen fragt sie, wer oder was ist in diesem Land eigentlich Elite? Sie sucht die sogenannten Eliteschulen, Elitestudiengänge und Elitekindergärten auf, und fragt nach dem, was eigentlich eine Elite ausmacht. Das Ergebnis ist voraussehbar und gleichermaßen niederschmetternd. Elite nennt sich heute der, der Geld genug hat, sein Kind von den anderen, den Normalen zu separieren und ihm damit ein Milieu zur Seite zu stellen, das die Maßstäbe des Lebens und den Lebensstil prägt und vor allem das Lebensgefühl, etwas Besseres zu sein. Nicht die Solidarität in einer Gemeinschaft ist das Bildungsziel dieser neuen Eliten, sondern die Teilung des Landes in Eliten und andere.

Sind unsere Werte noch zu retten?

In Deutschland wurde vor ein paar Jahren ein ganzes Land kopfscheu, als sich das Land der Dichter und Denker, die Heimat Humboldts, plötzlich auf schlechten mittleren Plätzen beim Ranking der sogenannten PISA-Studie wiederfand, die in diesen Tagen erneut die Zeitungen bevölkert – wie überhaupt das Stichwort „Ranking" die gesamte Bildungsdiskussion bestimmt. Bildung ist ein Überlebensthema freier Gesellschaften, und die Frage begegnet und bewegt uns in konzentrischen Kreisen vom privatesten Bereich der Familien, in der die Entscheidungen über die Bildung eines Kindes getroffen werden, bis hin zu den öffentlichen Diskursen, die derzeit dazu führen, dass traditionell angesehene Bildungsinstitutionen wie Schule und Universität so radikal umgebaut werden, dass es scheint, als bliebe kein Stein mehr auf dem anderen. All diesen Umbaumaßnahmen ist eines gemeinsam, man entfernt sich von dem Menschenbild des selbst suchenden, interessierten jungen Menschen, der neugierig und wissbegierig in die Welt blickt, und geht eher von dem Bild eines Trichters aus, in den möglichst viel hineingesteckt werden soll.

Nicht von Vertrauen in unsere kulturellen Ressourcen ist unsere Bildungsdiskussion geprägt, nicht vom Stolz, auf das, was wir in unserer europäischen Bildungstradition hüten, sondern von Angst vor den „Chinesen", den „Indern", kurz vor all denen, von denen wir fürchten, sie würden uns ökonomisch überholen.
Wir sollten uns deshalb fragen: Welches Bild haben wir von Bildung? Was meinen wir, wenn wir von Bildung sprechen: Worin wollen wir bilden und gebildet werden? Woran wollen wir bilden und gebildet werden und wohin? Zu welchem Zweck?

Wollen wir Menschen bilden, wollen wir das Humanum, das Individuum, mit allen seinen unterschiedlichen Gaben und Anlagen zu seiner Entfaltung locken? Wollen wir Bürger heranbilden, die das Management einer Gesellschaft durchschauen und mitgestalten wollen und können? Wollen wir hoch spezialisierte Fachkräfte, die im industriellen Prozess reibungslos funktionieren und die im internationalen Vergleich wie Leuchttürme hervorragen? Wollen wir Sieger – ökonomisch buchstabiert? Wollen wir nur leistungsstarke oder auch zufriedene, flexible oder glückliche Menschen heranbilden? Und: Welche Kriterien stellen Jugendliche selbst auf, wenn sie heute an die Bildungsinstitutionen herantreten?
Dem aufmerksamen Beobachter dieser Diskussion fällt auf, dass in den aktuellen Diskursen das alte Wort „Bildung" schon beinahe aus der Mode gekommen ist – wir reden auch nicht mehr von Allgemeinbildung, wir sprechen von Kompetenzen – von sozialen, personalen, kommunikativen.
Diese Sprache verweist schon darauf, dass Bildung heute nicht mehr als ein Gut an sich verstanden wird, sondern sich aus – englisch – „competition" ergibt, das heißt, aus dem Wettbewerb. Was wir können, wissen, glauben sollen, ergibt sich,

so scheint es heute, aus der Logik des Wettbewerbs, aus dem „Ranking".
Noch einmal: Worüber also reden wir, wenn wir von Bildung reden?
Es ist fundamental wichtig darauf hinzuweisen, dass Bildung ein Phänomen ist, das mit den Anfängen menschlicher Kultur zusammenfällt. Es geht um die bewusste Weitergabe von gewonnenen Einsichten und Erkenntnissen, von Wissen und Weisheiten, von bewährten Lebensformen und Orientierungsmustern. Bildung entsteht durch Weitergeben, lateinisch „tradire". Bildung entsteht also durch Traditionen. Das bedeutet, dass wir, wenn wir von Bildung sprechen, immer auf die Vergangenheit verweisen. Bildung entsteht nicht im luftleeren Raum, sondern setzt auf, auf vorherigem erworbenen Wissen und bewährten Kenntnissen. Bildung ist immer etwas, was ich von anderen erhalte, übermittelt bekomme: sei es das Wissen über die Zusammenhänge der Natur, sei es Kultur, sei es Kunst, Literatur oder Musik. Wenn der alte Kirchenvater Augustinus formuliert: „Was hast Du, was Du nicht empfangen hast?", zielt er auf den Kern der Bildung. Bildung ist ein Akt des Empfangens und bewirkt die Haltung der Dankbarkeit. Bildung ist zudem ein Gut, auf das prinzipiell alle Menschen ein Anrecht haben, weil sie im Besitz aller Menschen ist.
Bildung ist also die Weitergabe von Erworbenem für die Zukunftsgestaltung einer Gesellschaft. Dabei kommt es nicht primär auf den Kanon des Verfügungswissens an, sondern auf die Dimensionen des Menschseins, die Bildung eröffnet. Will man diese Dimensionen umreißen, kommt man nicht umhin, das Erbe der Religionen, insbesondere des Christentums, zu befragen. Denn das Christentum hat sich gemeinsam mit der älteren Schwester, dem Judentum, immer schon als Schriftreligion verstanden und die Anerkenntnis Gottes als Grundlage von Bildung besungen.[2]
Der berühmte Religionspädagoge Karl Ernst Nipkow hat für diesen Beitrag der Religion zur modernen Bildung fünf Merkmale genannt:[3]

- Bildung befähigt zur Partizipation an der Gesellschaft, fördert das Verständnis für Ordnung, Recht und Ethos einer Gesellschaft.
- Bildung generiert Visionen. Sie entwirft eine Vision von dem, was das gute Zusammenleben und das gute Leben sein könnten.
- Bildung ermöglicht es dem Menschen, über sich selbst nachzudenken, ist also reflexiv.
- Bildung bezieht sich auf Traditionen, indem sie darauf aufbaut oder mit ihnen bricht.
- Bildung fördert die Möglichkeiten von Menschen, sich sprachlich zu vermitteln.

Die Religionen, insbesondere das Christentum, bringen in die globale Bildungsdiskussion ihre Profile sozusagen als Mutterboden der Kulturen ein. Denn die Religionen vermitteln das, was man gemeinhin als Orientierungswissen oder als Weisheit

Sind unsere Werte noch zu retten?

bezeichnet. Sie verwalten den Schatz der Erfahrungen einer Kultur, sie verwalten, wenn man so will, ein geistiges Weltkulturerbe. Was da wäre:

- Die Grundregeln des Umgangs mit sich selbst und mit der Gemeinschaft (zum Beispiel die Goldene Regel und die 10 Gebote)
- Religionen vermitteln ein Bild vom Menschen und dem gelungenen Leben.
- Sie vermitteln Demut, indem sie auf den Unterschied, die Distanz zwischen Gott und Mensch verweisen und zugleich das Staunen über die scheinbar unendlichen Möglichkeiten des Menschen.[4]
- Religionen vermitteln weiter Maßstäbe für einen ganzheitlichen Umgang mit der Welt. Wir könnten von Herzensbildung und Gemütsbildung reden.
- Sie vermitteln Hoffnung und Zuversicht im Umgang mit den kontingenten Ereignissen, die allen Menschen begegnen: Niederlagen, Krisen, Katastrophen.
- Und sie vermitteln Utopien, wohin die Welt – um Gottes willen – sich entwickeln soll.

Religionen vermitteln also Lebenswissen und Überlebenswissen in den Texten der religiösen Schriften und den Texten der religiösen Denker.

Die Religionen – in unserer Kultur die christliche Religion – bieten auch in säkularen Gesellschaften das Programm für die Software unserer Existenz. Sie sind die Steuerungssoftware unseres Zusammenlebens. Das Christentum insbesondere verstand sich in seiner abendländischen Ausprägung zusätzlich auch als gebildete Interpretationsgemeinschaft von Texten. Vor allem das reformatorische Profil legt den höchsten Wert auf die Bildung der jungen Menschen. Zitat Luther: „Denn wir wollen feine und geschickte Leute haben zu weltlichem und geistlichem Regiment, so müssen wir wahrlich keinen Fleiß, Mühe noch Kosten an unseren Kindern sparen, zu lehren und zu erziehen, dass sie Gott und der Welt dienen mögen."[5]

Der Lehrer war für Luther neben dem Prediger der wichtigste Beruf der Welt.[6] Wobei die reformatorische Tradition immer Wert legte auf die Ganzheitlichkeit der Bildung, die Verfügungswissen und Orientierungswissen nicht trennt und ebenfalls die Naturwissenschaften und die Kulturwissenschaften nicht als Konkurrenten, sondern als komplementäre Teile eines gemeinsamen Wissens versteht.

Es wird in Zukunft in einer Welt, in der das Verfügungswissen explodiert, auf das Orientierungswissen ankommen. Das Internet mit seinem unendlichen Angebot an Verfügungswissen ist ein sprechendes Bild dafür, dass Verfügungswissen ohne Orientierung ins Leere geht. Es wird auf Zukunftsvisionen ankommen, auf die gebildete Hoffnung, dass wir auf diesem Globus alle friedlich zusammenleben können. Dazu ist es wichtig, ein Menschenbild zu befördern, das diese Hoffnung tragen kann.

Die christliche Anthropologie, die Lehre vom Menschen hat das Potenzial für solche Hoffnung. Sie definiert den Menschen einerseits als sündig, das heißt realistisch und nüchtern als schwach, verführbar, angewiesen und auf der anderen Seite als weltoffen und gottoffen. Der Mensch, der in dieser anthropologischen Spannung lebt, bedarf lebens- und überlebensnotwendig der Bildung, damit die Offenheit für die Welt und für Gott eine Chance bekommt. Denn die Kunst, Wissen einzuordnen und Wissen und Kenntnisse für die Gestaltung der Welt oder sogar für die Gestaltung der Zukunft einer besseren Welt einzusetzen, das sind die Fähigkeiten, oder lassen Sie mich jetzt das Wort doch sagen, das sind die Kompetenzen, die die Zukunft braucht.

Welche Art von Bildung aber bietet diese Spannung zwischen Demut, Dankbarkeit, Weltoffenheit und Gottoffenheit? Eine solche Bildung muss eine ganzheitliche Bildung sein, muss den Menschen von der Herzensbildung bis zur leiblichen Bildung, von der Bildung als Bürger bis zum reflektierten Individuum erfassen. In der modernen Bildungsdiskussion hat man dafür das Stichwort der „ästhetischen Bildung" gefunden. Man kann ästhetische Bildung in fünf Dimensionen beschreiben. Ästhetische Bildung eröffnet Räume für zukunftsfähiges Verfügungswissen, eingebettet in die Bildung als Menschenbildung um ihrer selbst. Die fünf Dimensionen der ästhetischen Bildung eröffnen sich im Bild
- der Leiblichkeit,
- der Sozialität eines Menschen,
- der Subjektivität,
- der Kulturalität,
- und der Historizität.

Gebildet ist dann ein Mensch, wenn er sich als ein Teil eines Ganzen versteht und zugleich als Ganzes. Gebildet ist ein Mensch, wenn er sich als ein leibliches Wesen mit Anfang und Ende, im Wachsen und Abnehmen der Kräfte reflektieren lernt.
Gebildet ist er, wenn er sich als Teil einer vielfältigen Weltgesellschaft versteht, in der er sich orientieren kann, wenn er die eigene Kultur erfahren und reflektiert hat und in der Lage ist, das Eigene im Kennenlernen des Fremden immer noch besser zu würdigen.
Die Individualität und Subjektivität innerhalb der Gemeinschaft ist die dritte Dimension, in der Verantwortung für die Gemeinschaft und für die Gesellschaft gefördert wird und das kritische Nachdenken über sich selbst. Die Kenntnis der eigenen Kultur im Nebeneinander und Vergleich von anderen wird eine der wesentlichen Zukunftsforderung an Bildung sein. Dazu gehört auch die genaue Kenntnis von Religionen, ihrer Geschichte und ihres Einflusses auf die Kulturen der Welt. Und das Wissen um die Geschichtlichkeit unserer Existenz.

Sind unsere Werte noch zu retten?

II. Werte-Bildung

Aus diesen unterschiedlichen Dimensionen der religiösen Orientierung bilden sich die Grundwerte einer Kultur, die einfließen in den Bildungs- und Wertekanon einer Gesellschaft. Und es ist nicht schwer, den Katalog der Grundwerte der Bundesrepublik Deutschland – die sich nach dem moralischen und kulturellen Absturz der Gesellschaft in eine nationalsozialistische Ideologie gebildet haben – auf die Grundvereinbarungen der christlich-jüdischen Religion zurückzuverfolgen.

Werte sind die bewährten Normen, zwischen denen sich der Prozess der Menschenbildung, aber auch der kulturellen Entwicklung einer Gesellschaft versteht. Werte sind Teile eines Interpretationsprozesses und Identitätsprozesses einer Gesellschaft.

Der Begriff „Wert" entstammt der Ökonomie, dem Handel. Er hat mit Wohlstand zu tun.

Ein Wert ist etwas, was den Besitzer bereichert, was ihm Reichtum und Erfolg verspricht. Wir sprechen im Deutschen von „Werten" nicht nur im ökonomischen, sondern auch im geistigen Sinn – und meinen damit aber präzise dasselbe. Werte, die Grundwerte, auf die unser Gemeinwesen sich verständigt, sollen dem Gemeinwesen Bestand garantieren, ihm Frieden, Wohlstand, ein gerechtes Zusammenleben ermöglichen.

Wer also bewährte Werte besitzt, kann sich für sein Leben einen Vorteil versprechen. Die Säulen, auf denen die christlich-jüdische Kultur aufgebaut ist, sind die Zehn Gebote und ihre Weiterentwicklung durch Jesus in der Bergpredigt und anderen wegweisenden Reden.

Die Zehn Gebote teilen sich in zwei Abschnitte, das ist 1–3 und 4–10. Eins bis drei regelt grundsätzlich das Verhältnis zu Gott, die Gebote 4–10 das alltägliche Zusammenleben der Menschen.

Die ersten drei Gebote sind in der Welt einmalig, sie finden in anderen Religionen und Kulturen keine Entsprechung. Die Gebote allerdings, die den Alltag regeln, finden sich in unterschiedlichen Gewichtungen und Formulierungen in anderen Hochreligionen wieder und können in multireligiösen und multikulturellen Zusammenhängen als gemeinsame Grundlagen verstanden werden.

Da heißt es im ersten Teil des Dekalogs:[7]

1. Ich bin der Herr Dein Gott, Du sollst nicht andere Götter haben neben mir.
2. Du sollst den Namen des Herrn Deines Gottes nicht unnützlich führen, denn der Herr wird den nicht ungestraft lassen, der seinen Namen missbraucht.
3. Du sollst den Feiertag heiligen.

Die ersten drei Gebote regeln die Beziehung zu Gott: Und diese Beziehung wird in mehreren Dimensionen lebendig. Erstens: Es gibt einen Gott alles in allem. Ein Gott, der Segen und Wohlstand und Gesundheit und Glück, ebenso wie Leid und Mord und Folter und Tod, in sich vereint und für die Menschen um Antwort ringen muss. Die ganze Bibel ist ein heroischer Versuch, das ganze Leben der Menschen in Gott zu denken, ohne das Böse abzuspalten, sondern vielmehr mit der Schwäche des Menschen zu rechnen. Die christliche Welt teilt sich nicht in Gut oder Böse – vielleicht in gottesnah und gottesfern.

Gott ist alles in allem und die letzte Instanz.

Das erste Gebot weist allen weltlichen Instanzen, was da sind Eltern, Lehrer, Vorgesetzte, Politiker, ihren untergeordneten Platz zu. Jeder Mensch wird Gott als der höchsten geistigen Instanz zugeordnet und das macht ihn frei, weltliche Instanzen nicht zu vergöttern.[8] Nach dieser religiösen Maßgabe qualifiziert sich weltliche Macht dadurch, dass sie sich Gott unterordnet. Niemand hat Anspruch auf unser Leben außer Gott. Hier sind Freiheits- und Schutzdimensionen in einem angelegt. Hier ist der Schutz des Individuums verborgen, hier ist die Heiligkeit und Unantastbarkeit der menschlichen Würde im Kern beheimatet. Dieser Raum der Integrität, den Lehrer lehren sollen und den sie bei ihren Schülern respektieren.

Die Beziehung des Menschen zu Gott ist ein Raum der Heiligkeit. „Heilig" ist ein Begriff, der heute aus der Alltagssprache des Wettbewerbs verschwunden scheint. Aber er ist ein Freiheitsbegriff aus der Sphäre der Heilsökonomie Gottes. Denn der Begriff „heilig" ist genau betrachtet auch ein Begriff aus der Wirtschaft. „Heilig" heißt: Gott hat einen Eigentumsvorbehalt auf jeden Menschen. Menschen müssen sich immer einordnen in Ordnungen und Systeme, aber diese Ordnungen werden durchbrochen durch den Eigentumsvorbehalt Gottes. Ich finde es fatal, dass zunehmend das Kreuz in der Schule, das Zeichen für Gottes Eigentumsvorbehalt, infrage steht. Recht gedeutet sagt dieses Zeichen unseren Kindern: Was auch immer du leistest, jenseits der Spielregel der Schule, bist Du unendlich viel wert. Das gibt einem Kind oder einem Jugendlichen die notwendige innere Freiheit gegenüber dem ganzen System. Wer das Kreuz in unserer Kultur aus dem Klassenzimmer entfernen lässt, entfernt für unsere Kinder die Dimension der inneren Freiheit.

Das zweite Gebot formuliert, dass Gott, immer größer ist als die menschlichen Ziele und Wünsche. Dass der Schöpfer der Welt sich nicht vereinnahmen lässt für kurzfristige, eigennützige, funktionale Ziele in unserer Gesellschaft. Auch hier soll ein Raum der Freiheit angeboten werden, zusammen mit der Forderung nach der Verlässlichkeit zwischenmenschlicher Rede und den Versprechen, die wir uns gegenseitig geben.

Auch das dritte Gebot formuliert einen Eigentumsvorbehalt. Es muss, sagt das Feiertagsgebot, einen Tag in der Woche geben, der abgekoppelt ist von den ökonomischen

Sind unsere Werte noch zu retten?

Prozessen, vom Kaufen und Verkaufen, von Leisten und Leistung fordern. Es muss einen Tag geben, wo der Mensch sich nicht als „Arbeiter", als Leistungsträger oder als „Konsument" versteht, nicht als eine Funktion der Pflichten, sondern als Mensch, der nur für sich ein Recht hat auf Ruhe, auf Lesen, auf Freunde, auf Familie, auf Gottesdienst.

Das vierte Gebot ist nun der Übergang zu den gesellschaftlichen Regelungen:
Du sollst Vater und Mutter ehren, formuliert der biblische Generationenvertrag. Der regelt, dass die, die uns erzogen haben, von uns geschützt werden, wenn sie nicht mehr für sich selbst stehen können. Wir müssen dieses Gebot ergänzen mit dem Zusatz: Du sollst die Kinder ehren. Das war in den alten Gesellschaften die Voraussetzung zum Überleben, insofern kein Thema. Heute müssen wir unsere Kinder vor Missbrauch aller Art schützen: Kinder als Werbekunden, Kinder als Fernsehzuschauer, als User und Computerspieler, wo der Jugendschutz immer schwieriger und unübersichtlicher wird. Kinder als Sexobjekte in Bild und Ton. Du sollst Deine Kinder ehren, das ist die andere Seite des vierten Gebots.

Du sollst nicht töten, schützt das menschliche Leben als Prinzip, das nicht aufgegeben werden darf, auch wenn sich in der ethischen Entscheidungsfindung rund um Schwangerschaftsabbruch, um Sterbehilfe oder Todesstrafe, ein sehr schwieriges und differenziertes Feld eröffnet.
Unsere Kultur muss im Dialog mit den nachfolgenden Generationen die Fragen nach Autonomie und Lebensschutz gegenüber den technischen Möglichkeiten von Manipulation und Verlängerung des Lebens immer wieder neu austarieren.

Du sollst nicht Ehebrechen, ist das Gebot zum Schutz der Familie, zu alten Zeiten insbesondere das Gebot zum Schutz der Frau. Wir leben heute in anderen Zeiten, wir leben länger zusammen, wir werden älter und die Zahl der geschiedenen Ehen steigt unaufhaltsam, ebenso wie die Zahl der allein lebenden Menschen.
Diese Tatsache macht das sechste Gebot nicht vorgestrig. Es gemahnt uns daran, dass unser Wort und unsere Liebe sich mit dem Maßstab der Verbindlichkeit messen lassen müssen. Wahrscheinlich weiß keiner besser als Lehrerinnen und Erzieher, was es für die Kinder bedeutet, wenn Ehen und Familien auseinanderbrechen – das ist in unseren Zeiten bereits ein Normalfall.

Dass wir einander beim Wort nehmen können, dass wir Zusagen, Versprechen nicht leichthin sagen, dass wir uns nicht selbst entwerten – das will das sechste Gebot. Dass wir uns selbst ernst nehmen und unseren Leib, unsere Seele und unser Versprechen nicht der Beliebigkeit aussetzen: Das sagt dieses Gebot.

Das siebte Gebot sichert den Schutz des Eigentums. Ein Gedanke, der in der Tradition des Bergpredigers Jesus mit dem Gemeinwohlgedanken ergänzt wurde. Jedenfalls lebt die christliche Gemeinde immer in der Spannung vom Verhältnis zum Eigentum und dem zum Gemeinwohl.

Das neunte und zehnte Gebot warnt uns vor dem „Begehren" als ökonomischem Motor einer kapitalistischen Gesellschaft. Hier steckt der religiöse und kulturelle Widerstand gegen das „Immer-mehr" unserer Gesellschaft, hier steckt die moralische Berechtigung, Kinder zu imprägnieren, gegen den Sog und die Sucht, alles haben zu wollen und immer mehr haben zu wollen, gegen den Wettbewerb und den Vergleich als Bildungsinhalt.

Eine unrühmliche Konjunktur erhält das achte Gebot in der Ära des Internets, das vor übler Nachrede und Gerüchtemacherei schützen soll.
Die Integrität von Personen in der virtuellen Kommunikation muss ein Ziel künftiger Bildung sein: Absenderklarheit und der Umgang mit dem Wort und der Behauptung, der Respekt vor dem virtuellen Gegenüber einerseits und die Vorsicht andererseits. Die Absenderklarheit, die Achtung der Datensicherheit und des Schutzes der eigenen Persönlichkeit, all diese Inhalte gehören in das Portfolio moderner Bildung aus der Tradition der „10 Freiheiten" für die Menschengemeinschaft, die wir missverständlich Zehn Gebote nennen.
Diese Grundwerte werden im Grundgesetz der Bundesrepublik Deutschland aufgenommen und ergänzt:
Wenn unser Grundgesetz im ersten Satz formuliert: „Im Bewusstsein seiner Verantwortung vor Gott und den Menschen" ... so hat unser Staat den Herrschafts- und Eigentumsvorbehalt Gottes vor aller weltlicher Macht anerkannt. Es gibt seit Jahren Bestrebungen aus den unterschiedlichsten politischen und weltanschaulichen Richtungen, „Gott" aus dem Grundgesetz zu streichen. Wenn das geschähe, würde sich der Staat als Institution selbst begründen und eine höhere Instanz nicht akzeptieren. Gott im Grundgesetz, Gott im ersten Gebot verlangt von jeder weltlichen Macht, dass sie dient, dass sie kein Selbstzweck wird, sondern immer den Menschen verantwortlich, immer kritisierbar und unbedingt vorläufig.

Auch die Menschenwürde ist im ersten Gebot, vor allem aber auch im christlichen Bekenntnis niedergelegt, das bekennt, dass Gott Mensch geworden ist. Damit hat der Mensch eine unverfügbare Würde, die sein Leben unabhängig von menschlichen Beurteilungen und Ordnungen unendlich wertvoll macht.
Ich bin überzeugt: Der Satz von der Menschenwürde, die Forderung nach Menschenrechten würde obsolet, wenn sich unsere Gesellschaft von Gott als der Instanz

verabschiedet, die unsere Würde begründet und weltliche Macht kritisierbar macht. Dass jede Freiheit immer auch Verpflichtung bedeutet, das ist ein Gedanke, der im Laufe der Jahrzehnte, in denen wir unseren Staat auf den Grundwerten des Grundgesetzes aufgebaut haben, immer wieder betont werden musste, und der ein wichtiger Bildungsinhalt bleiben muss.
Es ist also Sache des Staates, der Gesellschaft und der christlichen Religion, die Tradition von Grundwerten weiterzutragen und in den Inhalten des Unterrichts und im Geist der Schule zu beheimaten.

Und das bedeutet, dass Lehrer sich klar darüber werden, dass sie das Vorbild für die Grundwerte unserer Gesellschaft legen:
Bildung – wie der Begriff schon behauptet – erzeugt Bilder vom Leben, von der Welt. Kinder und Jugendliche lernen in erster Linie von der Anschauung: Das bedeutet, sie lernen gerade in der Werteerziehung vom Vorbild. Die ersten Vorbilder sind die Eltern und Erzieherinnen. Von ihnen erfährt ein Kind die erste Weltanschauung. Dazu gehört zugleich, das Vorbild einer Offenheit, Weltbilder in Differenz und Toleranz mit anderen zu debattieren.

III. Tugenden als Profile einer Kultur

Neben den Grundwerten, die wir zu vertreten und zu leben haben, sind wir es unseren Kindern schuldig, auch die sogenannten Tugenden der Persönlichkeit zum Thema zu machen. Die abendländische Kultur bietet uns da zwei Wurzeln, einmal den Tugendkatalog aus der humanistischen Tradition und dann den aus der christlichen Tradition, die in vielem vereinbar sind, sich aber in vielem auch in Spannung halten. Der humanistische Tugendkatalog zeigt das Bild des Menschen ohne Schwäche: Erziehung zum Mut. Das heißt nicht die Erziehung zu Tollkühnheit, sondern die Erziehung zum Mut als einer inneren Haltung, zu den eigenen Überzeugungen auch in der harten Auseinandersetzung zu stehen. Wirklicher Mut findet im Kopf statt.
Erziehung zur Klugheit. Das meint nicht unseren engstirnigen Begriff von Intelligenz. Sondern die griechische Tugend der Klugheit würde man heute als soziale Intelligenz bezeichnen. Die Kraft, Kompromisse einzugehen, mit Niederlagen umgehen, Freundschaft leben und erfahrbar machen, Konflikte gewaltlos lösen. Das gehört alles zur Tugend der Klugheit.
Eine weitere Tugend ist die Mäßigung: Kaum etwas brauchen unsere Kinder in dieser durch und durch ökonomisierten Gesellschaft mehr, als die Einübung in den Gedanken: Wo ist die Grenze? Wo ist mein ganz persönliches Maß?
Die Tugend der Gerechtigkeit gehört in die Reihe der Tugenden, die auch in der christlichen Tradition ganz großgeschrieben werden: Das Gefühl für Recht und Unrecht, das Wissen darum, dass Bildung und Wohlstand, nicht einfach da sind,

sondern mit Arbeit erworben werden müssen. Und den unbedingten Reflex, dass Schwache und Unterlegene geschützt werden müssen.

Dazu kommen dann aus der christlichen Tradition die christlichen Tugenden der Barmherzigkeit, der Dankbarkeit, der Demut, der Sanftmut und der Aufrichtigkeit. Das klingt in den Ohren heutiger Jugendlicher vermutlich „uncool".
Aber recht gedeutet, geht es bei den christlichen Tugenden immer um die grundsätzliche Hinwendung zum anderen, um das Bewusstsein, alles, was ich bin und habe, verdanke ich zunächst einmal anderen. Und alles, was ich bin und habe, bedeutet gleichzeitig Verpflichtung.
Ich glaube tatsächlich, dass sich die Qualität der Menschenbildung in der nächsten Generation aus den Werten definiert, die die Beteiligten am Bildungsprozess von jungen Menschen vorleben.

Noch eine Bemerkung zum Schluss
Wir Deutschen haben grundsätzlich eine berechtigte Distanz zur Erziehung zu Tugenden (die im Übrigen zu unterscheiden sind von den Grundwerten). Tugenden sind Profilmerkmale einer Kultur und der Persönlichkeiten, die sie hervorbringt.
Waren es in unserer Geschichte doch gerade ein Reihe von fatalen Tugenden, zu denen unsere Vorfahren erzogen worden sind: Kadavergehorsam, Unterordnung, unhinterfragte Treue bis zum Tod, Vaterlandsliebe, Pünktlichkeit, Verschwiegenheit. Dieser Tugendkatalog des preußischen Deutschland hat sein Waterloo im Nationalsozialismus erlebt und seine endgültige Kritik in der Revolte der 68er erhalten. Insofern haben die 68er die erfolgreichste Kulturrevolte in Deutschland im 20. Jahrhundert geführt. Sie haben den Tugendkatalog für die nachfolgenden Generationen fast grundsätzlich umgeschrieben. Hier hat die Generation der heute 60- bis 70-jährigen einen ganz wichtigen Beitrag zu einer liberalen Gesellschaft geleistet. Unsere Generation hat statt der Verschwiegenheit gelernt, Probleme anzusprechen, sich auszusprechen. Die Unterordnung ist einer kritischen Solidarität gewichen, einer Loyalität auf Abruf, die Vaterlandsliebe beziehungsweise ein unreflektierter Patriotismus ist dem Versuch gewichen, ein positives Verhältnis zur Herkunft und zur Heimat zu bekommen. Wem ich treu sein will und wem, welcher Sache oder Person ich verbindlich mein Interesse und meine Kraft und Zugehörigkeit schenken möchte, entscheide ich selbst. Allein die Pünktlichkeit ist eine Tugend, von der wünschenswert wäre, sie würde weiter verbreitet sein.

Das christliche Menschenbild geht von der Verantwortlichkeit des Einzelnen aus. Jeder Mensch wird für das, was er tut, Rede und Antwort stehen gegenüber der Gesellschaft und gegenüber Gott.

Das ist eine Absage an billige Entschuldigungen, eine Absage an blinde Abhängigkeit von fremden Entscheidungen und eine Absage an autoritäre Lösungsstrategien. Denn mit verantwortlichen Menschen redet man verantwortlich. Diese Erziehung zur Selbstverantwortung sind Lehrerinnen und Erzieher der nachwachsenden Generation schuldig.

Literatur
1 Friedrichs, Julia: Gestatten Elite – auf den Spuren der Mächtigen von morgen, Hamburg, 4. Auflage, 2008.
2 Siehe Psalm 1, siehe auch: Juden und Worte, Amos Oz; Fania Oz-Salzberger 2013.
3 Nipkow, Karl Ernst: Grundfragen der Religionspädagogik, Band 1: Gesellschaftliche Herausforderungen und theologische Ausgangspunkte, Gütersloh 1975, S. 81–88.
4 z. B. Ps. 8: „Wer ist der Mensch, dass Du seiner gedenkst, Du hast ihn wenig niedriger gemacht als Gott."
5 Martin Luther, Großer Katechismus, Auslegung zum 4. Gebot.
6 Martin Luther, Eine Predigt, dass man Kinder zur Schule halten solle; in: Luther Deutsch,
hg. von K. Aland, Bd. 7, Göttingen 1991.
7 Nach Martin Luthers kleinem Katechismus.
8 Die Widerstandsbewegung im sogenannten Dritten Reich hat mit diesem 1. Gebot das Führerprinzip abgelehnt, auch den Eid auf den Führer oder auf irgendein menschliches Wesen. Die ersten Christen haben sich geweigert, den Kaiser als Gott anzuerkennen und lieber das Martyrium auf sich genommen.

„Im Herbst kann man sehen,
wie der Wald verrostet."

Kindermund

Über ein Drittel der Kinder und Jugendlichen weiß nicht, dass eine Kuh vier Zitzen hat oder dass die Sonne im Osten aufgeht. Jeder zehnte Schüler glaubt, Hühner legen – anstatt einem Ei – mehr als sechs Eier pro Tag. Diese und weitere Wissenslücken ermittelt Dr. Rainer Brämer, Natursoziologe an der Universität Marburg, in seinen Studien.

Es begann 1997 damit, dass er einem Medienmythos nachgehen wollte, ob Kinder tatsächlich glaubten, Kühe seien lila. Aber auf die gestellte Frage nach der Farbe von alltäglichen Tieren klassifizierten zwar nur 1 % Kühe als lila, dafür hielten 9 % Enten für gelb. Nachfassstudien ergaben, dass die Gelbquote umso größer ausfiel, je jünger die Befragten waren. Da gelbe Enten vorzugsweise in Medien mit dem Hang zum Kindchen-

schema auftreten, scheint es fast so, als lernten Kinder Tiere zu allererst im Fernsehen und erst danach in der Wirklichkeit kennen. Kinder haben im Altersvergleich das geringste Interesse an der Natur. Bei den Jugendlichen zeigt nur jeder dritte die früher für alterstypisch gehaltene Freude an Naturerkundungen – mit sinkender Tendenz.

Fragen an Rainer Brämer

Ist die Naturentfremdung noch zu retten?

Herr Brämer, woran liegt es, dass sich Jugendliche nicht für die Natur interessieren?

Die Natur ist für Kinder langweilig, weil sie mit Ge- und Verboten verbunden ist: Reiß keine Pflanzen aus, bleib auf den Wegen, sei leise und so weiter. Wir haben Schüler aus der sechsten und neunten Klasse befragt. In diesem Alter suchen Kinder und Jugendliche nach ihrer Identität. Vor allem Jungen brauchen eine Herausforderung, und die finden sie heutzutage eher in Computerspielen.

Welches Bild von Natur haben die Jugendlichen überhaupt?

Jugendliche stilisieren die Natur zur absoluten Idylle, die hauptsächlich dazu dient, sich in ihr wohlzufühlen. Diese Vorstellung haben Erwachsene übrigens auch. So entstehen widersprüchliche Einstellungen. Zum Beispiel sagen 85 Prozent der Schüler, dass es gut sei, im Wald Bäume zu pflanzen, genauso viele glauben allerdings, dass für die Natur eher schädlich sei, diese dann auch zu fällen. In den Augen der Kinder und Jugendlichen soll der Förster den Wald gesund halten und pflegen, aber bitte keine Rohstoffe aus ihm herausholen.

Ist das denn nicht eine gute Einstellung?
Nein, denn so entsteht ein blinder Fleck im Bewusstsein. Den Jugendlichen ist – wie vielen Erwachsenen auch – gar nicht mehr klar, dass Natur nicht nur etwas Heiles und Schönes ist, sondern dass wir Menschen die Natur auch nutzen, ja, dass aus ihr letztlich die Rohstoffe für alle unsere Lebensmittel und Konsumprodukte stammen. Nur vier Prozent können sich vorstellen, dass auch die Rohstoffe für ihr Handy aus der Natur kommen.

Was ist das Problem daran?
Erstens, die Natur wird zum empfindsamen Paradies verklärt. Viele Eltern haben zum Beispiel die seltsame Vorstellung, dass ihre Kinder etwas kaputt machen könnten, wenn sie draußen spielen. So wird die Natur für Kinder und Jugendliche zu etwas Abstraktem. Zweitens können wir nur dann verstehen, was mit Nachhaltigkeit gemeint ist, wenn wir uns eingestehen, dass wir die Natur auch nutzen.

Was verbanden die befragten Schüler mit dem Begriff „Nachhaltigkeit"?
77 Prozent etwa glauben, Nachhaltigkeit bedeute, dass man Tiere nicht stören darf. Diese Einstellung hat nichts mit Naturnutzung und damit auch nichts mit Nachhaltigkeit zu tun. Sie spricht aber einmal mehr für das Heile-Welt-Bild, das Kinder und Jugendliche von Natur haben. Nachhaltigkeit bedeutet vielmehr, dass man beispielsweise nur so viele Bäume fällt, wie auch nachwachsen – eine Aussage, der nur 65 Prozent der Schüler zustimmten.

Wie könnte man dem Nachwuchs wieder ein realistisches Bild von Natur vermitteln?
Das ist eine sehr schwierige Frage. Ich würde sagen, dass man den Jugendlichen wieder mehr Erfahrung in der Natur ermöglichen sollte. Eltern sollten ihre Kinder einfach mal draußen toben lassen. Was die Schule angeht, könnten zum Beispiel die Grundschullehrer einmal pro Woche mit den Kindern rausgehen. Zugegeben, das ist eine Idee, die schwer umzusetzen ist: Momentan werden ja sogar die Wandertage eher abgesetzt.

Warum gehen die Schulen nicht öfter mit den Kindern nach draußen?
Unser Schulsystem ist stark auf PISA fixiert. Die Schüler sollen Wissen anhäufen und schnell wiedergeben. Am Ende vergessen sie die auswendig gelernten Fakten aber,

denn ihnen fehlt der Bezug zur Wirklichkeit. Fast die Hälfte der befragten Kinder und Jugendlichen gab an, im Physikunterricht fast nichts über die Natur gelernt zu haben.

Bedeutet das etwa, dass vielen Schülern nicht bewusst ist, dass die Naturwissenschaften etwas mit Natur zu tun haben?
Die Naturwissenschaften in der Schule stellen die Natur als ein rationales Konstrukt dar. In der Natur selbst hingegen machen die Kinder handfeste Erfahrungen. Sie erleben ihre Umwelt auch emotional und können so das Wissen behalten.

Das heißt also, dass Kinder und Jugendliche, die viel Zeit draußen verbringen, einen nachhaltigen Umgang mit der Natur entwickeln werden, oder?
Sie sind nachweislich natursensibler – eine wichtige Voraussetzung für nachhaltiges Verhalten.

Sie haben über 3000 Kinder und Jugendliche befragt, gut ein Drittel davon lebt auf dem Land. Haben die Landkinder besser abgeschnitten?
Eigentlich nicht. Das liegt wahrscheinlich daran, dass Kinder auf dem Land mittlerweile genauso gut oder gar besser mit elektronischen Medien ausgestattet sind wie Kinder in der Stadt. Jeweils rund 80 Prozent verfügen über eine Spielkonsole und einen Computer mit Internetzugang.

Wächst also eine Generation von Kindern heran, die lieber zu Hause vor dem PC sitzt, als sich draußen in der Natur aufzuhalten?
Nein. Wir konnten auch feststellen, dass sich die Einstellung zur Natur auch wieder verändert. Viele Mittzwanziger fühlen sich durch die einseitige Medienbelastung zunehmend gestresst. Amerikanische Wissenschaftler sprechen von „mentaler Erschöpfung". Die führt dazu, dass sich junge Menschen plötzlich wieder für die Natur erwärmen. So ist beispielsweise Wandern in den vergangenen Jahren deutlich beliebter geworden.

Die Fragen stellte Anita Hirschbeck.

Das Interview erschien in FOCUS online.

Was kann die Schule gegen die zunehmende Naturentfremdung tun? Dazu äußert sich Dr. Helga Rolletschek, die über zehn Jahre als Grundschullehrerin arbeitete und schließlich als Seminarrektorin Referendare für das Grundschullehramt ausbildete. Sie promovierte in Biologie zum Dr. rer. nat. und leitet seit dem Wintersemester 2013 die Didaktik der Biologie an der Katholischen Universität Eichstätt.

Helga Rolletschek

Null Bock auf Natur – was tun?

Schon wieder bestätigt die aktuelle Naturstudie von Prof. Brämer das geringe Wissen von Kindern und Jugendlichen über die Natur. Diesmal zeigte sich jedoch, dass die Kinder immer jünger werden. Schon bei den Sechstklässlern stellt man eine sehr geringe Neigung fest, sich mit der Natur zu beschäftigen.

Woran liegt diese Entwicklung? Was kann Schule, was können Lehrer dagegen tun? Was will man eigentlich für Ziele erreichen?

Will man, dass Kinder und Jugendliche wieder mehr über die Natur wissen? Möchte man speziell eine gesteigerte Arten- und Formenkenntnis? Sollen sich die Kinder wieder mehr nach draußen begeben?

Früher – Leben aus erster Hand

Vielleicht hilft ein Blick in die Vergangenheit, um zu verstehen, welche Entwicklung sich momentan abzeichnet. Kinder haben noch bis weit in die zweite Hälfte des

20. Jahrhunderts einen erheblichen Teil ihrer Zeit mit Spielen im Freien verbracht, von klein auf und überwiegend unbeaufsichtigt: verwilderte Grundstücke, Bahndämme, Wiesen, Tümpel oder Wälder wurden selbstständig erforscht und erkundet. Straßen wiesen damals eine geringere Verkehrfrequenz auf, alte Grundstücke waren nicht eingezäunt, der Hof nicht zugeparkt.

Vorgefertigtes Spielzeug existierte nur in Maßen, und an seinen Besitz waren kaum Statusfragen gekoppelt. Naturspielmaterialien standen unbegrenzt zur Verfügung und konnten vielfältig eingesetzt werden. Unbegrenzt zur Verfügung stand – mit kleinen Einschränkungen wie Hausaufgaben und Mithilfe im Haushalt – auch die „Zeit". Zeit, um selbstvergessen in der Natur spielen zu können.

Das ermöglichte ein Leben aus erster Hand, das zu einer intensiven Beziehung zur heimatlichen Natur führte.

Ökonomische und soziale Veränderungen, Technisierung und Motorisierung haben zum starken Wandel der Kindheit geführt.

Ein steigender Urbanisierungsgrad (MACKENSEN 1998) und stetig wachsender Kraftfahrzeugverkehr haben Kinder zunehmend von draußen nach drinnen verdrängt. Dazu kommt, dass unsere Kinder in einer Zeit groß werden, die durch ein neues Raum-Zeit-Verhältnis gekennzeichnet ist. Zeit hat keiner mehr.

Wissensriesen – Umsetzungszwerge
Studien der Didaktik der Biologie zeigen schon seit Jahren, dass das Interesse an pflanzenkundlichen Themen noch nie sehr groß war. Ist das Interesse an Tieren noch etwas stärker, so nimmt doch beides ab der 5. Jahrgangsstufe ab (Löwe 1992).

Auf der anderen Seite stellen Lehrer immer wieder fest, dass ihre Schüler oftmals unwahrscheinlich viel Faktenwissen über Pflanzen und Tiere haben – den Fernsehsendungen sei Dank.

Doch Schüler (⅔ bis ¾ aller Befragten) erkennen sehr häufige Arten wie zum Beispiel die Schlüsselblume nicht wieder, obwohl sie zuvor angaben, sie würden sie kennen. Außerdem fällt es ihnen bei Pflanzen sehr schwer, typische Merkmale anzugeben, die eine bestimmt Art kennzeichnen. (Hesse 2002)
Hat die Umweltbildung versagt?

Seit den 7oer-Jahren des 2o. Jahrhunderts versucht die immer facettenreicher gewordene Umwelterziehung/Umweltbildung, die Menschen an die Natur heranzuführen. Haben die Konzepte versagt? Oder sind die naturentfremdenden Einflüsse inzwischen so übermächtig geworden, dass die Umweltbildung kaum (noch) dagegen ankommt?

Mit dem Nintendo in die Natur
Kindheit heute wird zunehmend von „Sonderumwelten" (Textor 1996) geprägt.

Dazu gehören Krippe, Kindergarten, Hort, Musik- und Malschule, Sportverein etc. Von Erwachsenen organisiert, verbringen die Kinder dort in meist altershomogenen Gruppen einen Teil ihrer Zeit. Diese „Institutionenkindheit" (ebd. 1996) schränkt zwangloses, kreatives und spontanes Handeln immer mehr ein, Termine bestimmen zunehmend das Leben der Kinder. Die Wege zwischen Wohnung und „Sonderumwelten" werden überwiegend mit dem Auto zurückgelegt, Natur wird nur noch im Vorbeifahren wahrgenommen. Wirkliche Naturbegegnung findet oft nur noch im Urlaub – vielfach ein paar tausend Kilometer von zu Hause – statt, im Alltag vieler Kinder kommt sie kaum noch vor.

Weiterhin unterliegt die Welt der Kinderzimmer einer immer stärkeren Mediatisierung. Fernseher, Computer, I-Pad und Co. führen zu einem „Leben aus zweiter Hand" und machen es Kindern immer schwieriger, Zusammenhänge zu begreifen (Rolff & Zimmermann 1997). Die Wirkung des eigenen Handelns wird vorwiegend durch die Betätigung von Tasten, Hebeln und Knöpfen erfahren. Diese „Medienkindheit" (Textor 1996) führt zu einer Überflutung mit optischen und akustischen Reizen, andere Sinnesbereiche wie Schmecken, Riechen, Tasten, Bewegungs- und Gleichgewichtssinn werden kaum stimuliert.

Zu gut meinende Eltern, pointiert auch als „Helikopter-Eltern" bezeichnet, die „hinter jedem Busch sitzen" (Rogge, Bartram 2009), um die Entwicklung des Kindes genau im Auge zu haben und ihnen einen Terminplan wie einen kleinen Manager bescheren, um es möglichst umfassend zu fördern, nehmen dem Kind jede Chance, selbstbestimmt etwas zu gestalten. Kein Wunder also, dass die neuen Technologien eine Illusion von Allmacht, ein Gefühl von Weltbeherrschung vermitteln, denn sie verhalten sich (fast) stets so, wie es der Benutzer oder die Benutzerin will (Zimmer 1997). Das ist herausfordernd und nicht gefährlich.

Nicht viel anders sieht die Situation bei der Ganztagsbetreuung aus. Hier gibt es zwar im günstigen Fall auch Spielzeit im Freien, aber die findet zwischen Wippe, Schaukel und Spielfläche aus Kunststoff- oder Gummibelag statt. Alles wird kontrolliert.

Was müsste also geschehen, um Kinder wieder hinaus in die Natur zu locken, als erster Schritt für nachhaltiges Naturwissen?
Antworten liefert uns die Wissenschaft.
Studien belegen, dass Kinder bei ihrem Spielraum Freiheit und Ungebundenheit benötigen, um sich gesund zu entwickelt. (Otterstädt 1962)

Aus der Motivationspsychologie wissen wird, dass Kinder von Natur aus ein Erkundungsverhalten und Neugierverhalten zeigen. Belohnt wird man dann vom Hormon

Dopamin. Gleichzeit steht das Neugierverhalten einem Furcht- und Vermeidungsverhalten gegenüber.

Wo Neugier, Faszination und Erwartung fehlen, wird die so wichtige Lernbereitschaft für einen zunächst fremden Stoff nicht geweckt. Vielmehr löst die Konfrontation mit dem Ungewohnten dann über das Zwischenhirn und den Sympathikusnerv eine direkte Stimulation von Catecholaminen – auch in bestimmten Gehirnregionen – aus, was bei geringen Stressreizen vielleicht noch das Behalten, aber nicht das Verstehen ermöglicht und bei stärkeren Reaktionen zudem die Abwehrhaltung gegen den Lernstoff zementiert. Die Konsolidierung und Verarbeitung der aufgenommenen Information kann nicht mehr erfolgen.

Sagt man dem Kind ständig, wie gefährlich alles in der Natur ist, nimmt das natürlich dann überhand.

Umweltpädagogen berichten von Kindern, die noch nie in einem Wald waren und richtige Angst davor hatten, hineinzugehen – alles war neu und unheimlich. Als die Kinder über eine spannende Schnitzeljagd hineingeführt wurden, wollten sie aber auch nicht mehr hinausgehen!

Will man Interesse aufbauen, so geschieht dies erst einmal über eine „Catch-Komponente" – man richtet seine Aufmerksam auf einen Gegenstand, man ist für einen Moment „interessiert", hat ein situatives Interesse. Diese „Catch-Komponente" kommt bei Kindern auch oft dann, wenn der Lehrer eine Begeisterung zeigt, die sich überträgt (nach Mitchell 1993).

Nach dem Modell der „Interessensgenese" (Kattmann 2000, Krapp 1996) muss jetzt aber noch die „Hold-Komponente" dazukommen, um tatsächlich persönliches Interesse zu generieren. Dazu zählen Selbstbestimmung, Kompetenzerleben und soziale Eingebundenheit.

Aus der Lernpsychologie weiß man, dass Angst blockiert und neue Lerninhalte nicht aufgenommen und behalten werden. Spaß und Erfolgserlebnisse sorgen für eine lernpositive Hormonlage und damit für ein reibungsloses Funktionieren der Synapsen und des Kontaktes zwischen den Gehirnzellen. Daher werden mit positiven Erlebnissen verknüpfte Informationen besonders gut verarbeitet und verstanden und ebenfalls wieder vielseitig (und somit „anwendungsbereiter") im Gedächtnis verankert.

Umsetzungsmöglichkeiten ganz konkret
In der Konsequenz muss man die Angst vor der unbekannten Natur in kleinen Schritten abbauen. Also einen Tag im Freien mit positiven Emotionen verknüpfen, Umwelt emotional erleben. Dazu alle Sinne einbinden und das Lachen nicht vergessen. Dies können Eltern, aber auch Schule und Nachmittagsbetreuung leisten. Alle im System sind aufgefordert.

Eltern können mitwirken ...
... durch eine bescheidenere Lebensführung, bei der wir nicht „gut zu leben" mit „viel zu haben" verwechseln. Der Weg ist das Ziel, und primär ist es unser Weg, der unsere Kinder prägt. Es geht letztlich um einen Paradigmenwechsel, um ein konkretes Umsetzen der Zauberformel „Agenda 21". Beispielsweise durch den Kauf von regionalen, natur- und tierartengerecht hergestellten Lebensmitteln direkt im Hofladen eines nahe gelegenen Bauernhofes zusammen mit Kindern, wo sie die Herkunft und den Weg dieser Produkte nachvollziehen können.

... durch häufige gemeinsame Aufenthalte mit Kindern in Natur und Landschaft, bei denen sie unsere eigene Wertschätzung von Natur erkennen und mit uns ohne Hektik, Stress, Leistungsdruck, die Welt des Lebendigen erkunden können. Ein altes chinesisches Sprichwort lautet: „Die Arbeit läuft Dir nicht davon, wenn Du Deinem Kind den Regenbogen zeigst. Aber der Regenbogen wartet nicht, bis Du mit der Arbeit fertig bist."

... durch den Versuch, unseren Alltag nicht weiter zu be-, sondern eher wieder mehr zu entschleunigen und unseren Kindern Eigenschaften wie Geduld und Ruhe vorzuleben und ihnen mehr Zeit zu schenken. ANTOINE DE SAINT EXUPERY hat einmal geschrieben: „Es ist gut, wenn uns die verrinnende Zeit nicht als etwas erscheint, das uns verbraucht oder zerstört, sondern als etwas, das uns vollendet."

... durch „unkontrollierte Räume", die Eltern schaffen schaffen, wo das Kind, am besten mit einem Freund, selbstbestimmt Zeit verbringen kann. Spielplätze sind oft furchtbar teuer und aufwendig gestaltet, für die Kinder aber total langweilig, weil alles vorgegeben ist. Viel faszinierender ist oft ein Kieshaufen oder ein Flussbett. Computer ausschalten, elektronisches Spielzeug daheim lassen und sich hinaus in die Natur begeben, auch gegen anfängliche Widerstände des Kindes. Nicht versuchen, den Aufenthalt durchzuplanen oder als Entertainer einzugreifen – die besten Spiele entstehen aus einer anfänglichen Langeweile. Plant man gemeinsame Ausflüge, kann man viel Geld in den Vergnügungsparks ausgeben. Umsonst sind Abenteuer in der Natur zu bekommen. Auch hier gilt, dass es zusammen mit einem Freund und ohne elektrische Begleitung gleich viel mehr Spaß macht.

.. durch „freie" Nachmittage. Vielleicht sollte man statt der dritten Sportart lieber einen freien Nachmittag planen, der aber in der Natur verbracht werden soll. Anregungen, was man zur Jahreszeit erleben kann, liefert die Zeitschrift *„ich TU WAS!"*. Auch der örtliche Naturschutzverein oder die VHS bieten tolle Programme, die neue Impulse geben können.

Aufgabe von Stadtplanungen, Schulhofgestaltern
Studien belegen die große Beliebtheit von Baustellen, Bahndämmen, Ruinen, die ja häufig „verbotene Räume" darstellen (Gebhard 1994). Oft besteht nur hier die

Ist die Naturentfremdung noch zu retten?

Möglichkeit zum unbeobachteten Spielen. Das bedeutet in erster Linie die Sicherung eines landesweiten Netzes von möglichst wohnungsnahen Naturspielräumen, die nicht überplant werden dürfen, und in denen Kinder uneingeschränkt agieren können. Das Gleiche gilt bei der Planung und Umgestaltung von Schulhöfen.

Sinnvolle Ferienangebot
Statt beim nächsten Ferienprogramm wieder nur Fahrten in den nächsten Freizeitpark anzubieten, könnte man bei der Gemeinde anregen, beim nächsten Ferienangebot Naturfreizeiten mit Umweltpädagogen anzubieten. Eltern sind dankbar, wenn sie ihre Kinder in den Ferien wirklich sinnvoll betreut wissen.

Schule
Um nachhaltiges Lernen anzuregen, wird an Schulen an der Herausbildung von Kompetenzen gearbeitet. In den Naturwissenschaften geht es um die Erkenntnisgewinnung, die Kommunikation und die Bewertung. Dazu gehört das Beschreiben von Phänomenen aus Natur und Technik, das Planen und Auswerten von Experimenten, das Ermitteln und Bewerten von Informationen aus Texten beziehungsweise dem Tafelwerk oder aus Tabellen und grafischen Darstellungen.
Dazu wurde beispielsweise am Gymnasium das naturwissenschaftliche Arbeiten als Fach eingeführt. Fachgemäße Arbeitsweisen dienen als Grundvoraussetzung der selbstständigen Auseinandersetzung mit der Thematik und sind ein möglicher Einstieg in eine Auseinandersetzung mit der Natur. Doch das kann nur dann gelingen, wenn man diese Arbeitsweisen auch in der Natur anwendet. Allein das Auseinandernehmen von Modellen oder das Konzipieren von Experimenten mag zwar die Sache vertiefen und die naturwissenschaftlichen Erkenntnismethoden schulen, in die Natur werden unsere Kinder so nicht geführt.

Damit Lehrer die Schüler tatsächlich an die Natur wieder stärker heranführen, braucht es daher auch die Schaffung der Rahmenbedingungen. Unter dem Leitsatz „Weniger ist mehr" müssen Lehrpläne verschlankt werden und sich auf das Wesentliche konzentrieren, damit Schüler Kompetenzen entwickeln können.
Schulen sollten sich gemeinsam als Schulprofil die Umweltbildung zum Ziel setzen. Manche Schulleiter berichten von der erfolgreichen Teilnahme ihrer Klassen an „Jugend forscht" und die dadurch ausgelöste Begeisterung der Schüler für Naturwissenschaften.
Lehrer müssen lernen, sich zeitliche Freiräume über Bildung von Synergieeffekten durch die Vernetzung von Lehrplaninhalten zu schaffen. Das kann auch über das Konzept der 5-Minuten-Biologie erfolgen, bei dem die Schüler ihre Interessen im Rahmen des pädagogischen Freiraums einbringen. Auch die sinnvolle Gestaltung des

Wandertags/von Ausflügen kann zu einer Naturbegegnung führen. Statt zur Bowlingbahn, könnte der Ausflug auch in einen Wald oder an einen Fluss gehen.
Schullandheimaufenthalte sollten unter naturpädagogischem Schwerpunkt angeboten werden. Hier können Experten hinzugezogen werden: Jagdverbände, Forstpädagogen, Umweltbildungszentren, Naturschutzorganisationen, Walderlebniszentren ...
Lehrer müssen in ihrer Ausbildung (Universität/Referendariat) die Arbeitsweisen tatsächlich alle selber erlernt und erprobt haben und dabei die Freude an diesen Arbeitsweisen entwickeln. Die Artenkenntnis der angehenden Lehrer müsste wieder mehr gestärkt werden. Wir brauchen Lehrer, die ein begeistertes Vorbild für die Kinder abgeben.
Lehrern muss zudem Mut gemacht werden, gegen Widerstände von allen Seiten auf eine handlungsorientierte Naturbegegnung zu setzen.

Universität

Studenten, die später Biologielehrer werden, studieren entweder Hauptfach Biologie oder Didaktik Biologie oder kommen als Biologen, die vielleicht ihren Schwerpunkt in der Gentechnik hatten, in den Schulbereich. Ihre Sozialisierung in der Biologie und ihre Interessen sind sehr unterschiedlich. Nur die wenigsten waren seit klein auf „Prof. Grzimek Junior", die tiefe Verbundenheit mit der Natur und großes Naturwissen hatten und haben. Biologie lässt sich schließlich auch allein im Zimmer studieren. Oftmals wurde und wird selbst in der Uni Biologie ausschließlich im Hörsaal gelehrt – Kontakt mit der Natur? Fehlanzeige! Schließlich ist es kein benotetes Modul, also warum Zeit damit verbringen?
Hier sollten die Dozenten bewusst entgegensteuern. Ein positives Beispiel ist etwa das Umweltbildungsmodell an der Universität Bayreuth unter der Leitung von Prof. Bogner.
An der Universität Eichstätt bekommen Studenten die Zeitschrift *„ich TU WAS!"* des Domino Verlags, um die Anregungen tatsächlich erst einmal selber umzusetzen.
Naturerfahrungen können aber auch im Rahmen eines Geographiestudiums gemacht werden. Es würde sich anbieten, fächerübergreifende Module zur Naturerfahrung anzubieten. Möglich sind auch Wahlmodule im Bereich „Nachhaltige Entwicklung" oder ganz konkret in der Arbeit an „außerschulischen Lernorten oder im Schulgarten".

Literatur:
Bögeholz, M. (1999): Qualitäten primärer Naturerfahrung und ihr Zusammenhang mit Umweltwissen und Umwelthandeln. – Opladen.

Brämer, R. (1998b): Landschaft zu Fuß erleben. Brauchen wir gesondert ausgewiesene Naturerlebnisgebiete? – Natur u. Landschaft 73, 47–54.
Gebhard, U. (1994): Kind und Natur. Die Bedeutung der Natur für die psychische Entwicklung. – Opladen.
Mackensen, R. (1998): Bevölkerungsdynamik und Stadtentwicklung in ökologischer Perspektive. In: Stadtökologie, hgg. v. Herbert Sukopp und Rüdiger Wittig, Stuttgart, Jena & New York: Gustav Fischer, 2. Aufl. 1998 – Kapitel 3/51–81.
Glogauer, W. (1993): Die neuen Medien verändern die Kindheit. – Weinheim.
Hesse, M. (2002): Eine neue Methode zur Überprüfung von Artenkenntnissen bei Schülern Frühblüher: Benennen – Selbsteinschätzen – Wiedererkennen, in ZfDN 8, S. 53–66
Kattmann (2000). Lernmotivation und Interesse im Biologieunterricht. In Bayrhuber, H. & Unterbruner, U. (Hrsg.), Lehren und Lernen im Biologieunterricht (S. 13–31). Innsbruck: Studienverlag.
Krapp, A. (1996). Die Bedeutung von Interesse und intrinsischer Motivation für den Erfolg und die Steuerung schulischen Lernens. In Schnaitmann, G. W. (Hg.), Theorie und Praxis der Unterrichtsforschung. Methodologische und praktische Ansätze zur Erforschung von Lernprozessen. (S. 87–110). Donauwörth: Auer.
Löwe, B. (1992). Biologieunterricht und Schülerinteresse an Biologie. Weinheim: Deutscher Studien Verlag.
Ministerium für Umwelt und Forsten Rheinland-Pfalz (2000): Kinderfreundliche Umwelt. Förderung von Maßnahmen zur Schaffung naturnaher Erlebnisräume. – Mainz.
Mitchell, M. (1993): Situational Interest. It's Multifaceted Structure in the Secondary School Mathematics Classroom. Journal of Educational Psychology 85(3), 424–436.
Otterstädt, H. (1962): Untersuchungen über den Spielraum von Vorortkindern einer mittleren Stadt. – Psychologische Rundschau 13, 275–287.
Rogge, J. U., Bartram, A.(2009): Viel Spaß beim Erziehen, Gräfe und Unzer.
Rolff, H., Zimmermann P. (1997): Kindheit im Wandel: eine Einführung in die Sozialisation im Kindesalter, Weinheim, Beltz.
Schmidt, W. (2000): Wildnis wagen! Mehr Raum für die Natur! – BUND. Berlin.
Textor, M.R. (1996). Allgemeine Förderung der Erziehung in der Familie. § 16 SGB VIII. Stuttgart: Boorberg.
Zimmer, R. (1997): Bewegte Kindheit. – In: ZIMMER, R. (Hrsg.), Bewegte Kindheit: Kongressber., Osnabrück, 29.2.–2.3.1996. Schorndorf, 20–29.
Zucchi, H.(2002): Naturentfremdung bei Kindern und was wir entgegensetzen müssen Beitrag aus: „Planung contra Evolution?" Referate und Ergebnisse des gleichnamigen Symposiums 2001 in Neuhaus im Solling. Hrsg. B. Gerken/M. Görner, Höxter.

„ Heutzutage gibt es keine Wunder mehr, weil wir das Fernsehen und den Computer haben. "

Kindermund

Bei aller Differenzierung in der wissenschaftlichen Argumentation gelangt man beim Studium des Aufsatzes von Kurt Franz zu der Überzeugung Bruno Bettelheims, dass Kinder Märchen brauchen.

Prof. Dr. Kurt Franz, Ordinarius für Didaktik der deutschen Sprache und Literatur an der Universität Regensburg, hatte und hat mehrere „literaturpolitische" Ämter inne: Präsident der Deutschen Akademie für Kinder- und Jugendliteratur Volkach, stellvertretender Vorsitzender der Märchen-Stiftung Walter Kahn (u. a. Mitherausgeber der Zeitschriften „Märchenspiegel" und „Volkacher Bote") und zehn Jahre Vorsitzender des Jugendschriftenausschusses des BLLV. Er ist Verfasser und Herausgeber zahlreicher wissenschaftlicher Publikationen.

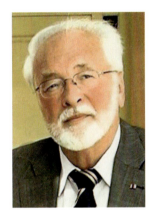

Ein besonderes Augenmerk legt Kurt Franz auf die „Werktreue" in der Literatur und lehnt zum Beispiel Fernseh- und Filmbearbeitungen von Märchen ab, deren eigentliche Absicht verfälscht und beliebig interpretiert wird.

Kurt Franz

Das Märchen auf dem Weg ins digitale Zeitalter – Gewinn oder Verlust?

„Wundervolle Märchenwelt"

Wie alt Märchen tatsächlich sind, weiß man nicht genau. Erzählungen dieser Art, abenteuerliche, fantastische, erotische und grausame ohnehin, reichen Jahrhunderte, vielleicht Jahrtausende zurück, und sie dienten die längste Zeit der Erwachsenenunterhaltung. In Deutschland sind es die Vertreter der Romantik, die sich der mittelalterlich-deutschen und christlichen Vergangenheit erinnern und eine entscheidende Wende einleiten, indem sie altes Literaturgut zu sammeln beginnen und in diesem Sinne auch selbst dichten. Ludwig Tiecks poetische Zeilen, die eine „wunderbare Märchenwelt" heraufbeschwören, sind geradezu programmatisch dafür:

> Mondbeglänzte Zaubernacht,
> Die den Sinn gefangen hält,
> Wundervolle Märchenwelt,
> Steig auf in der alten Pracht!

Schon die Romantiker mussten sich diese Märchenwelt erst anverwandeln, und das taten sie in einer ganz besonderen Weise, vor allem die Brüder Grimm in ihren Kinder- und Hausmärchen. Sie prägten Begriff und Gattung des Märchens bis heute, auch wenn inzwischen viele neue Erkenntnisse hinzugetreten sind.

Da verwundert es nicht, dass auch ein halbes Jahrhundert später der Blick des bekannten Münchner Kasperlgrafen Franz Pocci in seinem Bilderbuch „Lustige Gesellschaft" (1867) im Zusammenhang mit dem Märchen rückgewandt ist:

Hier sind Zaub'rer, Hexenmeister,
Die beschwören böse Geister;
Wie's vor Zeiten ist gewesen
In den Märchen noch zu lesen.

Das sind einzelne Sichtweisen und doch stellvertretend für zahlreiche andere. In unserer Zeit entwirft Günter Grass im Gedicht „Die Märchen" ein Kontrastbild und setzt, im Blick auf eine leidvolle Zukunft, negative Entwicklungen in Bezug zum Märchen:

Weil der Wald
an den Menschen stirbt,
fliehen die Märchen,
weiß die Spindel nicht,
wen sie stechen soll [...]
Nichts gehört mehr dem König Drosselbart.
Es können die Kinder sich nicht mehr verlaufen.
Keine Zahl Sieben bedeutet mehr als sieben genau.

Ohne den Wald, der literarisch eine so überragende – negative wie positive – Rolle spielt, ist den Märchen eine entscheidende Grundlage entzogen. Aber damit geraten auch die Menschen in einen defizitären Zustand, nicht nur äußerlich existenziell: Fantasie und Freiheit gehen verloren und nicht zuletzt die Aufgeschlossenheit für Bilder, das Verstehen von Symbolen und Metaphern. Die Zahl „Sieben", die doch so viel bedeutet, verkümmert zur reinen Mengenangabe.

Wir werden uns sehr wohl Gedanken darüber machen müssen, wie es heute um das Märchen steht, welche Bedeutung es in unserem Leben, im Leben der Kinder, in Schule und Freizeit hat. Die gegenwärtige Situation ist nur zu verstehen, wenn wir einen Blick auf die Entstehung der „Volksmärchen", auf die Intention ihrer Sammler und auf die Rezeptions- und Wirkungsgeschichte in den vergangenen 200 Jahren werfen.

Grimms Märchen als „Erziehungsbuch" und Longseller
Die Kinder- und Hausmärchen der Brüder Grimm sind ein literarisches Phänomen, das anderweitig keinerlei Entsprechung findet. Wenn wir in diesen Jahren des

Erscheinens der ersten zweibändigen Ausgabe (1812/1815) gedenken, dann feiern wir gleichzeitig auch eine 200-jährige Erfolgsgeschichte dieses Werks, das zu diesem frühen Zeitpunkt freilich noch längst nicht abgeschlossen war, da die Brüder dessen Ausgaben mit unterschiedlichen inhaltlichen Zusammensetzungen und sich verändernden Texten bis zu ihrem Tod begleiteten. Gerade in diesem längeren Entstehungs-, Wachstums- und Veränderungsprozess ist das Geheimnis dieses unvergleichlichen Erfolgs zu sehen.

Das Besondere liegt bei den Kinder- und Hausmärchen aber auch darin, dass es sich um ein literarisches Werk handelt, das eine ebenso wirkungsvolle didaktische und pädagogische wie illustratorische und mediale Rezeptionsgeschichte seit seinem Erscheinen bis in die Gegenwart hinter sich hat, sodass man hier mit Recht auch von einem schulischen wie kinderliterarischen Klassiker sprechen kann. Dabei sollte man nicht vergessen, dass die Prämissen schon von den Brüdern Grimm selbst geschaffen wurden, zum einen durch die bewusste Deklarierung und Konzeption der Kinder- und Hausmärchen als „Erziehungsbuch", zum andern durch die Adressierung an Kinder und die starke Berücksichtigung der Unterhaltungsfunktion.

Es ist schon erstaunlich, was die Brüder Grimm aus ihren literarischen Quellen, aus alten Geschichtensammlungen und Aufzeichnungen von mündlichen Erzählungen, gemacht haben. Daran beteiligt war weniger der allein wissenschaftlich denkende ältere Bruder Jacob, sondern viel mehr der jüngere flexiblere Wilhelm. Nicht nur die Vorlagen wurden stark verändert, sondern an den einzelnen Märchentexten der Auflagen – zehn waren es zu Lebzeiten der Brüder bis 1857 – wurde immer wieder gefeilt, sodass die Kinder- und Hausmärchen schließlich die Form erlangten, in der sie uns heute noch bekannt sind (vgl. u. a. Rölleke/Schindehütte 2011; Franz/Pecher 2012).

Einen entscheidenden „didaktischen" Schritt vollzogen die Brüder Grimm auch mit der sogenannten „Kleinen Ausgabe" der Kinder- und Hausmärchen von 1825. Sie gingen von ihrem wissenschaftlichen Vollständigkeitsstreben ab und boten eine überschaubare Auswahl von 50 Märchen für Kinder. Zugleich hatten sie erkannt, dass der Erfolg auch stark von einer Illustrierung abhängt, sodass sie ihren

Malerbruder Emil Ludwig dafür einspannten. Diese Ausgabe wurde ein echter Verkaufserfolg und erschien 1833 zum zweiten Mal, schließlich 1858 schon in zehnter Auflage, letztmals zu Lebzeiten der Brüder Grimm. Sie enthält besonders solche Märchen, die uns heute vor allem geläufig sind und größtenteils als „Lieblingsmärchen" der Deutschen gelten, unter anderem Froschkönig, Schneewittchen, Aschenputtel, Rotkäppchen, Frau Holle, Rumpelstilzchen.

Es hat sich geschmacklich also gar nicht so viel verändert in 200 Jahren, wie verschiedene neuere „Rankings" zeigen. Und das gilt nicht allein für den deutschsprachigen Raum, denn die Kinder- und Hausmärchen der Brüder Grimm sind nicht nur da ein Longseller, sondern mit Übersetzungen in über 170 Sprachen auch weltweit.

Höhenflüge und Tiefschläge in 200 Jahren
Die didaktische Multifunktionalität der Kinder- und Hausmärchen in den vergangenen 200 Jahren erweist sich als so komplex, dass man sie in Grundzügen nur skizzenhaft verfolgen kann. Und doch sind einige Kenntnisse Voraussetzung, um die gegenwärtige Situation zu verstehen.

Am Anfang des 19. Jahrhunderts, zur Zeit der Romantik, schwindet die Akzeptanz gegenüber den moralischen Kindergeschichten und Lesestücken für den Schulunterricht. Den verstärkten literarästhetischen Zielsetzungen und den Forderungen nach einer Ablösung der vorherrschenden, häufig penetranten Moralerzählung, auch im elementaren Bereich, kommen – neben Kalendergeschichten wie denen von Johann Peter Hebel – die Grimm'schen Märchen sehr entgegen. Sie vermitteln eher „latent" ethisch-moralische Werte, werden als literarisch hochwertig angesehen – unbestritten als „Weltliteratur" – und sind zugleich motivierend und unterhaltsam. Moralistische Lesebuchtendenzen bestehen daneben lange Zeit weiter, doch eröffnet sich gerade in den literarisch orientierten Lesebüchern die entscheidende Lücke für die Kinder- und Hausmärchen der Brüder Grimm. Texte daraus ziehen bereits kurz nach 1820 in Lesebücher ein, etwa in Heinrich Dittmars „Der Knaben Lustwald" und „Der Mägdlein Lustgarten", auch wenn es sich, etwa mit einem Titel wie „Die Rübe", noch nicht immer um die uns bekannten Märchen handelt. Grimm-Märchen nehmen bis nach 1900 in Lesebüchern häufig extrem viel Platz ein. Höhepunkt ist zweifellos das sogenannte Hamburger Lesebuch 1912/1913, das im ersten Teil bei 106 Seiten Prosa allein 26 Grimm-Märchen enthält, also weit über die Hälfte, ähnlich auch die Teile II bis IV. Den absoluten Höhepunkt im Unterricht selbst erleben die Märchen allerdings im „Konzentrationsunterricht" in der zweiten Hälfte des 19. Jahrhunderts, der auf den Formalstufen Herbarts und der Kulturstufentheorie Zillers gründet. Tuiskon Ziller geht, wie schon Johann Gottfried Herder, unter anderem davon aus, dass das Kind in seiner Entwicklung – im Zeitraffer – nochmals dieselben Stufen durchlaufe wie die Menschheit. Das heißt, der Phylogenese, der Menschheitsentwicklung im Ganzen,

Das Märchen auf dem Weg ins digitale Zeitalter

entspreche die Ontogenese, die Entwicklung des Kindes im Einzelnen. Und da das Märchen einer frühen Stufe der Menschheitsgeschichte angehöre, sei es auch die dem frühen Kindesalter angemessene Literatur. So kommt es jetzt zu einem auch theoretisch umfassend begründeten Konzept für den Volksschulunterricht, vor allem durch Wilhelm Rein, in dem jedem der acht Schuljahre für den gesamten Unterricht im ganzen Schuljahr bestimmte Gesinnungs- und Konzentrationsstoffe zugrunde gelegt werden. Diese sind für das 1. Schuljahr 10 bis 12 Märchen, darunter, angeführt vom Sterntaler-Märchen, das im 19. Jahrhundert überhaupt eine überragende Rolle spielt, Strohhalm, Kohle und Bohne, Die sieben Geißlein, Das Lumpengesindel, Die Bremer Stadtmusikanten, Fundevogel. Allein an diesem „Gesinnungsstoff" war der Unterricht für ein ganzes Jahr ausgerichtet, wie im 2. Schuljahr an Robinson Crusoe und danach am Alten und Neuen Testament und an der deutschen und außerdeutschen Geschichte.

In dieser geballten Fülle finden sich die Kinder- und Hausmärchen heute nicht mehr im Unterricht, auch wenn sporadisch ganze Märchenwochen und größere Projekte durchgeführt werden. Doch lässt sich ohne Weiteres nachweisen, dass in der heutigen Märchendidaktik so gut wie alles Vorhandene aus dem 19. und 20. Jahrhundert, wenn auch meist in modifizierter Form, übernommen wurde. Dies gilt sowohl für die gesamten Textoperationen, wie sie seit über 150 Jahren im Unterricht praktiziert werden, also zum Beispiel auch das Umschreiben von Märchen in eine andere Zeit, mit anderen Orten, Personen, aus einer anderer Erzählperspektive usw., aber teilweise selbst für Unterrichtsmethoden wie die Katechisation und die Formalstufen.

Dies gilt dann umso mehr für die Neuerungen innerhalb der Reformpädagogik mit weiteren Formen des kreativen und freien Schreibens und der Jugendschriftenbewegung seit etwa 1900 mit ihren Bemühungen um die Verankerung der Literatur und die Förderung des Lesens innerhalb und außerhalb der Schule, auch mit Märchen-Neuausgaben und -Leseheften. Hier wird sogar öfter die Forderung erhoben, die Kinder müssten alle 200 Grimm-Märchen als „Ganzschrift" lesen. Weitere wichtige Neuerungen hat die Laienspielbewegung für das Schultheater und die Kunsterziehungsbewegung für die ästhetische Betrachtung und das Märchenspiel mit sich gebracht. Alle diese Ansätze wirken in irgendeiner Weise bis in die Gegenwart weiter.

Welche Ausnahmerolle das Märchen am Ende des 19. Jahrhunderts spielte, geht schließlich auch aus dem Lesealter-Konzept Charlotte Bühlers hervor, das sie zuerst 1918 in ihrem Buch „Das Märchen und die Phantasie des Kindes" vorgestellt hat. Sie beschreibt zwischen dem „Struwwelpeteralter" (bis zum 4. Lebensjahr) und dem „Robinsonalter" (9.–13. Lebensjahr) als zweite Stufe das „Märchenalter" (4.–8. Lebensjahr). Auch wenn darüber viel disktiert wurde und wird, die Erkenntnisse bleiben, auch historisch gesehen, jedenfalls sehr aufschlussreich.

Die deutschnationale Vereinnahmung im 20. Jahrhundert, vor allem in der Deutschkundebewegung und im Dritten Reich, bei der man sich sehr wohl auf die Brüder Grimm selbst berufen konnte – sie wollten mit allen Mitteln die Märchen auf urdeutsche Wurzeln zurückführen –, konnte dem Märchen nicht nachhaltig schaden, auch wenn ihm lange der Geruch des Völkischen anhaftete. Immerhin war eine bekannte Kinderbuchautorin wie Lisa Tetzner der Meinung, dass aufgrund der Grausamkeiten im Märchen Gräueltaten wie die in Belsen und Auschwitz geschehen konnten. Da war es nur verständlich, dass die Alliierten in den ersten Jahren nach 1945 die Ausgaben zensierten, sodass also etwa ein Märchen wie „Hänsel und Gretel" mit der Verbrennungsszene in Lesebüchern und Sammlungen nicht erscheinen durfte. In der zweiten Hälfte des 20. Jahrhunderts erlebte das Märchen eine schulische Blütezeit unter dem Aspekt der Gattungsexemplarizität, also der Bestimmung von Märchenkennzeichen, und der Methode der Strukturanalyse. Allerdings hatte es nach 1968, also vor allem in den 1970er- und 1980er-Jahren, seine härteste Prüfung zu bestehen. Im Zuge ideologiekritischer Richtungen wurde seine didaktische Relevanz entweder ganz bestritten oder die Texte sollten wegen ihrer Grausamkeit und vor allem wegen des traditionellen Gesellschaftsbildes völlig gegen den Strich gelesen werden (s. u. a. Born 2003). Aber auch diesen Generalangriff hat das Märchen überstanden, auch wenn modifizierte Betrachtungsweisen hinzugekommen sind. Die auf neue Zeitverhältnisse umgeschriebenen Märchenfassungen konnten sich bei Kindern freilich nicht durchsetzen.

Selbst in der immer wieder aufflammenden Diskussion um die Moral der Kinder- und Hausmärchen hat eine gewisse Ausdifferenzierung stattgefunden, denn schließlich werden sie von Anfang an in dieser Funktion bis heute in den Schulunterricht eingebracht, vor allem in der Grundschule, nicht nur das Rotkäppchen-Märchen. Wilhelm Solms hat die Moral von Grimms Märchen – so sein Buchtitel von 1999 – im Einzelnen untersucht. Und in manchen Wissenschaftsbereichen werden die Märchen in diesem Sinne ohne Weiteres instrumentalisiert. Der St. Gallener Wirtschaftsprofessor Rolf Wunderer hat mehrere Bücher für Studierende und Manager jeweils auf der Grundlage von Märchen verfasst. Eines, Führung in Management und Märchen – Unternehmerische Kompetenzen und Leitziele (2010), geht von einem Kernsatz des Froschkönig-Märchens aus: „Was du versprochen hast, musst du auch halten!"

Allgegenwärtigkeit des Märchens heute

Märchen sind heute so allgegenwärtig wie nie zuvor, wozu natürlich unmittelbar auch noch die Jubiläen zu den Märchen-Ausgaben seit 2012 beitragen. Nicht nur an Grimm-Stätten werden Gedenkfeiern und Symposien abgehalten und Ausstellungen konzipiert. Die Veranstaltungen unterschiedlichster Art sind Legion, darunter auch die Verleihung von Preisen wie der Europäische Märchenpreis durch die Märchen-

Das Märchen auf dem Weg ins digitale Zeitalter

Stiftung Walter Kahn (2013 an Heinz Rölleke) oder Nachwuchspreise für Märchenbücher, etwa durch die Deutsche Akademie für Kinder- und Jugendliteratur.

Was sich seit Längerem auf dem Bücher- und Medienmarkt, vornehmlich für Kinder, abspielt, ist unüberschaubar geworden (vgl. Franz/Pecher 2013). Es gibt kaum einen Verlag im deutschsprachigen Raum, der nicht Märchenbücher im Angebot hat, ganz gleich ob es sich um Auswahlausgaben von Grimm-Märchen oder um – teilweise ästhetisch hochwertige – Einzelausgaben von Märchen als Bilderbuch handelt. Hinzu kommt eine Fülle an Literatur, die ganz offensichtlich mit Versatzstücken aus Märchen, mit Namen, Zitaten, Figuren oder Handlungsschemata, operiert, sowohl im Titel (Rotkäppchen muss weinen; Wer küsst den Wolf?) als auch im Text. So erscheinen ganze Buchreihen, die sich großer Beliebtheit erfreuen, märchenhafte Lovestorys wie Schneewittchen-Club eher bei Mädchen, Märchenkrimis mit Titeln wie „Eine dunkle & grimmige Geschichte" oder die Grimm-Akten mehr bei Jungen. Autoren und Verlage versuchen sich in ihrer Titelvielfalt zu überbieten. Die Reihe Märchenmord, Schneewittchenfalle, Dornröschengift, Aschenputtels letzter Tanz, Rotkäppchens Rache oder Aschenputtelfluch ließe sich beliebig fortsetzen.

Auch renommierte Autoren und Autorinnen wie Cornelia Funke liegen in diesem Trend der so beliebten Fantasy-Literatur, die ihre großen Auslöser in Tolkiens Werken und Rowlings Harry-Potter-Büchern und -Verfilmungen hat. Sie schafft eine äußerst erfolgreiche Parallelwelt zu den Grimm'schen Märchen mit ihrem Roman „Reckless", dessen erster Band „Steinernes Fleisch" 2010 erschienen ist. Neben dem zweiten Band (Reckless, Lebendige Schatten) hat Cornelia Funke zum Jubiläumsjahr 2012 dann auch noch ihr Reckless-Märchenbuch herausgegeben, eine Anthologie der Märchen, die hinter dem Spiegel zu Leben erwachen, ergänzt um eine Auswahl ihrer Lieblingsmärchen.

Fallen einerseits zahlreiche großformatige Märchenwimmelbücher auf, so sind daneben viele andersformatige Märchenbücher auf dem Markt: Mini-Bücher (zum Beispiel die Serie Pixis Märchentruhe oder die 65 „schönsten Märchen" des Benny Blu Verlags. Ich denke auch an die frühere „Goldene-Kinderbuch-Klassiker"-Reihe im Domino-Verlag), Daumenkinos mit Märchen, Märchen-Comics und -Mandalas. Und selbst Pop-up-Märchenbücher sind im Medienzeitalter bei Kindern äußerst beliebt.

Märchen für unterwegs hat der Italiener Fabian Negrin mit seinen 2012 erschienenen SMS-Märchen herausgebracht, wobei er 13 Grimm-Märchen unter Beschränkung auf 160 Zeichen erzählt. Bei den Texten reicht die Skala von der getreuen Übernahme aus Originalquellen bis zur völligen Verfremdung, zum variationsreichen Spiel, in dem das (Grimm-)Märchen bestenfalls nur noch schemenhaft aufscheint.

Mit diesen Verlagsprogrammen werden gesellschaftliche Bedürfnisse befriedigt, wobei diese Allpräsenz des Märchens etwas differenzierter gesehen werden muss, da es nur noch in den seltensten Fällen um die Tradierung der „originalen" Grimm-Texte geht. Das zeigt sich schließlich am deutlichsten bei der Transformation in andere Medien. Auch wenn es zahlreiche Märchenfilme für Kinder gibt, die jedes Jahr um die Weihnachtszeit ihren Höhepunkt im Fernsehen erleben, mit dem absoluten Renner „Drei Haselnüsse für Aschenbrödel", so muss man vor allem das Gros an Filmen sehen, die mit Versatzstücken des Märchens arbeiten und Grausamkeiten, Horror, Action, Klamauk (Otto-Filme) und Pornographie bieten. Besonders der Rotkäppchen-Wolf-Stoff bietet genuin die Grundlage für heutige Psychothriller und Ähnliches.

Aber die Verlage gehen speziell auch auf die Medienorientierung von Kindern und Jugendlichen ein, indem sie nicht nur Märchenhörbücher, -hörspiele und -DVDs auf den Markt bringen, sondern auch Mini-Märchen als App für iPhone und iPad zur Verfügung stellen und auch auf Facebook präsent sind. Es gibt eigene Online-Portale, die immer wieder wechselnde Mal- und Bilderbuchkino-Downloads anbieten und über die man passende Märchen zum Lesen und Vorlesen auswählen kann.

Schon die Brüder Grimm selbst hatten eindrucksvoll gezeigt, wie kreativ man mit Märchen umgehen kann, indem sie – vor allem Wilhelm – ihre Texte immer wieder veränderten. Dieser gestalterische Umgang mit den Grimm-Märchen in den vergangenen 200 Jahren setzt sich in der Gegenwart, gerade mit den weitreichenden medialen Möglichkeiten, in einer ausufernden Fülle in allen Lebensbereichen fort.

Das Märchen auf dem Weg ins digitale Zeitalter

Auch heute noch zählen die Märchen zu den am meisten genützten Quellen, wenn es um die eigentlich zweckentfremdete Verwendung von bekannten und in ihrer Primärfunktion an sich anderweitig intendierten Texten geht, wenn also die Textvorlage, etwa ein Grimm-Märchen, im Dienst der eigenen Äußerung steht und dazu entsprechend genützt wird. Solche intertextuellen Prozesse der Verfremdung, der literarischen Zitation, der Abwandlung, Parodierung, Kontrafaktur usw., sind heute alltäglich, wie auch schon die Beispiele zum Buch- und Medienmarkt gezeigt haben. Es ist gar nichts mehr Außergewöhnliches, wenn uns fast regelmäßig in der Presse, in Headlines und im Text, ebenso in der Werbung Märchen-Slogans wie „Spieglein, Spieglein an der Wand ..." oder „Sieben auf einen Streich" in allen möglichen Zusammenhängen begegnen, wenn wir politische Cartoons betrachten und Witze mit Märchenmotiven hören.

Gerade in der Wirtschaftswerbung weiß man ganz genau, mit welchen Mitteln man am besten an Erwachsene und Kinder herankommen kann, und das sind eben auch Märchenreminiszenzen, die von Kindheit an fest im Menschen verankert sind und die jetzt – bewusst oder mehr im Unterbewusstsein – abgerufen werden. Schließlich finden sich solche auch im Kinderzimmer auf Spielzeug, auf Tapeten, Wandteppichen, Postern, auf Kissen und Bettbezügen, als Puppen, in Malbüchern, Ziehbilderbüchern, Puzzles, Quartetten, Kalendern, auf Schulmappen, Schulheften, Radiergummis, Schreibgeräten oder im täglichen Leben auf Gebrauchsgegenständen wie Schneidebrettchen, Tellern, Tassen und vielem anderen, eigentlich auf allen Dingen, die man an Kinder bzw. deren Eltern heranbringen will. Gerade die Tourismusbranche hat hier auch eine Lücke entdeckt, sodass zahlreiche Orte zu „Märchenstädten" deklariert werden. Es werden Märchenwege, -parcours und -parks angelegt und entsprechende Veranstaltungen, bis hin zu Märchenkochkursen, -modeschauen und Märchendiners, durchgeführt.

Pädagogische und didaktische Multifunktionalität
Aus den bisherigen Beispielen geht schon hervor, welche unglaublichen Funktionen man dem Märchen gegenwärtig zuschreibt, was andererseits bedeutet, dass damit Lehrerinnen und Lehrern ein fast unüberschaubarer, aber eben auch äußerst materialreicher Fundus zur Verfügung steht. Diese Masse bietet unerschöpfliche pädagogische und didaktische Möglichkeiten, bringt aber ebenso nur schwerlich zu bewältigende Verpflichtungen mit sich.

Märchen spielen schon im Kleinkindalter eine Rolle. Da werden häufig inhaltlich und sprachlich vereinfachte Texte, zum Beispiel in Vers- beziehungsweise Liedform, erzählt, vorgelesen, gesungen, gespielt, wozu zahlreiche Hilfen zur Verfügung stehen. Im Kindergarten wird ebenfalls eine lange Märchentradition gepflegt, die erstaunlicherweise eher noch im Ansteigen begriffen ist. Das hat sich im Grundschulbereich, wo das Märchen als primärer Unterrichtsgegenstand über lange Zeit eine dominante Stellung einnahm, unter dem Druck einer zunehmenden Stofffülle, medialer Veränderungen und spezifischer Lernziele auffällig verändert. Auch wenn es heute noch einen festen Platz einnimmt, so doch stark reduziert, was nicht zuletzt am Konzept der Fibeln und Grundschulesebücher ersichtlich wird. Der Anteil des (Grimm-)Märchens beschränkt sich teilweise auf eines, da zahlreiche weitere Gattungen, auch märchenverwandter Art, berücksichtigt werden müssen. Das gilt auch für den Einblick in andere Kulturen, sodass meistens ein entsprechendes Märchen, häufig ein türkisches, zum Vergleich mit angeboten wird.

In die 5. und 6. Jahrgangsstufe hat das Märchen unter spezifischen Lernzielen ebenfalls festen Eingang gefunden. Aber auch darüber hinaus hat es eine große, eher noch ansteigende Bedeutung im Schulunterricht, in der außerschulischen Verwendung und im Erwachsenenbereich. Unter wissenschaftspropädeutischen Aspekten findet sich das Märchen in der Oberstufe des Gymnasiums, anschließend unter fachwissenschaftlichen und fachdidaktischen Zielsetzungen, wenn auch in unterschiedlicher Intensität, in sozialpädagogischen Studiengängen und im Studium der Volkskunde, Kulturwissenschaft und Germanistik. Wir finden gegenwärtig ein immenses Angebot an Märchenthemen in Fortbildungsveranstaltungen für Lehrerinnen und Lehrer, aber auch in Seminaren für andere Berufsgruppen und Märchenfreunde, von den zahlreichen Erzählveranstaltungen und Erzählerausbildungen ganz abgesehen. Selbst Elternratgeber bilden eine Sparte im Büchersortiment, nicht selten von Prominenten herausgegeben, wie etwa „Die Märchenapotheke" von Stefanie zu Guttenberg. Der Buchmarkt versucht alle Aspekte abzudecken, ob Märchenbücher in Schreibschrift mit Flattersatz für Kinder oder im Großdruck für ältere Menschen. Das Angebot an Literatur psychologischer und psychotherapeutischer Art ist riesig, da sich das Märchen für die Behandlung vieler psychischer Problemfälle, aber auch in der Logotherapie als geeignetes Medium erwiesen hat. Irene Geldern-Egmond hat in ihrem Buch Märchen und Behinderung schon im Jahre 2000 auf die Bedeutung für Kinder und Jugendliche mit Lernbehinderungen aufmerksam gemacht. Der Begriff „Bibliotherapie" hat heute seine Existenzberechtigung, selbst in der Schule. Märchen werden schon bei Kindern zum autogenen Training und zur Meditation eingesetzt. Dies gilt dann ebenso bei älteren Menschen, gerade dementen. Hier versucht man, Menschen zu helfen, indem man sie an das erinnert, was sie am intensivsten behalten haben, das Literaturgut ihrer Kindheit, vor allem Märchen.

Die mit Märchen abgedeckten Themenkreise sind damit längst nicht erschöpft. Auffällig ist seit einiger Zeit die explizite Verwendung von Märchen, nicht nur von Grimms Bienenkönigin, für die Förderung von Naturschutz und Umweltbewusstsein. Hier hatte schon Alfred Pointner mit seinem praxisorientierten Buch „Umweltschutz und Märchen" (2000) Anstöße gegeben.

Das Märchen auf dem Weg ins digitale Zeitalter

Schulische Präsenz des Märchens

Die didaktische Polyvalenz des Märchens in den einzelnen Schulfächern und im fächerübergreifenden Unterricht ist außerordentlich, wobei dies natürlich in erster Linie den Deutschunterricht betrifft. Das Märchen kann Gegenstand in allen Lernbereichen sein, im Lese- und Literaturunterricht, im mündlichen Sprachgebrauch, beim Erzählen, im schriftlichen Sprachgebrauch, also beim Zuende-Schreiben, beim Fortsetzen, beim Verändern von Texten, beim freien Schreiben, beim Rechtschreiben, innerhalb der Sprachreflexion, in der Medienerziehung usw. Und gerade hier sind im Zeichen des handlungs- und produktionsorientierten Unterrichts den methodischen Möglichkeiten kaum Grenzen gesetzt. Das Verändern und Umschreiben der originalen Texte ist heute eine Modeerscheinung besonderer Art, immerhin liegen dazu hinreichend viele Beispiele auch bekannter Autoren vor wie von Janosch, Franz Fühmann oder Roald Dahl. Andererseits bieten gerade heute Märchenadaptionen in Bildern und Bilderbüchern ohne Worte den Anreiz für Schüler und Schülerinnen zur eigenständigen Verbalisierung.

Der Deutschunterricht erfüllt auch in der Gegenwart durchaus Funktionen des Ethik- oder Gesinnungsunterrichts im alten Sinn, wenn mit dem Märchen bestimmte Wertvorstellungen vermittelt werden sollen wie Gerechtigkeitsempfinden, Ehrlichkeit, Bescheidenheit, Hilfsbereitschaft, Toleranz oder andere Tugenden. Zusammen mit den Fächern Heimat- und Sachunterricht und Geschichte hat der Deutschunterricht gleichermaßen sprach- und kulturhistorisches Wissen zu vermitteln, wozu sich Märchen ganz besonders eignen. Auch da stehen verschiedenste Materialien zur Verfügung, wie etwa Quiz-, Suchspiele, Würfel-, Lege-, Kartenspiele, Quartette, auch über digitale Kanäle. Allerdings gibt es auch sehr pragmatische Helfer, wie etwa die Angehörigen von sich neu etablierenden Spinnrad-Clubs, die dieses im Märchen so wichtige Phänomen den Kindern im Unterricht anschaulich nahebringen.

Märchen hatten schon immer große Bedeutung im mnemotechnischen Bereich, für das Gedächtnis, für das Merken und Erzählen. Google wirbt mit verschiedenen Aktionen für mehr Sicherheit im Netz, unter anderem mit Zeitungsanzeigen, die in

Wenn Sie ein sicheres Passwort suchen, finden Sie es vielleicht bei Schneewittchen.

Wort und Bild Möglichkeiten vermitteln, wie man raffinierte Passwörter finden kann, zum Beispiel Hd7B,bd7Z, gebildet aus „Hinter den sieben Bergen, bei den sieben Zwergen".

Der alltägliche Bereich der Wirtschaftswerbung wird auch zum wichtigen Unterrichtsgegenstand. Werbeposter und Werbespots zum Rotkäppchen-Sekt oder zur Froschkönig-Lindt-Schokolade werden einesteils gerne als Einstieg in eine Märchenstunde verwendet, andererseits werden damit auch Funktionen und Strategien von Werbung bewusst gemacht, ebenso, warum gerade Märchenmotive, -sprüche, -bilder etc. bevorzugt eingesetzt werden und welche außergewöhnliche Rolle sie im mentalen Bereich fast aller Menschen spielen.

Wieweit sich gerade Märchen eignen, um Einsichten in fremde Kulturmuster zu gewinnen, hat erst jüngst die Chinesin Yehong Zhang in einer empirischen Studie untersucht, indem sie ein deutsches Märchen (Jorinde und Joringel) und ein chinesisches (Der Kuhhirt und die Spinnerin) jeweils von deutschen und chinesischen Schülern analysieren ließ. Sie kommt schließlich, auch theoretisch fundiert, zu dem Ergebnis, dass das Märchen „als eine Art universales Erzählformat betrachtet werden" kann, „das der (primären) Grundebene für interkulturelles Verstehen entspricht" (Zhang 2011, S. 150). Damit wäre eine gemeinsame Ebene

für kulturübergreifendes Verstehen vorhanden, während noch die kulturspezifische Interpretation folgen müsste. Trotzdem bleibt die Frage, ob Märchen, die selbst für Muttersprachler oft eine Verstehensbarriere bilden, tatsächlich eine ideale Grundlage für interkulturelle Erziehung darstellen.

„Mit der Kraft der Märchen Deutsch lernen" lautet das Motto verschiedener Initiativen. Wir kennen einige Projekte von Kristin Wardetzky in Berlin, um die Deutschkenntnisse von Schülern mit Migrationshintergrund durch Märchenerzählen zu verbessern. Eine andere bundesweite Aktion nennt sich „Märchen-Kinder" (Mittelbayerische Zeitung 18.12.2011). Hier werden Grundschulkinder auf Freiwilligenbasis dazu vorbereitet, diese Funktion in Kindergärten zu übernehmen. So verbessern sie natürlich nicht nur die Deutschkenntnisse der Kinder mit Migrationshintergrund, sondern auch ihre eigenen, und gelangen schließlich auch zum Schreiben von Märchen. Was früher Märchen-Schulwandbilder mit eingängigen Strukturen zum gedanklichen Nachvollzug leisteten, das bieten heute Bilderbücher in großer Fülle.

Märchen werden auch im Fremdsprachenunterricht eingesetzt, da es sich um Texte handelt, die Kindern am ehesten vertraut sind. Dazu gibt es nicht nur English Fairy Tales, sondern auch Übersetzungen der Kinder- und Hausmärchen ins Englische, und das schon sehr früh, nämlich 1823 mit den ersten Illustrationen überhaupt. Für das frühe Englischlernen und speziell für das Storytelling haben Märchen also eine ganz wesentliche Funktion. Ähnliche Konzepte finden sich für andere Sprachen, etwa das Türkische.

Im Religions- und Ethikunterricht werden, ganz abgesehen von dem im 19. Jahrhundert präferierten Sterntaler-Märchen, ebenfalls Texte aus dem großen Fundus herangezogen, nicht zuletzt das wieder besonders aktuelle und häufig diskutierte Märchen „Von dem Fischer un syner Frau". Märchen sind allerdings heute für viele Menschen auch eine Art Glaubensergänzung oder Religionsersatz, was ähnlich für Fantasy-Literatur allgemein gilt.

Märchen, vorrangig die Kinder- und Hausmärchen, sind immer wieder illustriert worden, sodass sich daran geradezu die ganze Kunstgeschichte in Beispielen nachvollziehen lässt (vgl. Freyberger 2009). Bei aller Kritik an einer überquellenden Bilderfülle muss man doch sehen, dass natürlich gerade darin wesentliche visuelle und audiovisuelle Zugänge zum Märchen liegen. Kinder brauchen Bilder und Vor-Bilder, damit innere Bilder entstehen können. Der Kunstunterricht leistet hier, neben dem Deutschunterricht, fächerübergreifend bzw. fächerverbindend, Entscheidendes, nicht zuletzt durch das eigene Gestalten.

Aber selbst in anderen Fächern spielt das Märchen sporadisch eine Rolle. War es früher üblich, anhand von Märchenrequisiten den Rechenunterricht motivierend zu gestalten, vorrangig mit den sieben Tellerchen und Messerchen der sieben Zwerge, so geschieht dies auch heute noch vereinzelt, wenn etwa der Märchentext „Modernes Rotkäppchen" als Vorlage für eine Textaufgabe dient. Das Trödeln des Mädchens ist Anlass, um im 6./7. Schuljahr Wegstrecken zu berechnen und einen eigenen „Märchentext" dieser Art zu entwickeln (Sara u. Sebastian Rezat, in: Praxis Deutsch 39, 2012, H. 233, S. 36–41). Dass ohnehin zahlreiche didaktisch-methodische Literatur für alle Fächer angeboten wird, muss nicht eigens hervorgehoben werden.

Märchenhafte Zukunft?
Bei einer „flächendeckenden" Allgegenwärtigkeit des Märchens wie nie zuvor, vergisst man gerne, dass es auch weiterhin Gegner gibt, deren Stimmen großenteils verstummt sind oder in der allgemeinen Märcheneuphorie kaum wahrgenommen werden. Bei aller zunehmender Brutalisierung der literarischen und medialen Unterhaltung, die auch schon für Kinder zugänglich ist, wird vereinzelt immer wieder der Grausamkeitsaspekt aufgegriffen, was sich auch bei Selektion der Märchentexte und teilweise auch bei der Auswahl der Illustrationsmotive bemerkbar macht. Rassen-, schichten- und religionsdiskriminierende Aspekte spielen dabei ebenfalls eine Rolle. Eines der auffälligsten Phänomene in der Pädagogik ist heute wieder die angestrebte geschlechtsneutrale Erziehung der Kinder, wie sie seit Längerem in den USA unter dem Gesichtspunkt der „political correctness" diskutiert wird. Vor einigen Jahren hatte eine junge amerikanische Stipendiatin darauf hingewiesen, wie ähnlich doch unser Denken sei: „Als Kinder lernen wir mit Grimms Märchen, was gut und böse ist [...] (Die Zeit 10, 27.2.2003, S. 71). Aber gerade an dieser Tatsache entzündete sich erneut die Forderung, die Märchen, die zeitlich noch vor den schädlichen Medien, also im Elternhaus, in Kita und Kindergarten, den größten Einfluss auf das Weltbild des Kindes ausübten, zu bereinigen, sodass sich auch bei uns Schlagzeilen finden wie: „Märchen sind nicht unschuldig" (Süddeutsche Zeitung 188, 5.6.2003, S. 11).
In Schweden versucht man zurzeit mit allen Mitteln, den traditionellen geschlechtlichen Stereotypisierungen in Kindergärten und Schulen entgegenzuwirken, sogar durch sprachliche Neutralisierungen. Da verwundert es nicht, dass an manchen Schulen die Märchenlektüre ausgeschlossen wird, besonders rigide an der inzwischen völlig überfüllten Stockholmer Vorschule mit dem vielsagenden Namen „Egalia". Damit werden die bei uns schon in den 1970er-Jahren eingebrachten Argumente von der Tradierung alter geschlechtsprägender Rollenklischees und feudalistischer Strukturen im Märchen wieder voll aufgegriffen.
Über die derzeitige Situation, in der die Vitalität des Märchens größer denn je erscheint, kann man optimistisch gestimmt sein, aber es sind auch schwere Bedenken angebracht. Mit der Kenntnis der Grimm-Märchen im Einzelnen ist es bei näherer Betrachtung ohnehin nicht mehr allzu gut bestellt, wie Untersuchungen bei Kindern, bei Studierenden und anderen Erwachsenen zeigen. Was heute voll im Schwange ist,

teilweise auch in der Schule, das ist der völlig freie, ungehemmte und unkontrollierte Umgang mit den alten Märchentexten, der sich deshalb so eklatant auswirkt, weil uns immer mehr technische Mittel zur Verfügung stehen. Solche Entwicklungen sind letztlich nicht aufzuhalten, doch sollte man immer wieder versuchen, etwas gegenzusteuern. Eine stärkere Besinnung auf die Ursprungstexte und der bewusstere Umgang damit wären erstrebenswert, denn ansonsten schafft das Grimm'sche Märchen den Sprung ins digitale Zeitalter kaum verlustfrei. Es droht in unserer Wegwerfgesellschaft zum Sprachmüll und zur Einwegliteratur zu verkommen.

Literatur

Bastian, Ulrike: Die „Kinder- und Hausmärchen" der Brüder Grimm in der literatur-pädagogischen Diskussion des 19. und 20. Jahrhunderts. Frankfurt/M.: Haag u. Herchen 1981 (Studien zur Kinder- und Jugendmedien-Forschung; 8).

Born, Monika: Kommt Böses aus Märchen – auch heute noch? Ideologiekritik der 70er Jahre und ihre Auswirkungen auf die westdeutsche Märchendidaktik. In: Jesch 2003, S. 53–87.

Franz, Kurt: Rotkäppchen ist überall. Zur Allgegenwärtigkeit einer Märchenfigur. In: Märchenspiegel. Zeitschrift für internationale Märchenforschung und Märchenpflege 24 (2013), H. 2, S. 37–44.

Franz, Kurt/Pecher, Claudia Maria: Kennst du die Brüder Grimm? Weimar: Bertuch 2012 (Bertuchs Weltliteratur für junge Leser; 13).

Franz, Kurt/Pecher, Claudia Maria: Die Kinder und Hausmärchen der Brüder Grimm in schulischer und kinderliterarischer Adaption. In: Schilcher, Anita/Pecher, Claudia Maria (Hrsg.): „Klassiker" der internationalen Jugendliteratur. Bd. 2: Kulturelle und epochenspezifische Diskurse aus Sicht der Fachdisziplinen. Baltmannsweiler: Schneider 2013, S. 263–286.

Freyberger, Regina: Märchenbilder – Bildermärchen. Illustrationen zu Grimms Märchen 1819–1945. Über einen vergessenen Bereich deutscher Kunst. Oberhausen: Athena 2009 (Artificium. Schriften zu Kunst und Kunstvermittlung; 31).

Jesch, Tatjana (Hrsg.): Märchen in der Geschichte und Gegenwart des Deutschunterrichts. Didaktische Annäherungen an eine Gattung. Frankfurt/M. [u.a.]: Lang 2003 (Beiträge zur Geschichte des Deutschunterrichts; 53).

Mieder, Wolfgang: „Märchen haben kurze Beine". Moderne Märchenreminiszenzen in Literatur, Medien und Karikaturen. Wien: Praesens 2009 (Kulturelle Motivstudien; 10).

Rölleke, Heinz/Schindehütte, Albert (Hrsg.): Es war einmal ... Die wahren Märchen der Brüder Grimm und wer sie ihnen erzählte. Frankfurt a. M.: Eichborn 2011 (Die Andere Bibliothek).

Zhang, Yehong: Erzählung, Kognition und Kultur. Eine Untersuchung interkultureller Verstehensmuster am Beispiel von Märchenlektüren. Paderborn: mentis Verlag 2011.

„ Lesen ist schon schön.
Vorlesen ist mir aber lieber. "

Kindermund

Das Lesen, eine der wesentlichen Bedingungen menschlichen Lernens, ist in die Defensive geraten. Warum Lesen wichtig bleibt und vielleicht sogar wichtiger denn je ist, weist Prof. Dr. Arnold Grömminger nach, indem er nicht nur auf die empirischen Ergebnisse der Lesepädagogik abstellt, sondern auch die neurologische Forschung mit einbezieht. Grömminger repräsentierte als Dozent an den Pädagogischen Hochschulen Karlsruhe und Freiburg den praxisorientierten und theoretisch fundierten Lehrerbildner.

Zahlreiche Veröffentlichungen und Vorträge zur Leseerziehung und Grundschulpädagogik sowie Lesewerke für die Grundschule prädestinieren ihn für ein überzeugendes Plädoyer: Lernen durch Lesen.

Grömmingers Appell für eine (noch) bessere Leseerziehung richtet sich sowohl an den Einzelnen als auch an die Gesellschaft.

Arnold Grömminger

Die Bedeutung des Lesens für den Einzelnen und die Gesellschaft

Die Frage nach der Bedeutung des Lesens für den Einzelnen und die Gesellschaft wäre vor einem halben Jahrhundert nur gestellt worden, um Menschen, die auf diesem Gebiet über wenig Sachkenntnis verfügen, bewusst zu machen, welchen Einfluss Lesen auf die Persönlichkeitsentwicklung des Menschen nehmen kann. Das Format menschlicher Persönlichkeit ist aber immer auch Grundlage des gesellschaftlichen Zustandes.

Heute stellt sich diese Frage eher aus einer Defensivhaltung heraus:
Hat Lesen in der Medienkonkurrenz überhaupt noch eine Chance, eine prägende Wirkung auf den Einzelnen und damit auf die Gesellschaft auszuüben? Oder gibt es inzwischen andere, erfolgreichere mediale Bildungsformen, die geeigneter und müheloser sind, um Geist, Charakter und Wesen des Menschen vielseitig zu entfalten?

Hierzu gibt es klare Antworten. Für jeden Lesepädagogen ist es nicht überraschend, dass sich die aus empirischen Erfahrungen resultierenden Erkenntnisse aus den Siebziger- und Achtzigerjahren, wie sie zum Beispiel von Richard Bamberger, A. C. Baumgärtner und anderen publiziert wurden, nun durch die neurologische Forschung bestätigt werden. Das heißt aber auch, dass dem Lesen auch in der heutigen Zeit die entscheidende Schlüsselrolle zukommt, wenn es um die Persönlichkeitsentwicklung des Menschen geht.
Tatsächlich bleibt Lesen für viele Experten nicht nur wichtig, sondern wird angesichts der neuen Medien sogar noch unentbehrlicher, da diese hohen Anforderungen an die Lesekompetenz der Nutzer stellen. Also auch im Umgang mit diesen Medien ist der bessere Leser auch der bessere Nutzer.

Der Aufbau einer hohen Lesekompetenz beginnt aber schon in der frühen Kindheit im Elternhaus und im Kindergarten und wird dann in den ersten Jahren der Schulzeit durch das Erlernen der Schrift weitergeführt und vervollkommnet. Aber auch in den weiteren Jahren der Schulzeit steht Lesen im Zentrum der schulischen Arbeit. Es ist deshalb nicht verwunderlich, dass es einen engen Zusammenhang gibt zwischen Lesekompetenz und Schulleistung.

Welchen Einfluss nimmt nun das Lesen auf die Entwicklung des jungen Menschen und damit auf seine Persönlichkeit, die ja dann auch sein ganzes Erwachsenendasein mit all seinen Facetten der Lebensbewältigung beeinflusst?

Lesen ist geistige Arbeit
Wer lesen lernt, erwirbt damit einen neuen Weg zu geistiger Arbeit. Natürlich hat das spielende Kind auch schon Akte geistiger Arbeit vollzogen, es hat experimentiert und Entdeckungen gemacht und nicht zuletzt die Sprache erlernt, mit deren Hilfe es kommunizieren kann. Zur mündlichen Kommunikationsfähigkeit kommt nun durch das Erlernen der Schrift als vergegenständlichte Sprache eine neue Erfahrungsweise. Der Leser entschlüsselt Lautzeichen und verbindet sie zum Beispiel bei schwierigen Wörtern, der versierte Leser erfasst ganze Wörter oder sogar Wortgruppen. Dies ist aber nicht nur ein lesetechnischer Vorgang, es läuft dabei immer auch eine geistige Aktivität ab. Dies soll an einem Beispiel verdeutlicht werden.

Ein Leser liest folgenden Satz: „Das Boot glitt langsam über die im Sonnenlicht glänzende Wasseroberfläche des Sees."
Bereits während des Lesens verwandelt das menschliche Gehirn die abstrakten Zeichen der Schrift durch die Übersetzung in Sprache, und in Bilder, es produziert Vorstellungen, die ganz individuell geprägt sind. Ließe man von verschiedenen

Die Bedeutung des Lesens für den Einzelnen und die Gesellschaft

Lesern dieses Bild malen, so würde man die subjektive Deutung deutlich sehen. Daran ist leicht zu erkennen, dass diese Bilder das Ergebnis der geistigen Arbeit des jeweiligen Lesers sind, der sein Bild mittels seiner Vorstellungskraft geschaffen hat. Übrigens wird diese Form der geistigen Arbeit beim Fernsehen nicht angeregt, ja sie wird sogar verhindert, da die Bilder ja vorgegeben werden. Dies wird bei Kindern, deren Gehirn sich in einem frühen Entwicklungsstadium befindet, vor allem dann zum Problem, wenn der Fernsehkonsum die Freizeit zu großen Teilen beherrscht. Auf diese Zusammenhänge hat Neil Postman bereits 1982 (Übersetzung 1987) in seinem Buch „Das Verschwinden der Kindheit" ausführlich hingewiesen.

Neben diesem einfachen Beispiel geistiger Arbeit beim Lesen gibt es natürlich weit komplexere Zusammenhänge. „Der Prozess des Lesens erweist sich als eine wirksame Denkschulung. ... Die Verbindung von Sinneinheiten zu Sätzen und größeren Sprachgebilden ist ein Resultat von sehr komplexen Denkprozessen. Wer in der Mitte eines Buches etwas verstehen will, muss das Vorhergehende im Kopf haben. Daraus ergibt sich ein Denktraining besonderer Qualität." (Bamberger, S. 19)

Lesen beeinflusst aber nicht nur die Vorstellungskraft und das Denken, sondern wirkt sich auch auf die Entfaltung der Fantasie aus. Es fördert den Einfallsreichtum und ermöglicht es dem Leser, die Grenzen der überschaubaren Realität zu überschreiten. In poetischer Weise hat dies Michael Ende in seinem wunderbaren Roman „Die unendliche Geschichte" ausgedrückt und am Schluss die Konsequenz gezogen: Als der kleine Bastian Balthasar Bux zum Buchhändler Koreander geht und ihm gestehen will, dass er ihm ein Buch gestohlen und es verloren habe, sagt der Buchhändler während des Gesprächs der beiden: „Es gibt Menschen, die können nie nach Phantásien kommen, und es gibt Menschen, die können es, aber sie bleiben für immer dort. Und dann gibt es noch einige, die gehen nach Phantásien und kehren wieder zurück. So wie du. Und die machen beide Welten gesund."

Um die Vielfalt der Aufgaben und Probleme der Realität zu bewältigen, bedarf es nicht nur der Anwendung von erlerntem Wissen, sondern eben auch der Fantasie. Leser sind hier bei der Lebensbewältigung besser gerüstet. Beim Lesen findet ein Denkvorgang statt, bei dem sich der Leser in experimentierender Weise mit den Inhalten auseinandersetzt und der ihn auch dazu befähigt, fantasievolle Lösungen zu überlegen.

Lesen und Sprachbildung
Lesen fördert die Sprachkompetenz. Jeder Lehrer erkennt recht schnell, welche

Kinder Leser sind und welche weniger. Die Leser haben einen wesentlich umfangreicheren Wortschatz. Im Sprachgebrauch des Alltags wird der Wortschatz kaum erweitert, da schon eine relativ überschaubare Anzahl von Wörtern genügt, um sich zu verständigen. Zwar verfügen viele Kinder über einen verhältnismäßig umfangreichen passiven Wortschatz, sie können ihn aber nicht aktivieren, weil er ihnen nicht in schriftlicher Form begegnet ist.

Dies gilt auch für die Syntax. Sowohl beim mündlichen als auch beim schriftlichen Sprachgebrauch zeichnen sich Leser durch einen wesentlich elaborierteren Stil aus. Während manche Kinder bei der Beschreibung von Sachverhalten oder der Erzählung von Erlebnissen einfach Hauptsätze aneinanderreihen, die dann meist mit „und" oder „und dann" verbunden werden, sind die Bücherleser größtenteils in der Lage, die Ereignisse mit Haupt- und Nebensätzen wiederzugeben. Sie haben sich die in Büchern vorgegebenen differenzierteren Sprachmuster sowohl im Hinblick auf den Wortschatz als auch auf die Syntax angeeignet, sodass sie in der Lage sind, Dinge, die sie sagen wollen, auch treffend ausdrücken zu können.

Dieser Sachverhalt spiegelt sich auch bei der mündlichen Kommunikation, bei welcher sich der Einfluss des Lesens auf den Sprachstil durch Wortwahl und Flüssigkeit der Rede zeigt.

Darüber hinaus besteht auch ein Zusammenhang zwischen Lesen und Rechtschreiben. Leser sind auch die besseren Rechtschreiber. Dem scheinen Erfahrungen aus der Praxis zu widersprechen. Denn des Öfteren betonen Eltern, dass ihr Kind immer noch genug Rechtschreibfehler mache, obwohl es doch ein guter und fleißiger Leser sei. Betrachtet man dann jedoch die Fehlerarten genauer, so erkennt man sehr schnell, dass es sich meist um Flüchtigkeitsfehler handelt: hier wird bei „nicht" das „t" vergessen, ein anderes Mal ein Buchstabe ausgelassen. Es sind in der Regel gar keine „richtigen" Fehler. Diese Falschschreibungen entstehen dadurch, dass die Kinder in ihren Gedankengängen der schleppenden Schreibweise vorauseilen: Das, was sie mitteilen wollen, schreitet flüssiger voran als die Möglichkeit des Schreibens. In ihren Gedanken sind sie dem Schreiben voraus.

Ein Kind, das häufig Bücher liest, begegnet bei seiner Lektüre ja einer Vielzahl von Wortbildern, die sich im Laufe der Zeit unwillkürlich einprägen. Bei der Niederschrift von Texten kann das Kind auf diesen gespeicherten Vorrat von Wortbildern zurückgreifen. Dies geschieht nicht durch Reflexion, sondern durch automatisches Richtigschreiben.

Die Bedeutung des Lesens für den Einzelnen und die Gesellschaft

Lesen und Lernen
Voraussetzung für das meiste Lernen in der Schulzeit ist eine gute Beherrschung der Lesetechnik und damit verbunden die Fähigkeit, Texte zu verstehen und in unterschiedlicher Weise zu verarbeiten. „Die Verbesserung der Lesefähigkeit bedeutet auch eine Verbesserung der Lernfähigkeit" (Bamberger, S. 19). Kinder, die Leseschwierigkeiten haben, sind im Unterricht immer benachteiligt, wenn Texte die Grundlage für Lernprozesse bilden. Deshalb ist die Vermittlung einer guten Lesefertigkeit die Basis für leichteres Lernen. Kinder, die flüssig lesen können, haben bei Aufgabenstellungen im Zusammenhang mit Texten weniger Mühe, sie sind schneller und haben weniger Verständnisprobleme, weil ihnen „noch Zeit zum Denken und Verstehen bleibt" (Wolf, S. 15).

Die Forderung nach ganzheitlichem Lernen, Lernen mit allen Sinnen, ist für die Arbeit in der Grundschule berechtigt. Doch ist es klar, dass solche Vorgehensweisen im Laufe der Schulzeit an Grenzen stoßen. Man hat nicht die Zeit, das Rad immer wieder neu zu erfinden. Wissen als Voraussetzung für Können ist selbst in der Schulzeit in zunehmendem Umfang von der Lesekompetenz abhängig. Das bedeutet aber auch, dass ganzheitliches Lernen in der Grundschule immer nur in Kombination mit Lesen zu sehen ist.

Dieser Sachverhalt gilt aber nicht nur für den Schüler, sondern auch in nicht weniger gravierender Weise für den Erwachsenen. Mit zunehmendem Lebensalter wird Lesen immer mehr zur Grundlage des Lernens. Ob bei gezielter Fortbildung oder bei der Befriedigung subjektiver Interessen – Lesen ist ein zuverlässiger und allzeit verfügbarer Lernweg. Natürlich können Seminare mit Vorträgen, Gesprächen und visuellen Präsentationen Wissen vermitteln und Lernen in Gang bringen. Aber ohne begleitendes Lesen sind nachhaltige Lernerfolge kaum möglich.

Lesen und Persönlichkeitsbildung
In früheren Zeiten wurden Lebenserfahrungen in der Gemeinschaft der Großfamilien, der Sippen oder der Gemeinden weitergegeben. Die Auflösung dieser in mehr oder weniger isolierten Kleingruppen beschränkt die Möglichkeit umfassender Erfahrungsvermittlung. Bestimmte Rollen und Lebenseinstellungen können also nicht mehr im direkten Umgang mit Menschen erfahren werden. Standpunkte und innere Sicherheit gewinnt der Mensch durch Lebenserfahrungen und durch die Auseinandersetzung mit den Lebenserfahrungen anderer Menschen.

Beim Lesen von Büchern begegnen wir Lebensverhältnissen, die in Vergangenheit, Gegenwart und Zukunft, aber auch in der unmittelbaren Nähe und nicht erreichbaren

Ferne liegen können. Durch die lesende Teilnahme an diesen Geschichten werden Bücher zu Mitteln der Weltanschauung. Sie sind Sammelbecken von Erkenntnissen und Auffassungen, sie provozieren Zweifel, Widerspruch und Zustimmung. „In Büchern werden Lebenssituationen dargestellt, in denen sich das Kind (Anm.: der Mensch) wiederfindet: seine Ängste und Freuden, Vertrautes und Erwünschtes." (Bamberger, S. 14)(Besser lesen … Domino)

Die emotionale Dimension spielt in diesem Zusammenhang eine wesentliche Rolle. „Man muss beim Lesen vielleicht noch mehr als bei anderen Medienhandlungen von einem umfassenden Engagement des lesenden Subjekts ausgehen. Es ist nicht nur konstruktiv aktiv, sondern es ist als Ganzes, also auch mit seinen affektiven Komponenten, verstrickt in die Konstruktionen der Lektüre. Schaut man auf das kindliche Lesen, so ist ganz deutlich, dass es diese innere Beteiligung ist, die den Reiz des Lesens ausmacht." (Reading Literacy und Lesekompetenz. http://www.lesen-in-deutschland.de, 2007, S. 3) Die Identifikation mit handelnden Personen, Empathie und das Mitdenken des Geschehens und der einzelnen Ereignisse einer Geschichte führen auch schon beim Kind zur Meinungsbildung. Es bezieht Stellung, eine Handlungsweise gefällt ihm oder es lehnt sie ab. In vereinfachter Weise handelt es sich um den gleichen Vorgang, der sich beim erwachsenen Leser bei der Lektüre eines Romans ereignet, nur dass das Kind noch weit offener und beeinflussbarer ist in seinen Urteilen. Aber gerade dies bedeutet, dass eine verantwortungsbewusste Leseerziehung stattfinden muss, und dass Kinder ein Angebot an guter Kinderliteratur bekommen.

Lesen und Mediennutzung
Bereits eingangs wurde die Frage nach der Bedeutung des Lesens gestellt angesichts der Möglichkeit, digitale Medien zu nutzen. Hier sind die meisten Experten der Auffassung, dass eine kompetente Mediennutzung nur möglich ist bei einer hohen Lesekompetenz. „Lesekompetenz beinhaltet grundlegende kognitive Fähigkeiten, die für den Umgang mit allen Medien wichtig sind." (Katja Haug: Lesekompetenz: „Führerschein für die Datenautobahnen der Zukunft" In: http://www.lesen-in-deutschland.de. Stand 4.10.2013) Dies wird besonders deutlich, wenn unter Lesekompetenz die Fähigkeit verstanden wird, „geschriebene Texte zu verstehen, sie zu nutzen und über sie zu reflektieren, um eigene Ziele zu erreichen, das eigene Wissen und Potenzial weiterzuentwickeln und am gesellschaftlichen Leben teilzunehmen". (PISA 2000. Basiskompetenzen von Schülerinnen und Schülern im internationalen Vergleich. 2001)

Lesen kann man natürlich auch in digitalen Medien, aber dieses Lesen wird als grundlegend anders empfunden als die Lektüre gedruckter Medien, wie das

Die Bedeutung des Lesens für den Einzelnen und die Gesellschaft

Demoskopische Institut Allensbach in einer Untersuchung, deren Ergebnisse am 22. Oktober 2013 in Berlin präsentiert wurden, festgestellt hat. Danach finden nur 3 % der Befragten das Lesen am Bildschirm entspannend, aber 41 % das Lesen von Printmedien. Und noch eindeutiger sind die Aussagen im Hinblick auf die Merkfähigkeit: Nur 4 % sagen, das online Gelesene könne man sich gut merken, aber 56 % behaupten dies von dem auf Papier Gelesenem.

Also auch in Bezug auf die Mediennutzung liegt die Priorität bei der Leseförderung. Nicht nur für die Persönlichkeitsbildung ist Bücherlesen nach wie vor ein maßgeblicher Weg der Bereicherung, sondern es ist auch ein Instrument der erfolgreichen Lebensbewältigung beim Gebrauch der modernen Medien, oder umgekehrt: Mediennutzung ohne Lesekompetenz bleibt auf niedrigem Niveau.

Lesen und Unterhaltung
Bei all den genannten Wirkungen von Lesen auf den Einzelnen darf nicht übersehen werden, dass Lesen Vergnügen bereitet. Der Leser hat vielfältige Leseerlebnisse, die Freude machen, die ihn spannend unterhalten und seine Freizeit interessant und abwechslungsreich gestalten. Der Unterhaltungsaspekt spielt beim Lesen zumindest bei der Belletristik eine wichtige Rolle. Nur wer sich durch Literatur gut unterhalten fühlt, ist zum Lesen motiviert. „Literatur darf nicht nur unterhaltsam sein, sie muss es sogar!", fordert der gerade verstorbene Kritiker Marcel Reich-Ranicki immer wieder, und sein oberstes Gebot für den Autor lautete: „Du darfst nicht langweilen." Die Qualität eines Buches wurde von ihm an diesem Postulat gemessen.

Hier ist der Ansatz der Leseförderung. Wer zum Lesen motiviert werden soll, braucht Lesestoff, der nicht langweilt. Dies können spannende Abenteuerromane und Tiergeschichten ebenso sein, wie für manche Kinder Sachbücher und Kinderzeitschriften. Ein erstrebenswerter Zustand wäre es, wenn das Lesebedürfnis so stark wäre, dass etwas fehlt, wenn man nicht zum Lesen kommt.

Es wäre aber auch möglich, noch einen Schritt weiter zu gehen, wenn man im Lesen nicht nur einen Unterhaltungswert sieht, sondern ihm sogar therapeutische Wirkungen zubilligt. Bibliotherapeutische Ansätze sind nicht neu. Und von der Heilkraft des Lesens wusste man offensichtlich schon in der Antike. Über der Bibliothek von Alexandria stand der Spruch „Psyches Iatreion", „Heilstätte der Seele". Man könnte in unserer Zeit sogar einen Zusammenhang sehen zwischen schwindenden Lesebedürfnissen und zunehmenden Depressionen in der Gesellschaft. Aber für derart spekulative Überlegungen gibt es keine fundierten Nachweise.

Die gegenwärtige Situation
Angesichts der oben ausgeführten Sachverhalte sind die Ergebnisse der neuesten KIM-Studie (Kinder + Medien) 2012, der JIM-Studie (Jugend, Information, (Multi-Media) 2012 und die einer im Oktober 2013 bekannt gegebenen OECD-Studie bezüglich der Lesekompetenz der Erwachsenen in der Bundesrepublik deprimierend. Nur 48 % der Kinder zwischen 6 und 13 Jahren liest überhaupt regelmäßig Bücher, wobei als regelmäßige Tätigkeit gilt, was mindestens einmal in der Woche ausgeübt wird. Dabei gibt es deutlich mehr Mädchen als Jungen, die lesen. Noch ungünstiger ist der Sachverhalt bei den 12- bis 19-jährigen Jugendlichen in Deutschland. Nur 44 % der Altersgruppe liest regelmäßig Bücher, 54 % der Mädchen und 35 % der Jungen. Es sind also mehr als die Hälfte aller Schüler und Jugendlichen, die nur ungern oder gar keine Bücher lesen, bei zunehmendem Alter mit steigender Tendenz. Nur für Tageszeitungen und Zeitschriften interessieren sich mehr Jungen als Mädchen. (JIM-Studie 2012, S. 13)

Da überrascht das Ergebnis der genannten OECD-Studie nicht mehr. 17,5 % der Erwachsenen hatten große Mühe, selbst einfache Texte zu verstehen. Bei der Vorstellung der Studie am 8. Oktober 2013 sagte die OECD-Bildungsdirektorin Ischinger: „Um es hart zu formulieren: Das ist das Niveau von Zehnjährigen." Bedenkt man darüber hinaus, dass es in Deutschland etwa 2 Millionen Analphabeten gibt, also etwa 4 % der Bevölkerung im Lesealter, davon 60 % Männer und 40 % Frauen, dann verschlimmert sich das an sich schon negative Bild weiter.

Betrachtet man die Zahlen der KIM- und der JIM-Studien, so kann man sich leicht vorstellen, dass die große Zahl der Nichtleser eben um Jahre später das Kontingent der erwachsenen Nichtleser bis hin zum funktionalen Analphabetismus vergrößern wird. Im Hinblick auf die Teilnahme am gesellschaftlichen Leben, angefangen bei beruflichen Tätigkeiten bis hin zur Beteiligung am kulturellen Leben, ist hier eher ein wachsendes Defizit zu befürchten.

Beobachtungen im Alltag bestätigen die beschriebenen Sachverhalte, auch wenn sie nicht repräsentativ sind.
Auf einem Spielplatz habe ich immer wieder die gleichen Szenen wahrnehmen können: Mehrere etwa 8- bis 11-jährige Jungen sitzen nebeneinander auf der Lehne einer Bank, weitgehend stumm, gelegentlich mit lautem Ausruf, mit ihren Smartphones in den Händen. Auf anderen Bänken rund um den Sandbereich des Platzes, auf dem vorwiegend Kleinkinder im Sand oder an verschiedenen Geräten spielen, sitzen junge Mütter, manchmal auch Väter, die sich unterhalten, häufig aber ebenfalls mit ihrem Smartphone beschäftigt sind. Aber es gibt keinen in einem Buch lesenden

Die Bedeutung des Lesens für den Einzelnen und die Gesellschaft

Menschen, wie das früher manchmal zu beobachten war. Lesen als Freizeitbeschäftigung ist, wie die genannten Studien zeigen, begrenzt auf eine Minderheit. Stattdessen treten immer häufiger, wie die Studien ebenfalls zeigen, Fernsehen und digitale Medien an die Stelle von Büchern. Wenn es nicht gelingt, schon in der Schulzeit gegenzusteuern, ist zu befürchten, dass Manfred Spitzer mit seiner Prognose einer Entwicklung hin zu „Digitaler Demenz" nicht ganz falsch liegt.

Notwendigkeit einer intensiven Leseförderung
Wie kann es gelingen, diesem deprimierenden Sachverhalt eine neue, günstigere Wendung zu geben? Es entsteht gegenwärtig der Eindruck, wir würden in einer lesefeindlichen Zeit leben, wenn man einerseits das verhältnismäßig geringe Leseinteresse von Kindern, Jugendlichen und Erwachsenen feststellen muss, andererseits aber auch sieht, wie der Umgang mit digitalen Medien auch von manchen Pädagogen idealisiert wird. Aus den genannten Gründen geht es aber darum, wenigstens bei einem Teil, einem möglichst großen Teil der Nichtleser so etwas wie ein Lesebedürfnis zu wecken und eine Gewöhnung ans Lesen zu bewirken.

Die meisten lesenden Kinder kommen aus Elternhäusern, in denen gelesen wird. Das Vorbild der Eltern ist auch hier wie bei den meisten Erziehungsabläufen grundlegend. „Die Hochschätzung des Lesens sollte das Kind zunächst an seinen Eltern erfahren. Wenn deren Unterhaltung beziehungsweise Informationsbeschaffung nur durch das Fernsehen erfolgt, dann wird das Kind zu diesem hingelenkt und kaum zu einer Wertschätzung des Lesens kommen." (Bamberger, Besser lesen, S. 9 Domino) Es ist also eine intensive Elternarbeit angesagt, was mit zunehmendem Alter der Kinder allerdings immer schwieriger wird. Deshalb muss die Bedeutung des Lesens (Vorlesens) bereits im Kindergarten, dann aber vor allem in der Grundschule immer wieder vor Augen geführt werden. Die Elternabende sind in diesem frühen Alter der Kinder meist sehr gut besucht.

Den entscheidenden Einfluss auf die Lesefähigkeit und die Lesebereitschaft kann dann die Grundschule nehmen. Es ist besonders wichtig, dass die Kinder eine Lesefertigkeit entwickeln, welche die Mühe des Lesens verkleinert. Dies gelingt aber nur durch häufiges Lesen, denn: Lesen lernt man durch Lesen. Ein Programm zur Steigerung der Lesefähigkeit ist dabei ein Erfolg versprechender Weg, wie Gabriele Gien in ihrem Forschungsbericht „Basale Lesekompetenz fördern" im Zusammenhang mit der Arbeit mit dem FLOH-Lesefitness-Training nachgewiesen hat. Im Rahmen der allgemeinen Leseförderung können durchaus auch Einzelaktionen wie Autorenlesungen, Kinder- und Jugendbuchwoche, Vorleseveranstaltungen und anderes mehr durchgeführt werden, aber sie sind nur eine Ergänzung der Arbeit.

Es ist bei der Leseförderung immer wichtig, dass der Lesestoff und dessen Präsentation so ansprechend sind, dass die Bereitschaft zum Lesen nicht erst mühsam in Gang gebracht werden muss. Die Kinderzeitschriften „FLOHKISTE/floh" und „ich TU WAS!" sind Beispiele dafür, wie Neugierde geweckt und damit verbunden Lesebereitschaft hervorgerufen werden. Darüber hinaus kommen diese Zeitschriften gerade auch den Interessen der Jungen entgegen, wie die JIM-Studie zeigt.

Natürlich entsteht für die Lehrerbildung hier eine besondere Aufgabe, denn schließlich sind die jungen Lehrer und Lehramtsanwärter auch schon digital orientiert. Es muss bei ihnen möglicherweise ein neues Bewusstsein entstehen. Das heißt im Klartext, dass auch für alle Fachdidaktik in der Lehrerbildung die Lesekompetenz Priorität haben muss. Der Glaube, dass digitale Medien so etwas wie eine Chance beim Lernen sein könnten, endet spätestens dann, wenn Aufgaben und Programme nicht gelesen werden können.

In der Politik hören wir immer wieder die Forderung nach mehr Investition in die Bildung. Unter Bildung wird hier offensichtlich Schulbildung verstanden. Dem ist nicht zu widersprechen, wenn der Leseförderung dabei der höchste Stellenwert zugeordnet wird. Denn nur dadurch ist es möglich, dass sich Bildung auch in einem umfassenderen Verständnis entfalten wird. Hierzu gehören Erfahrungen und Leistungsfähigkeit in Bereichen, die den Menschen in seiner Ganzheit betreffen, sowohl in Bezug auf das Denken als auch im Hinblick auf seine Emotionalität und seine soziale Kompetenz. Lesefähigkeit ist die Kompetenz, die ihrerseits dazu beiträgt, auch andere Kompetenzen zu erwerben, wie verdeutlicht wurde. Eine humane Gesellschaft bedarf gebildeter Mitglieder, und Lesenkönnen ist die Voraussetzung dafür.

Literatur
Bamberger, Richard: Erfolgreiche Leseerziehung, München 2006
dgl.: Besser lesen, besser lernen. München 2003
Gien, Gabriele: Basale Lesekompetenz fördern. München 2012
Grömminger, Arnold: Lernen durch Lesen. In: „L" wie Lernen in der Schule. Praxisheft, Domino Verlag Günther Brinek, München 2012
dgl.: Über die Lesehürden in der ersten und zweiten Jahrgangsstufe, München 2007
dgl.: Über die Lesehürden in der dritten und vierten Jahrgangsstufe, München 2010
Postman, Neil: Das Verschwinden der Kindheit. Frankfurt a. M. 1987
Spitzer, Manfred: Digitale Demenz. München 2012
Winn, Marie: Die Droge im Wohnzimmer. Hamburg 1979
Wolf, Maryanne: Das lesende Gehirn. Heidelberg 2009

Von 50 Verlagsjahren arbeiten Domino Verlag und der Bayerische Lehrer- und Lehrerinnenverband bereits 37 Jahre zusammen. Der Domino Verlag hat die vom Bayerischen Lehrerverein 1876 gegründete „Jugendlust" im Jahr 1977 in den Verlag übernommen und mit dem BLLV als Herausgeber daraus eine der pädagogisch angesehendsten Zeitschriftenreihen für Kinder und Jugendliche (FLOHKISTE/ floh!, *ich TU WAS!*, O!KAY!) entwickelt. Aber die Krise der Printmedien hat nicht nur die Zeitungen und Zeitschriften der Erwachsenen erfasst. Günther Brinek im Gespräch mit dem Präsidenten des BLLV und stellvertretenden Bundesvorsitzenden des Verbandes Bildung und Erziehung (VBE), Klaus Wenzel, über die Anfänge des Domino Verlags bis zur heutigen Situation als Verleger pädagogisch anspruchsvoller Kinder- und Jugendzeitschriften.

Im Gespräch: Günther Brinek und Klaus Wenzel

Sind unsere Schul-Jugendzeitschriften noch zu retten?

Klaus Wenzel: Sie haben den Domino Verlag vor 50 Jahren gegründet. Was war Ihr Programm, bevor Sie sich den Kinder- und Jugendzeitschriften verschrieben haben?

Günther Brinek: Ein Buchklub für Kinder! Von Richard Bamberger mit der Bedeutung des Lesens geradezu „infiziert", kam ich nach München, um hier in großen Verlagshäusern weiter Erfahrungen zu sammeln. Dabei stellte ich fest, dass es einen Kinderbuchklub in Deutschland nicht gab. So wie Bamberger, der seinen Österreichischen Buchklub der Jugend ja als non-profitables Unternehmen gegründet hatte, sah auch ich für Deutschland darin in erster Linie ein pädagogisches Projekt. Ich gründete einen eingetragenen Verein, unter anderem mit dem Kinderbuchautor James Krüss, unterstützt auch vom Münchner Stadtschulrat Anton Fingerle, vom Nürnberger Schul-und Kulturdezernenten Hermann Glaser, von der Gründerin der Internationalen Jugendbibliothek, Jella Lepman. Als organisatorische und finanzielle

> **Dr. Dr. h.c. Richard Bamberger, 1911-2007**
> österreichischer Lesepädagoge, gründete 1948 in Wien den österreichischen Buchklub der Jugend, 1965 das Internationale Institut für Jugendliteratur- und Leseforschung, 1988 das Institut für Schulbuchforschung und Lernförderung.
> Gemeinsam mit Jella Lepman und Erich Kästner hat Bamberger auch das Internationale Kuratorium für das Jugendbuch (IBBY - Board on Books for Young People) ins Leben gerufen und war Mitglied der International Reading Association in den USA, der weltweit größten Organisation für Leseförderung. Die IRA ehrte ihn mit der "International Citation of Merit" und der Aufnahme in die "Reading Hall of Fame". Der Bayerische Lehrer- und Lehrerinnenverband verlieh ihm für sein Lebenswerk den Wilhelm-Ebert-Preis, von der Universität Dortmund erhielt er das Ehrendoktorat.

> **Jella Lepman, 1891-1970**
> ist in Stuttgart aufgewachsen. Sie war zeitweilig auch Vorsitzende der Deutschen Demokratischen Partei Württembergs und mit Theodor Heuss Reichstagskandidatin. Während des Dritten Reichs emigrierte sie nach London, wurde britische Staatsbürgerin und kam schließlich als "Adviser" für Jugendfragen im amerikanischen Hauptquartier ins Nachkriegsdeutschland zurück. 1946 veranstaltete sie im zerstörten Deutschland eine Ausstellung von Jugendbüchern, die sie zur Idee einer Internationalen Jugendbibliothek inspirierte. Diese verwirklichte sie 1948 mit Hilfe der Rockefeller Foundation und der deutschen Bundesregierung. Bis 1957 war sie deren erste Direktorin. Sie war es auch, die mit Richard Bamberger und Erich Kästner das Internationale Kuratorium für das Jugendbuch (IBBY) begründete und 1967 Internationalen Kinderbuchtag ins Leben rief.
> Jella Lepman war auch Förderbeirat des Domino Vereins.

Plattform des Vereins brauchte es aber einen Verlag. Also gründete ich den Domino Verlag. Übrigens gehörten zu den Förderbeiräten des Domino Vereins auch damals schon Lehrerverbände aus Niedersachsen und Berlin, die heute Ihrem Bundesverband VBE angehören. Bei diesen gab es noch Jugendschriftenausschüsse – Lehrer erstellten Empfehlungslisten für Kinder- und Jugendbücher! Die meisten Jugendschriftenausschüsse sind heute leider nicht mehr aktiv.

Klaus Wenzel: Im BLLV aber schon noch! Ich habe den Eindruck, dass der BLLV der einzige Verband – auch innerhalb des VBE – ist, der dieses Projekt nicht nur am Leben erhält, sondern mit neuem Leben erfüllt. Unser Jugendschriftenausschuss tagt regelmäßig in der Geschäftsstelle des BLLV, und an solchen Tagen sind wir ganz beglückt, weil dann das Haus mehr als sonst auch zu einem Lern- und Lesehaus wird. Es verteilen sich Grüppchen, die sich über gelesene Bücher austauschen und es kommen handfeste Empfehlungen heraus, die wiederum von Lehrerinnen und Lehrern sehr gerne als Grundlage für ihre Leseempfehlungen an Kinder und Eltern angenommen werden.

Günther Brinek: Das ist eben noch gute alte Bamberger-Tradition. Genauso hat er das nach dem Kriegsende in Österreich gemacht: Er hat Lehrer dafür begeistert, sich für das, was Kinder zu Hause lesen sollten, zu interessieren und darauf beratend Einfluss zu nehmen …

Klaus Wenzel: … und was das Beglückende daran ist, dass das alles ehrenamtlich gemacht wurde und wird. Das heißt, es sind sehr engagierte Kolleginnen und Kollegen – in der Regel noch im Dienst –, die von ihrer freien Zeit doch einiges zur

Sind unsere Schul-Jugendzeitschriften noch zu retten?

Verfügung stellen, weil sie wissen, wie wichtig Leseerziehung ist. Ich bin mir deshalb sicher, dass dieser Jugendschriftenausschuss innerhalb Bayerns im BLLV weiterhin aktiv tätig bleiben wird.

Günther Brinek: Wir arbeiten mit dem BLLV-Jugendschriftenausschuss auch gut zusammen. Weil die FLOHKISTE und der floh! schließlich auch zum Buchlesen hinführen wollen, stecken in jedem Heft Buchtipps, die größtenteils auf dessen Empfehlungen basieren. Das ist ja das Besondere an Ihrem Verband, dass Sie nicht nur über Pädagogik reden, sondern sich auch pädagogisch engagieren. Nicht zuletzt als Herausgeber der Kinder- und Jugendzeitschriften im Domino Verlag.

Klaus Wenzel: Schon wenige Jahre nach der Gründung des Bayerischen Lehrervereins, Vorläufer des BLLV, war es den bayerischen Lehrern ein Anliegen, eine eigene Jugendzeitschrift, die „Jugendlust" herauszubringen.

Günther Brinek: Das muss damals ja ungeheuer fortschrittlich gewesen sein, denn das Lesen einer Zeitschrift wurde doch eher scheel angesehen. Ich selbst habe, als ich mit der FLOHKISTE begann, sogar noch erlebt, dass man damals eigentlich nur das Lesen von Büchern als sinnvoll erachtete und sogar manche Lehrer nur Bücher und keine Zeitschrift empfehlen wollten.

Klaus Wenzel: Wie sind Sie denn vom Buchklub zur Zeitschrift gekommen?

Günther Brinek: Also ehrlich gesagt, haben mich Zeitschriften schon immer interessiert. Ich habe ja schon als Neunjähriger die Freude gehabt, mit Aufsätzchen

---

Domino Verein zur Förderung wertvollen Kinder- und Jugendschrifttums e.V.
Eine aus Schriftstellern, Illustratoren, Theoretikern, Pädagogen und Fachleuten des Verlagswesens bestehende Personengruppe gründete 1963 den „Kinder- und Jugendbuchklub Domino e.V.", der 1968 in Domino Verein zur Förderung wertvollen Kinder- und Jugendschrifttums e.V. umbenannt wurde. Der Domino Verein ist eine Buchgemeinschaft, die ausschließlich Kinder- und Jugendliche betreut, zur Zeit weit über 100.000. Dem Domino Verein gehören ferner sogenannte Förderungsbeiräte an, unter anderem bekannte Schriftsteller, Kulturpolitiker, Literaturwissenschaftler, Psychologen und der Börsenverein des deutschen Buchhandels. Die vom Verein getroffene Buchauswahl wird von Günther Brinek verlegt.
(Zitat aus dem Lexikon für Kinder- und Jugendliteratur, Beltz Verlag, 1975)

Jugendschriftenausschuss des BLLV, gegründet 1897
Der Jugendschriftenausschuss des Bayerischen Lehrer- und Lehrerinnenverbandes versteht sich mit seiner Rezensionstätigkeit als Informationsstelle in Sachen Kinder- und Jugendliteratur für Ratsuchende, besonders für Studierende und Lehrer.
Der Münchner Arbeitskreis nennt sich inzwischen Forum Jugendliteratur im BLLV und besteht aus einem Team von 25 Mitarbeiterinnen und Mitarbeitern.
Die Buchempfehlungen in den FLOHKISTE-/floh!-Heften stützen sich auf deren Rezensionsarbeit.

> **Jugendlust**
> „Wochenschrift zur Belehrung und Unterhaltung für die Jugend", wurde vom Bayerischen Lehrerverein 1876 gegründet, erschien im Ersten Weltkrieg, „überlebte" die Inflation des 20. Jahrhunderts, wurde im Zweiten Weltkrieg eingestellt und war beim Wiederaufbau nach 1949 wieder mit dabei. Einschneidende pädagogische und didaktische Neuorientierungen haben sie ebenso geprägt wie dem Wandel der Zeit unterworfene Modeerscheinungen. Heute wird der Titel Jugendlust im Untertitel von FLOHKISTE/floh! geführt, in der „die älteste noch erscheinende Jugendzeitschrift der Welt" 1977 aufging. Nach wie vor ist der Bayerische Lehrer- und Lehrerinnenverband der Herausgeber.

> **Erich Kästner, 1899-1974**
> Jeder kennt seine Kinderbücher. Die Wenigsten wissen, dass er sich auch mit dem Medium Kinderzeitschrift beschäftigt hat. Mit der von ihm mitgegründeten Zeitschrift „Pinguin", die von 1946 bis 1953 erschien und deren Herausgeber er bis 1949 war, sah Kästner eine Möglichkeit, nach dem Zusammenbruch der Hitlerherrschaft, die junge Generation in andere Ideale und Lebensvorstellungen heranzuführen. Die inhaltlichen Schwerpunkte lassen sich zwar mit jenen der anderen Jugendzeitschriften dieser Zeit vergleichen, auffallend jedoch ist ein deutlich höheres journalistisches Niveau.

in der Kinderredaktion einer Tageszeitung mitschreiben zu können. Mein Vorbild war dann Erich Kästner, der ja selbst eine Kinderzeitschrift herausgebracht hat. Nach und nach doch ganz auf Zeitschriften umzusteigen, war äußerst profan: Die Buchkäufer waren damals nämlich äußerst nachlässige Zahler. Wir hatten immer hohe Außenstände, die zwischenfinanziert werden mussten. Bei einem Zeitschriftenabo aber – wie ich feststellte –, war der Kunde bereit, im Voraus zu bezahlen. Die Finanzierung war gesichert! Deshalb begann ich im Frühjahr 1976 mit der FLOHKISTE.

Klaus Wenzel: Und wie sind Sie zu unserer „Jugendlust" gekommen?

Günther Brinek: Das war Liebe auf den zweiten Blick. Ich hörte schon Anfang der 1970er-Jahre, dass die „Jugendlust" einen Verlag sucht. Ehrlich gesagt – beim Titel „Jugendlust" schreckte ich zurück. Außerdem war ich ja mit dem Domino Buchklub beschäftigt. Als aber der zwischenzeitlich neu gefundene Verlag der Jugendlust 1977 in Konkurs ging – die „Jugendlust" damit vor der Einstellung stand und mir erneut angeboten wurde, setzte ich mich mit ihren Inhalten und ihrer Geschichte auseinander. Schließlich war mein Interesse für Zeitschriften geweckt, ich brachte bereits seit einem Jahr die FLOHKISTE heraus.
Es bot sich an, mit meiner FLOHKISTE und der vom BLLV herausgegebenen ältesten noch erscheinenden Jugendzeitschrift der Welt, Zeitschriften gezielt für die einzelnen Lesestufen zu entwickeln. Dem BLLV hat mein Konzept gefallen und er war auch damit einverstanden, dass der Titel „Jugendlust" nach einiger Zeit nur mehr im Untertitel aufscheint. Im Oktober 1977 erschien die erste „Jugendlust" im Domino Verlag.

Sind unsere Schul-Jugendzeitschriften noch zu retten?

Klaus Wenzel: Und heute gibt es vier altersgemäße Ausgaben FLOHKISTE/floh! von der Grundschule bis in die Sekundarstufe, die gleichzeitig alle 14 Tage erscheinen – und dazu noch das monatliche FLOHKIST*chen* für die Vorschule.

Günther Brinek: Und dazu noch „ich TU WAS!", das wir gemeinsam 1990 gründeten, als in Bayern die fächerübergreifende Umwelterziehung eingeführt wurde. Und die O!KAY!-Medien, seit 1998, als in der Grundschule der Englischunterricht eingeführt wurde. Ich freue mich, dass Sie für alle diese Zeitschriften die Herausgeberschaft übernommen haben. Sie sind der einzige Lehrerverband, der für seine Schülerinnen und Schüler Zeitschriften herausgibt. Warum tun Sie das eigentlich?

Klaus Wenzel: Wie bereits gesagt, hatte sich der Bayerische Lehrerverein bereits kurz nach seiner Gründung dazu entschlossen, eine eigene Zeitschrift für die Jugend herauszugeben. Damals lag das bestimmt am fehlenden, sogenannten „wertvollen" Lesestoff, der unsere Vorgänger dazu veranlasst hat. Inzwischen hat sich die Betrachtungsweise ja völlig geändert. Wir brauchen nicht mehr so zu tun, als gäbe es gute und schlechte Literatur, für mich als Pädagogen gibt es interessante und uninteressante, attraktive und unattraktive, wertvolle und wertlose Literatur. Der BLLV hat über den Anspruch, Kindern pädagogisch attraktiven und interessanten Lesestoff in die Hand zu geben, immer eine Brücke ins Elternhaus bauen wollen. Er wollte dem schulischen Lernen auch eine Akzeptanz zu Hause geben. Seitdem die von uns herausgegebenen Jugendzeitschriften im Domino Verlag erscheinen, ist das vollständig gelungen.

Ich glaube auch, dass es einmalig ist – zumindest in Deutschland, wenn nicht auf der Welt –, dass es eine Kinder- und Jugendzeitschrift gibt, die sich in eigenen Ausgaben an verschiedene Altersstufen wendet und damit auch an verschiedene Jahrgangsstufen in der Schule. Sie ist sehr gezielt mit Blick auf den Lehrplan Themen und Inhalten aufbereitet und zwar dergestalt, dass es für Kinder spannend wird. Schon allein in meiner eigenen Familie gibt es dafür viele Belege. Unsere drei Söhne sind mit der FLOHKISTE und dem floh! groß geworden und jetzt kommt schon die nächste Generation. Unser ältester Enkelsohn Paul hat seit einem Jahr die FLOHKISTE abonniert und ist begeistert. Wenn nach zwei Wochen wieder die neueste Ausgabe ansteht, blättert er diese sofort durch und stellt fest: Oh, das haben wir schon in der Schule gemacht! Oder: Das kommt jetzt dran! Das heißt, die Verbindung einer sehr kindgerechten Zeitschrift zur Schule hin, ist mit diesem Konzept optimal gelungen. Deshalb hat der BLLV auch aus pädagogisch-didaktischen Gründen viel Lust, weiterhin Herausgeber nicht nur der FLOHKISTE mit ihren altersgemäßen Ausgaben, sondern auch der anderen im Rahmen unserer

Zusammenarbeit entstandenen Zeitschriften zu sein. Ob das nun das O!KAY!-Konzept für den Grundschul-Englischunterricht oder *ich TU WAS!* für die fächerübergreifende Umwelterziehung ist. Nicht zuletzt schätzen wir das FLOHKIST*chen* als Ausweitung in den frühkindlichen Bereich. Aber was mir ganz besonders gefallen hat und gefällt, sind die großen pädagogischen Aktionen, die im Rahmen unserer Schul-Jugendzeitschriften von Ihnen veranstaltet wurden ...

Günther Brinek: ... die aus den Werbemitteln für unsere Zeitschriften finanziert wurden!

Klaus Wenzel: Ich erinnere mich gerne an das TU-WAS!-Umweltmobil, die O!KAY!-Busse, das Umweltschiff Wasserfloh, Wanderausstellungen wie „Kinder wie die Zeit vergeht" oder „Komm mit ins Land der Fantasie" ...
Ich fand es stets bewundernswert, dass der Domino Verlag die Werbung für die von uns herausgegebenen Zeitschriften immer mit pädagogischen Aktionen durchführte. Sie haben eben stets nach dem Motto gehandelt: „Wir verteilen keine Pastiklineale, sondern wir machen pädagogisch anspruchsvolle Projekte."

Günther Brinek: Weil ich es immer schon schade fand, wenn Geld für sinnlose Werbung ausgegeben wird. Ich fand, dass die zukünftigen Leser – und nicht zuletzt auch die Lehrerinnen und Lehrer – wirklich etwas davon haben sollten. So kamen wir auf die Idee, zum Beispiel außerschulische Lernorte wie das Umweltmobil oder das Umweltschiff einzurichten. Da diese Aktivitäten aber immer schon über die reine Werbung für unsere Zeitschriften hinausgingen, haben wir im Jahr 2000 die Stiftung „Praktisches LERNEN" eingerichtet. Wir haben ja viele Jahre lang auch Projekte praktischen Lernens in den Schulen ausgezeichnet. Heute heißt sie: Stiftung LERNEN der Schul-Jugendzeitschriften FLOHKISTE/floh! und koordiniert unsere pädagogischen Projekte, die aus Überschüssen des Domino Verlags finanziert werden. Unsere größte und in meinen Augen auch wirkungsvollste pädagogische Aktion – auch wenn sie längst nicht so auffällig ist wie es die englischen Doppeldecker waren, an deren Bord Grundschulkinder in die englische Sprache eintauchen konnten – ist wohl das seit mehr als zehn Jahren statt-

> **Stiftung LERNEN der Schul-Jugendzeitschriften FLOHKISTE/floh!**
> Anlass zur Gründung der gemeinnützigen Stiftung war das Anliegen des Domino Verlags, sich über seine Kinder- und Jugendzeitschriften hinaus pädagogisch zu engagieren. Waren es zunächst Förderpreise, mit denen Projekte des Praktischen Lernens an Schulen ausgezeichnet wurden, so wird jetzt Lernen in unterschiedlichen pädagogischen Projekten gefördert (zum Beispiel Lesefitness- und Mathefitnesstraining).
> Die Fördermittel stammen aus Überschüssen, die die Schul-Kinder- und Jugendzeitschriften erwirtschaften.
> Die Stiftung ist Mitglied im Bayerischen Wertebündnis.

Sind unsere Schul-Jugendzeitschriften noch zu retten?

findende FLOH-Lesefitness-Training. Über drei Millionen Kinder haben bisher bundesweit daran teilgenommen. Und das, wie Prof. Dr. Gabriele Gien von der Uni Eichstätt in ihrer Untersuchung darlegte, mit nachhaltigem Erfolg! In Anbetracht der Tatsache, dass die Hälfte der Kinder nicht liest, wie die letzte KIM-Studie ermittelte, scheint mir Leseerziehung eine der vordringlichsten und wichtigsten Aufgaben zu sein.

Klaus Wenzel: Dazu gehört geeigneter Lesestoff und dieses Angebot bereichern wir, indem wir in unserem Sinn pädagogisch wertvolle Kinder- und Jugendzeitschriften nicht nur herausgeben, sondern durch unsere Empfehlung auch in die Familien bringen! Wir Lehrer haben ja laut Grundgesetz und Bayerischer Verfassung einen Auftrag zu erfüllen. Deshalb dürfen und müssen wir aus unserer pädagogischen Verantwortung heraus Lesestoff empfehlen. Sich für Leseförderung starkmachen, heißt auch, für regelmäßigen Lesestoff zu sorgen.

Günther Brinek: Aber Lehrerinnen und Lehrer werden durch das Werbeverbot in Schulen immer mehr verunsichert. Keine schulische Stelle sagt ihnen dezidiert, dass pädagogisch anspruchsvoller Lesestoff empfohlen werden darf, und bevor sie sich vermeintlich in rechtliche Schwierigkeiten bringen, geben viele lieber keine Empfehlung. Das betrifft auch unsere Zeitschriften, die der BLLV in Bayern und der VBE bundesweit herausgibt. Ein klares Wort der Kultusministerien könnte hier der Verunsicherung entgegenwirken.

Klaus Wenzel: Es gab im bayerischen Kultusministerium eine lange Tradition der Veröffentlichung geeigneter Jugendzeitschriften. Über das Amtsblatt wurden die Titel der Zeitschriften mitgeteilt, die empfohlen werden sollen. Warum es diese Liste nicht mehr gibt, beziehungsweise warum sie auf Internetseiten des Staatsinstituts für Schulqualität und Bildungsforschung (ISB) in die Bedeutungslosigkeit versenkt wurde, verstehe ich nicht.
Ich verstehe auch nicht, warum nicht jedes Kultusministerium auf pädagogisch empfehlenswerte Zeitschriften an deutlicher Stelle hinweisen kann. Im Grunde müsste in jedem Seminarplan hineingeschrieben werden, dass Kinder- und Jugendzeitschriften in der Leseerziehung der Schule eine große Rolle spielen müssen. Ich weiß nicht, warum sich ein Kultusministerium hier sträubt, Namen zu nennen, nicht zuletzt der von uns herausgegebenen Kinder- und Jugendzeitschriften. Man wird auf dem Markt kein Produkt finden, das so konsequent wie FLOHKISTE/floh!, *ich TU WAS!* oder O!KAY! auf die Bedürfnisse der Schülerinnen und Schüler eingeht. Deswegen sollten wir dieses Jubiläum zum Anlass nehmen, an die Kultusministerien zu appellieren, doch zu überlegen, den Leselernprozess vor allem auch

mit den vom BLLV herausgegebenen und absolut werbefreien Kinder- und Jugendzeitschriften zu unterstützen.

Günther Brinek: Aber mir scheint es inzwischen nicht mehr ganz so sicher zu sein, dass gerade die junge Generation der Lehrerinnen und Lehrer sich der Bedeutung des Lesens für das Lernen und die Persönlichkeitsentwicklung bewusst ist ...
Frühere Lehrergenerationen wussten, dass die Kulturtechnik Lesen einer besonderen Förderung durch die Schule bedarf. So hat mich doch sehr die Äußerung eines Didaktikers bei seinem Vortrag über „ganzheitliches Lernen" gerade vor jungen Lehrern erschreckt. Der Professor stellte das Ergebnis einer Untersuchung vor, wie Kinder Wissen speichern: Zu 90 % durch Selbsttun, zu 70 % durch selbst laut Sprechen, zu 50 % durch Hören und Sehen und so weiter, bis als letzter Punkt Lesen mit 10 % angegeben wurde. Das ist natürlich so, wenn es um bloßen Merkstoff geht. Ich hatte nun erwartet, dass der Professor ergänzend erklärt, dass das Lesen aber eine ganz andere Bedeutung hat, eine einmalige Denkschulung ist, unerlässlich für Entwicklung von Fantasie und Persönlichkeit ist. Aber das fand nicht statt. Dabei ist doch Lesen die Grundlage allen Lernens.

Klaus Wenzel: Ich wünsche mir, dass es in jedem Kultusministerium mindestens einen Experten gibt, der genau weiß, wie der Leselernprozess funktioniert. Ich wünsche mir, dass es in jedem Ministerium einen Experten gibt, der weiß, wie die aktuellen Befunde aus der Hirnforschung zu werten sind und dass sie ganz konkrete Auswirkungen auf die Leseerziehung haben. Es wird oft so getan, als wäre ja der Computer auch ein Instrument, der die Kinder zum Lesen führt. Wer so etwas sagt, hat sich nicht mit den aktuellen Befunden der Hirnforschung beschäftigt, denn Lesen ist ein Akt, bei dem viele Sinne eine Rolle spielen, die kein Computer der Welt ersetzen kann.

Günther Brinek: Lesen am Computer scheint offensichtlich zu einer Abwendung von den Printmedien zu führen. Es beschert vielen Tageszeitungen und Zeitschriften seit Jahren hohe Auflagenrückgänge. So hat die BILD-Zeitung in den letzten zehn Jahren über 1,5 Millionen Leser verloren – das sind über 30 %. Nicht nur Zeitungen, auch die meisten Zeitschriften verzeichnen Leser-Verluste. So zum Beispiel Frauenzeitschriften wie Brigitte und Freundin, die gleichfalls rund 30 % ihrer Leser einbüßten. Davon sind Kinder- und Jugendzeitschriften genausowenig ausgenommen. BRAVO hatte vor 10 Jahren eine Auflage von knapp einer Million, inzwischen sind es nur mehr etwa 350.000. Micky Maus ging in den letzten zehn Jahren von 660.000 Leser auf 240.000 zurück. Natürlich sind auch unsere Jugendzeitschriften davon betroffen.

Sind unsere Schul-Jugendzeitschriften noch zu retten?

Klaus Wenzel: Offensichtlich machen doch Internet & Co den Printprodukten arge Konkurrenz ...

Günther Brinek: Was bei den Erwachsenen und Jugendlichen der Fall zu sein scheint, trifft bei Grundschulkindern aber nicht zu. Laut der KIM-Studie 2012 nutzen nur 7 % der 6- bis 7-Jährigen, 16 % der 8- bis 9-Jährigen, 27 % der 10- bis 11-Jährigen das Internet täglich. Im Übrigen sind es, wie bereits zitiert, nur jeweils 50 % der Kinder in jeder Altersstufe, die zu den regelmäßigen Lesern gehören und damit dürfen sich Lehrerinnen und Lehrer und die Gesellschaft doch keinesfalls zufriedengeben!

Klaus Wenzel: Das heißt, Lehrerinnen und Lehrer müssen sich das klarmachen und wir müssen ihnen Mut machen, sich wieder verstärkt leseempfehlend einzusetzen. Aber ich sage jetzt etwas sehr Kritisches: Auch die Generation der heutigen jungen Lehrerinnen und Lehrer ist nicht mehr so intensiv mit Printmedien in Kontakt, wie das bei uns der Fall war. Ich habe in den 70er-Jahren den Lehrerberuf erlernt und da war es selbstverständlich, dass wir über Gedrucktes den Lernprozess unterstützt haben. Die jetzige junge Lehrergeneration hat hier schon andere Leseerfahrungen gemacht und es ist schwierig, davon zu abstrahieren: „Was brauchen eigentlich Kinder heute, obwohl ich es selbst nicht erlebt habe?" Wir wissen aus der Lernpsychologie, dass immer das besser angewandt werden kann, was man selbst im eigenen Lern-, Erziehungs- und Sozialisierungsprozess erfahren konnte. Da sehe ich ein sehr großes Problem. Und eben weil das so ist, müssen die Kultusministerien möglichst viel tun, jedenfalls deutlich mehr als bisher, um gerade auch in der Lehrerbildung den Wert des Lesens zu verdeutlichen und es müssten vor allem sehr viel konkretere Hilfen angeboten werden.
Lehrerinnen und Lehrer sollten aber auch selbst erkennen, dass Ihnen die Hereinnahme von Büchern, Kinder- und Jugendzeitschriften in den Unterricht nicht nur Arbeit erspart, sondern diesen auch bereichert. Ich glaube, viele junge Lehrer haben das noch nicht erkannt, einfach deshalb, weil sie es noch nicht ausprobiert haben! Immer da, wo ich Kolleginnen oder Kollegen ein paar unserer Zeitschriften gebe, höre ich: „Jetzt kann ich ja meinen Unterricht ganz anders unterstützen und anschaulich machen mit Bildern, Texten und weiteren Materialien. Wir müssen in dieser Hinsicht besonders in der Lehrerbildung aktiv werden. Ich glaube nicht, dass in der Lehrerschaft die Bereitschaft fehlt, sich für Lesestoff einzusetzen, sondern dass es nur an Sensibilität, an Erfahrung fehlt und bloß nicht erkannt wird, wie sehr letztlich die Kinder von regelmäßig ins Haus kommenden Leseimpulsen, wie die FLOHKISTE sie bietet, profitieren.

Günther Brinek: Nun weiß ich ja aus der Geschichte Ihrer Jugendlust und der für eine Zeitschrift ungewöhnlich langen Erscheinungszeit, dass es – wie im Leben auch – Höhen und Tiefen gibt, also eine stabile Auflage und dann wieder Auflageneinbrüche. Wobei bei dem totalen Umbruch der Medien, in dem wir uns gerade befinden, wirklich niemand vorhersagen kann, wohin die Entwicklung endgültig gehen wird. Während die einen Fachleute fest davon überzeugt sind, dass es Bücher und Printmedien die nächsten Jahrzehnte weiterhin geben wird, sehen die anderen ihr Verschwinden bereits eingeleitet. Dieses Bild spiegelt sich nicht zuletzt in der Trennung eines großen Verlages von etlichen seiner Zeitungen und Zeitschriften einerseits und dem Kauf gerade dieser Printprodukte durch einen anderen Verlag. Der eine setzt eben auf Investition in die neuen Medien und der andere glatt dagegen.

Klaus Wenzel: Nur, dass es uns bei allem, was für die Kinder bestimmt ist – siehe Gehirnforscher –, nicht egal sein kann und darf, in welche Richtung es geht. Ich freue mich, dass wir dabei einer Meinung sind.

„Wenn ich die Witze in der FLOHKISTE nicht hätte, hätte auch mein Papa nichts zu lachen!"

Kindermund

Vorwort des Herausgebers	9
Andreas Flitner Zukunft für Kinder – Gedanken zur Grundschule	15
Heinz-Elmar Tenorth Was macht eine gute Schule aus?	33
Manfred Prenzel Ist unsere Lehrerbildung noch zu retten?	39
Simone Fleischman Gelingensbedingungen für gelingende Bildung	49
Manfred Spitzer Ist das Lernen noch zu retten?	59
Rudi Lütgeharm Mehr bewegen heißt besser lernen	69
Ludwig Eckinger Ist das Rechtschreiben noch zu retten?	83
Heiner Böttger Ist der Fremdsprachenunterricht in der Grundschule (denn) noch zu retten?	91
Max Liedtke Ist das Singen noch zu retten?	101
Stephanie Müller Ist unsere Handschrift noch zu retten?	119
Tatiana Matthiesen Chancengerechtigkeit beginnt in der Grundschule	127
Isabell Zacharias Ist die Erziehung in der Familie noch zu retten?	137

Inhalt

Johanna Haberer
Sind unsere Werte noch zu retten? 145

Rainer Brämer
Ist die Naturentfremdung noch zu retten? 159

Helga Rolletschek
Null Bock auf Natur – was tun? 162

Kurt Franz
Das Märchen auf dem Weg ins digitale Zeitalter – Gewinn oder Verlust? 171

Arnold Grömminger
Die Bedeutung des Lesens für den Einzelnen und die Gesellschaft 187

Günther Brinek, Klaus Wenzel
Sind unsere Schul-Jugendzeitschriften noch zu retten? 197

ISBN-Nr. 978-3-926123-18-3

© 2014 Domino Verlag Günther Brinek GmbH München

Zeichnungen zum Beitrag ab Seite 69: Katharina Reichert
Seite 120: Kritzelalphabet nach Richter, Die Kinderzeichnung, Cornelsen Lehrbuch, Nachdruck 1997
aus Aissen Crewett: Kunstunterricht in der Grundschule, Westermann, 1992
Die Kinderäußerungen auf den Seiten 13, 14, 32, 38, 58, 90, 136, 144, 158, 170 stammen aus Bänden
der Reihe „Kindermund", mit freundlicher Genehmigung des Baumhaus Verlages
Umschlag: fotomaximum/FOTOLIA; Zeichnungen: Stefan Lucas

Druck: Griebsch & Rochol Druck GmbH & Co. KG, 59069 Hamm